U0121945

四库存目

子平汇刊④

秘授滴天髓阐微

[明]刘基
[清]任铁樵◎注
郑同◎校

[宋]京图◎撰

华龄出版社

责任编辑：薛　治

责任印制：李未圻

图书在版编目（CIP）数据

四库存目子平汇刊. 4 /（宋）京图，（明）刘基，（清）任铁樵撰；郑同校.

—北京：华龄出版社，2015.1

ISBN 978-7-5169-0517-3

Ⅰ.①四… Ⅱ.①京… ②刘… ③任… ④郑… Ⅲ.①《四库全书》－图书目

Ⅳ.①Z833

中国版本图书馆 CIP 数据核字（2014）第 295025 号

书　　名：	四库存目子平汇刊（四）			
作　　者：	（宋）京图　（明）刘基　（清）任铁樵撰　郑同校			
出版发行：	华龄出版社			
印　　刷：	九洲财鑫印刷有限公司			
版　　次：	2014 年 12 月第 1 版　2018 年 11 月第 4 次印刷			
开　　本：	720×1020　1/16		印　　张：	18.75
字　　数：	282 千字		印　　数：	7501～11500 册
定　　价：	48.00 元			

地　　址：	北京市西城区鼓楼西大街 41 号		邮　　编：	100009
电　　话：	(010) 84044445		传　　真：	84039173
网　　址：	http://www.hualingpress.com			

滴天髓序

　　不见夫气之塞乎两间而弥六合乎？沛然而达，灼然而炎，蕃然而昌，毅然而刚，厚然而载。五者，气之中循而不息者也，故谓之"行"。虽然气行矣，而决而焚而翳而跃而坎焉，气之过也；而竭而熄而拨而炼而崩焉，气之不及也。人受中以生，而万有不齐，过不及之所致也。日者以人始生年月日时干支相生胜衰死旺相斟酌，推人寿夭贵贱利不利，其理岂有异哉！若权焉衡，诚悬不可欺以轻重，此子平用财官印食、贵人禄马之微意也。

　　子平之言，庞杂歧出，近理而著验者，莫如《神峰辟谬》。神峰以损益病药立说，克提要而钧元已。及观《滴天髓》，然后知其论之所本，而未罄厥旨也。夫以神听者，学在骨髓俞跗之治病也，克病之应，因五藏之输而搦其髓，故能涮浣肠胃，炼精易气。若《滴天髓》者，诚可谓抉天人性命之精而沥其髓矣。

　　其论命专取八格，而不及影响遥系杂气诸格。则择之精也，以日为主，以月合之用神为的而消息，于年时则语之详也。源流有清浊，形象有真假，性情有刚柔，气势有顺逆。当王而旺，得辅而强，常也。或失其令，则为愁为合；为知为好者，吉不终吉。或得其地，则为忌为害；为冲为激者，凶不全凶。情乖而偶反为仇，或气孚而敌反为好，或母克而子复雠，或兄柔而妹处室，贞元递运，损益用中，皆命理之髓也。呜呼，至矣！是书世少流传，吴门顾石侍讲精命术，每奉为鸿宾，不以示人。余欲惜其传，虑无以为知命之君子诏也。爰正鲁鱼，付剞劂氏。若夫以为京图之撰，刘基之注，则传无明文，不敢从而附会之也。

　　道光四年岁在阏逢沼滩日月会，娄之次白岳黄石滩渔隐程芝云撰。

袁 序

壬申孟冬，句章蘅园主人，偕其哲嗣簠斋，及老友陈君莘庄、林君茹香因事来镇，乃蒙谬采虚声，引为知命，召余宴饮于李氏挹江楼上，一见倾心。知为豪杰之士，余赠诗有句云："相逢邂逅浑如旧，闲话阴阳共乐天。"簠斋工诗能文，其酬诗有云："愧我十年初学易，心欣康节乐追陪。"虚怀若谷，令人心折。

翌日，孙君偶以精抄本任铁樵先生增注之《滴天髓阐微》见示，余披阅至再，知其以古本《滴天髓》正文为纲，古注为目，古注外复增新注，阐发要旨，并于逐条排列命造以资佐证，学宗陈沈，笔有炉锤，理必求精，语无泛设，诚命学中罕见之孤本也。及观观复居士原《跋》，乃如此书为海宁陈氏藏本，并谓"安得有心人，寿诸梨枣，以广流传"。余遂起谓主人曰："尝闻张文襄公云：'立名不朽，莫如刊布古书？其书终古不废，则刻书之人终古不泯。'且刻书者传先哲之精蕴，启后学之颛蒙；亦利济之先务，积善之雅谈；君其留意及之。"语未竟，主人跃然曰："此书论命有道，写作俱佳，余早有影印出版，公诸同好之心。"簠斋又曰："家大人谋印此书，筹之熟矣。"陈君林君复谓余曰："吾等力任校雠，乞先生以言弁其首，可乎？"余颔之。

今岁初夏，簠斋果以是书影印本四卷邮寄至镇，并函索序言，以践前约。余回环盥诵，至《卷二》第四十五叶，载有铁樵先生命造，为癸巳、戊午、丙午、壬辰，始知先生乃乾隆廿八年四月十八日辰时生，观其叙述本命有曰："上不能继父志以成名，下不能守田园而务本。"始知先生之先德，必为名宦；先生之家产，必为中人。又曰："至卯运，壬水绝地，阳刃逢生，变生骨肉，家产荡然。"又曰："先严逝后，潜心命学，计为糊口。"始知先生学命之年，已逾三旬矣。又曰："予赋性古拙，无谄态，多傲骨；交游往来，落落寡合。所凛凛者，吾祖若父，忠厚之训，不敢失坠。"吾于是知先生之人格，必为亮节高风，安贫乐道也。再证以《卷三》第十二叶，某君癸巳命，有曰："余造年月日皆同，换一壬辰时，弱杀不能相制。亦有六弟，得力者早亡，其余皆不肖，以致受累破家。"吾于是知先生之友于兄弟，困苦不辞也。再证以《卷二》第七十四叶，某饩生壬子命，有云："丁巳运，连遭回禄。"查该生之命，五十六岁始行丁运；适在道光二十七年，岁次丁未。可以知先生寿已七十有五，犹垂帘卖卜，勤勤恳恳，为人推命也。观复居士原《跋》，谓陈君言："任先生何时人，吾生也晚，不及知。"此殆未观全书，而不谙命学之故。

至任先生里居，原书未载，不敢臆断。然观其书中增注，大都采自《命理约言》、《子平真诠》。《约言》为海宁陈相国素庵著，《真诠》为山阴沈进士孝瞻著，二公皆浙人也。其书世无刊本，间有私家传抄，亦必浙人为多。且陈相国谢世于康熙五年，沈进士通籍于乾隆四年，以先生乾隆三十八年诞生计之，其相距远亦不过甫逾百年，近仅数十年耳。由是观之，先生殆亦为浙人乎？

《约言》、《真诠》学说，余素所服膺，曩著《命理探原》，采录不少。然以铁樵先生之《阐微》较之，又有泰山培塿之判矣。盖先生研精覃思，匪伊朝夕，故能综贯本末，发为文章。其论五行生克衰旺颠倒之理，固极玄妙，而尤以"旺者宜克，旺极宜泄"、"弱者宜生，弱极宜克"二条，最为精湛。至云"人有厚薄，山川不同，命有贵贱，世德悬殊"，此又以天命而合地利、人事言也。故其为人论命，尝曰："某造纯粹中和，太平宰相；某造仕路清高，才华卓越；某造经营获利，勤俭成功；某造背井离乡，润身富屋；某造贪婪无厌，性情乖张；某造挥金如土，破家亡身；某造不事生产，必有后灾；某造出身贫寒，为人贤淑；某造青年守节，教子成名；某造爱富嫌贫，背夫弃子；某造若不急流勇退，能无意外风波；某造蒲柳望秋而凋，松柏经霜弥茂。"袞褒斧贬，莫不各具苦心；大义微言，要皆有关世道。古之君子所谓"既没而言立"者，其在斯人乎？读者若徒以命学观之，举一遗二，见寸昧尺，其亦有负蘥园乔梓影印流传之盛意也已。

民国二十二年，岁次癸酉夏五月庚寅
朔越二十有一日庚戌，镇江袁树珊撰

孙　序

　　命理之学，由来久矣。古之言命者，简而赅，故庖牺曰"正命"，仲尼曰"天命"，老聃曰"复命"，类皆以得之于天，赋之于人者，正其性，循其理，以安其命而已。后世不安于天理之自然，旁趋曲解，以取悦当世，盖骛于理之外而流于术，牵引附会，学者遂愈趋而愈岐。虽然以理定命者，所谓以简御繁，固为顺天之正；而以术合理者，果能以繁就简，亦足探命之原。特精斯道者之不数观耳。

　　《滴天髓》一书，相传为京园撰，刘诚意注，取通神六亲为两大纲。自《天道》至《贞元》，凡分六十二章。析理竟原，悉臻微妙。第其辞旨古奥，学者病之。余凤好星命之学，暇辄披览，亦患少心得。去岁有持示是编者，读任铁樵先生增注，喜其分篇诠释，援格举证，于天地阴阳之分化，三元五行之推旋，反覆引申，辞明理达，使曩所捍格者，罔不触类旁通，翕归于理。其为作者功臣，而足以津梁后学，信矣。

　　逮观观复居士书后，始知书藏海宁陈氏，为观复假于陈而手录之者，原刻已毁于火，则斯篇已为海内孤本，弥可宝贵。向使陈氏秘藏，不以示人。虽示人，而无若观复之乐为手录者，是书安得复见于世耶？今既幸见之，苟无以善其后，终至若陈氏原本之归于湮没。且绎观复书后语意，非广为流传，寿诸梨枣，不大负增注者启发古书之精蕴，手录者嘉惠后学之苦心乎？爰付影印，公诸同好，署曰《阐微》，异于众也。

　　惜观复居士不详其时代姓氏，仅于文字间译其言而察其行，殆亦古之安命达、好术数而邃于学，所谓隐君子之流亚欤？方斯人欲横流之世，使读者鉴其盈虚消长之理，示天心之默运，范世道于隐微，俾顽者儆，靡者奋，岂不足为觉世牖民之一助哉！天下事莫非缘法，兹编秘藏于陈氏有年矣。既得铁樵之增注，观复之手录，复及余为之刊行，数子者生不并代而志同道合，此中之展转引致，虽曰人事，夫岂偶然哉！

中华民国二十二年岁次癸酉五月蘅园主人识

序

《滴天髓》一书，研命学者莫不奉为环宝。刘青田之注，固多发挥，然犹略而不详。清道光朝，任氏铁樵《阐微》增注，始大发厥词，不特抉原书之精蕴，抑且补前贤之不逮。至各条之下，系以命造，评论简明，借资印证，尤足为后学之津梁也。惜原书仅有抄本，未受剞劂。民国壬申冬，四明孙蘅甫先生因公过镇，与袁师树珊商量旧学，出示此编袁师击节赞美，为之校勘讹脱，凡二百零一条。蘅甫先生惧其湮没，斥资影印，仅赠知交，未登贾肆，是故流传不广，觅读为难，同好每引以为憾。

庚辰秋，海上大东书局创议制版，复匄袁师及张恒夫、洪懋森、任可盒诸先生，详加校雠。旋因军兴，版未成而中辍。予闻之喟然。书之传不传，其有幸有不幸也欤？丙戌冬，曹子砺兄自内地来沪，赖其赞助，并承大东当局慨让，归予续版印行。校订之责，自无傍贷。耗时两月，始克蒇事。不惮辞费，复增补《初学捷方径四十二则》，借为有志于此者入门之一助。

予尝谓命学犹医学，看命犹医师，检视人之体质耳。苟能察其本而究其标，告以吉凶，知所从违，不亦上工治未病之意乎？或谓任氏原注不少偏激之语，要亦见仁见智之偶殊，姑存庐面，容当别为文以论之。校补既竟，爰弁言于简端，聊识其颠末云尔。

民国卅六年，岁次丁亥春正月，镇江李雨田识于沪上

目　录

秘授滴天髓阐微卷首

初学捷径①

本书《卷首》原有《初学捷径》一篇，惟次序凌乱，阙略甚多，不辞谫陋，爰就学命所得，兼采《渊海子平》、《神峰通考》、《三命通会》、《子平真诠》、《命理约言》、《命学玄通》、《命理探原》等书，节要增补。原书间有似是而非者，稍加厘正，借便初学，非敢谓为尽当也。

雨田识

本　原

天干地支

甲、乙、丙、丁、戊、己、庚、辛、壬、癸，此为十天干。

子、丑、寅、卯、辰、巳、午、未、申、酉、戌、亥，此为十二地支。

干支阴阳

甲、丙、戊、庚、壬为阳，乙、丁、己、辛、癸为阴。

子、寅、辰、午、申、戌为阳，丑、卯、巳、未、酉、亥为阴。②

---

① 李雨田增补。

② 子午为阳中之阴，巳亥为阴中之阳。

地支生肖

子肖鼠，丑肖牛，寅肖虎，卯肖兔，辰肖龙，巳肖蛇。

午肖马，未肖羊，申肖猴，酉肖鸡，戌肖犬，亥肖猪。

十二月建

正月建寅，二月建卯，三月建辰，四月建巳，

五月建午，六月建未，七月建申，八月建酉，

九月建戌，十月建亥，十一月建子，十二月建丑。

二十四节气

正月节气	立春 雨水	二月节气	惊蛰 春分	三月节气	清明 谷雨
四月节气	立夏 小满	五月节气	芒种 夏至	六月节气	小暑 大暑
七月节气	立秋 处暑	八月节气	白露 秋分	九月节气	寒露 霜降
十月节气	立冬 小雪	十一月节气	大雪 冬至	十二月节气	小寒 大寒

附：歌诀

正月立春雨水节，二月惊蛰及春分。

三月清明并谷雨，四月立夏小满方。

五月芒种及夏至，六月小暑大暑当。

七月立秋还处暑，八月白露秋分忙。

九月寒露及霜降，十月立冬小雪张。

冬月大雪与冬至，腊月小寒大寒昌。

干支五行及四时方位

甲乙属木，为东方。丙丁属火，为南方。庚辛属金，为西方。壬癸属

水，为北方。戊己属土，为中央。

　　寅卯辰属木，司春，为东方。巳午未属火，司夏，为南方。申酉戌属金，司秋，为西方。亥子丑属水，司冬，为北方。

　　辰未戌丑，四支单位言之，属土，为四季，为四维。

支藏人元五行

子藏	癸水		丑藏	癸水	辛金	己土	寅藏	甲木	丙火	戊土
卯藏	乙木		辰藏	乙木	戊土	癸水	巳藏	庚金	丙火	戊土
午藏	丁火	己土	未藏	乙木	己土	丁火	申藏	庚金	壬水	戊土
酉藏	辛金		戌藏	辛金	丁火	戊土	亥藏	壬水	甲木	

附：歌诀

　　子宫癸水在其中，丑癸辛金己土同。
　　寅宫甲木兼丙戊，卯宫乙木独相逢。
　　辰藏乙戊三分癸，巳中庚金丙戊业。
　　午宫丁火并己土，未宫乙己丁共宗。
　　申位庚金壬水戊，酉宫辛字独丰隆。
　　戌宫辛金及丁戊，亥藏壬甲是真踪。

六十花甲子

甲子	乙丑	丙寅	丁卯	戊辰	己巳	庚午	辛未	壬申	癸酉
甲戌	乙亥	丙子	丁丑	戊寅	己卯	庚辰	辛巳	壬午	癸未
甲申	乙酉	丙戌	丁亥	戊子	己丑	庚寅	辛卯	壬辰	癸巳
甲午	乙未	丙申	丁酉	戊戌	己亥	庚子	辛丑	壬寅	癸卯
甲辰	乙巳	丙午	丁未	戊申	己酉	庚戌	辛亥	壬子	癸丑
甲寅	乙卯	丙辰	丁巳	戊午	己未	庚申	辛酉	壬戌	癸亥

附：纳音五行歌诀

甲子乙丑海中金，丙寅丁卯炉中火。

戊辰己巳大林木，庚午辛未路傍土。

壬申癸酉剑锋金，甲戌乙亥山头火。

丙子丁丑涧下水，戊寅己卯城头土。

庚辰辛巳白蜡金，壬午癸未杨柳木。

甲申乙酉泉中水，丙戌丁亥屋上土。

戊子己丑霹雳火，庚寅辛卯松柏木。

壬辰癸巳长流水，甲午乙未沙中金。

丙申丁酉山下火，戊戌己亥平地木。

庚子辛丑壁上土，壬寅癸卯金箔金。

甲辰乙巳覆灯火，丙午丁未天河水。

戊申己酉大驿土，庚戌辛亥钗钏金。

壬子癸丑桑拓木，甲寅乙卯大溪水。

丙辰丁巳沙中土，戊午己未天上火。

庚申辛酉石榴木，壬戌癸亥大海水。

五合五行

甲与己合化土，乙与庚合化金，丙与辛合化水，丁与壬合化木，戊与癸合化火。

六合五行

子与丑合属土，寅与亥合属木，卯与戌合属火，辰与酉合属金，巳与申合属水。午与未合，午太阳，未太阴也。

三合五行

申子辰合水局，亥卯未合木局，寅午戌合火局，巳酉丑合金局。

六 冲

子午相冲，丑未相冲，寅申相冲，卯酉相冲，辰戌相冲，巳亥相冲。

六 害①

子未相害，丑午相害，寅巳相害，卯辰相害，申亥相害，酉戌相害。

三 刑

子刑卯，卯刑子，为无礼之刑。寅刑巳，巳刑申，申刑寅，为恃势之刑。丑刑戌，戌刑未，未刑丑，为无恩之刑。辰午酉亥，为自刑之刑。

五行相生

木生火，火生土，土生金，金生水，水生木。

五行相克

木克土，土克水，水克火，火克金，金克木。

天干生旺死绝

长生、沐浴、冠带、临官、帝旺、衰、病、死、墓、绝、胎、养，此十干寄临之十二名词也。

甲木长生在亥，乙木长生在午，丙火戊土长生俱在寅，丁火己土长生俱在酉，庚金长生在巳，辛金长生在子，壬水长生在申，癸水长生在卯。阳干顺行，阴干逆行，自长生、沐浴至胎、养，十二支周矣。

---

① 一名六穿。

附：十干生旺死绝检查表

生 绝 ＼ 天干 地支	长生	沐浴	冠带	临官	帝旺	衰	病	死	墓	绝	胎	养
甲	亥	子	丑	寅	卯	辰	巳	午	未	申	酉	戌
乙	午	巳	辰	卯	寅	丑	子	亥	戌	酉	申	未
丙	寅	卯	辰	巳	午	未	申	酉	戌	亥	子	丑
丁	酉	申	未	午	巳	辰	卯	寅	丑	子	亥	戌
戊	寅	卯	辰	巳	午	未	申	酉	戌	亥	子	丑
己	酉	申	未	午	巳	辰	卯	寅	丑	子	亥	戌
庚	巳	午	未	申	酉	戌	亥	子	丑	寅	卯	辰
辛	子	亥	戌	酉	申	未	午	巳	辰	卯	寅	丑
壬	申	酉	戌	亥	子	丑	寅	卯	辰	巳	午	未
癸	卯	寅	丑	子	亥	戌	酉	申	未	午	巳	辰

雨田按：古书论十干长生，皆分阴阳，所谓"阳生阴死，阳死阴生"是也。但阳长生则有力，阴长生不甚有力；阳逢库为有根，阴逢库则无用，斯稍差别耳。查陈素庵先生《命理约言》，有谓"阴阳同生同死，不可岐而为二"，又谓"长生沐浴命名，取义亦多未通，必须正其名。曰：生、长、成、盛、旺、衰、病、死、墓、绝、胎、养"，又谓"土属中央，贯乎八方，旺于四季，不必与木火金水四行同例，只以巳午为生，辰戌丑未为旺，寅卯为克，申酉为泄，亥子为财，何必拘拘数十二位乎"，云云。此说亦有见地，姑并录之以备学者参证。

五行用事

甲乙寅卯木，旺于春。丙丁巳午火，旺于夏。庚辛申酉金，旺于秋。壬癸亥子水，旺于冬。戊己辰戌丑未土，旺于四季。

《历例》云：立春木，立夏火，立秋金，立冬水，各旺七十二日。土于四立之前，各旺一十八日，合之亦为七十二日，总三百有六十日而岁成矣。

四时休旺

春，木旺，火相，水休，金囚，土死。

夏，火旺，土相，木休，水囚，金死。

秋，金旺，水相，土休，火囚，木死。

冬，水旺，木相，金休，土囚，火死。

四季，土旺，金相，火休，木囚，水死。

月令分日用事

子月　壬水十日　　癸水二十日

丑月　癸水九日　　辛金三日　　己土十八日

寅月　戊土七日　　丙火七日　　甲木十六日

卯月　甲木十日　　乙木二十日

辰月　乙木九日　　癸水三日　　戊土十八日

巳月　戊土五日　　庚金九日　　丙火十六日

午月　丙火十日　　己土九日　　丁火十一日

未月　丁火九日　　乙木三日　　己土十八日

申月　己土七日　　戊土三日　　壬水三日　　庚金十七日

戌月　辛金九日　　丁火三日　　戊土十八日

亥月　戊土七日　　甲木五日　　壬水十八日

雨田按：分日用事，相传已久，素庵老人颇不谓然。试以上表统计，全年甲乙木用事计六十三日，丙丁火用事计五十六日，庚辛金用事计六十八日，壬癸水用事计六十三日，戊己土用事计一百十日。证以《历例》"四时木火金水土各旺七十二日"之说，与此殊不相合，而况上表又载申月用己，亥月用戊，尤属牵强。且各书所载分日用事，均有出入，岂可尽信？若以四时休旺为主，庶几精确而无惝恍迷离之弊也。

五行生克衰旺颠倒妙义

木本生火，木多火炽，金克木则生火。

火本生土，火多土焦，水克火则生土。

土本生金，土多金埋，木克土则生金。

金本生水，金多水弱，火克金则生水。

水本生木，水多木浮，土克水则生木[①]

木本生火，火多木焚，水克火则生木，火生土则存木也。

火本生土，土重火熄，木克土则生火，土生金则存火也。

土本生金，金多土泄，火克金则生土，金生水则存土也。

金本生水，水泛金沉，土克水则生金，水生木则存金也。

水本生木，木旺水涸，金克木则生水，木生火则存水也。[②]

木生火也，木火两旺，宜水以养木。

火生土也，火土两旺，宜木以生火。

土生金也，土金两旺，宜火以助土。

金生水也，金水两旺，宜土以生金。

水生木也，水木两旺，宜金以生水。[③]

木能生火，然火亦能生木也。水生木者，润地之燥也。火生木者，解天之冻也。

火能生土，然土亦能生火也。木生火者，冬木之枯也。土生火者，夏土之燥也。

土能生金，然金亦能生土也。火生土者，去地之湿也。金生土者，防土之倾也。

全能生水，然水亦能生金也。土生金者，砥水之溢也。水生金者，制火之烈也。

水能生木，然木亦能生水也。金生水者，阻其泄漏也。木生水者，去其淤塞也。

---

① 此母多灭子之理也。

② 此子众灭母之理也。

③ 此则母子皆安矣。

木本克土，土多木折，水生木则木能克土。

火本克金，金多火熄，木生火则火能克金。

土本克水，水多土荡，火生土则土能克水。

金本克木，木多金缺，土生金则全能克木。

水本克火，火多水涸，金生水则水能克火。①

木克土，土太多宜金以卫土也。

火克金，金太多宜水以养金也。

土克水，水太多宜木以纳水也。

金克木，木太多宜火以荣木也。

水克火，火太多宜土以扶火也。②

木克土也，木土两旺宜水以润土。

土克水也，水土两旺宜火以温水。

水克火也，水火两旺宜金以熄火。

火克金也，火金两旺宜木以缺金。

金克木也，金木两旺宜土以折木。③

木能克土，然土亦能克木也。木克土者，春土之柔也。土克木者，夏土之燥也。

土能克水，然水亦能克土也。土克水者，夏水之涸也。水克土者，冬水之冻也。

水能克火，然火亦能克水也。水克火者，金水寒凝也。火克水者，杯水车薪也。

火能克金，然金亦能克火也。火克金者，春火之相也。金克火者，秋火之囚也。

金能克木，然木亦能克金也。金克木者，金坚水冻也。木克金者，木盛金脆也。

旺者宜克，然旺之极者，宜泄而不宜克也。所谓实则泻其子。是以春木森森，宜火旺以通辉；夏火炎炎，宜土多而敛威；秋金锐锐，宜水盛以流清；冬水洋洋，宜木众而纳势；季土叠叠，宜金重以吐秀。

---

① 此理之顺也。

② 此理之逆也。

③ 此刚柔健顺之序也。

弱者宜生，然弱之极者，宜克而不宜生也。所谓虚则补其母。是以秋木凋落，宜金而不宜水也；冬火熄灭，宜水而不宜木也；春金销镕，宜火而不宜土也；夏水枯涸，宜土而不宜金也；仲春之土无火生，反宜木也；仲秋之土无火生，反宜金也。

木旺极者而似金也，火旺极者而似水也，土旺极者而似木也，金旺极者而似火也，水旺极者而似土也。

雨田按：此条有误。盖木旺极者似火，火旺极者似土，土旺极者似金，金旺极者似水，水旺极者似木。参看《卷二·衰旺篇》自知。

木衰极者而似金也，火衰极者而似土也，土衰极者而似金也，金衰极者而似水也，水衰极者而似木也。

雨田按：此条亦误。盖木衰极者似土，火衰极者似金，土衰极者似水，金衰极者似木，水衰极者似火。参看《卷二·衰旺篇》即知。

阳之极者阴至也，阴之极者阳至也。寒极则热生也，热极则寒生也。[1]

起　例

命造由年月日时八字组织而成。八字分为四柱，所谓年柱、月柱、日柱、时柱是也。兹将四柱推演之法，分别说明于后。

推年法

推年之法，视人所值生年之干支为主，而以立春节为纲。其区别有三：如在本年正月立春后生者，即以本年之干支为主；在本年正月立春前生者，即以上一年之干支为主；在本年十二月立春后生者，即以下一年之干支为主。

---

[1]　以上皆五行生化之妙论也。

附：手掌图

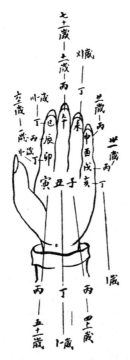

例一：假如今年丁亥，其人四十九岁，欲知所生之年为何干支，须用掌上捷法推之，便自确当。由本年一岁起，丁亥十一岁起丁丑，二十一岁起丁卯，三十一岁起丁巳，四十一岁起丁未。由丁未再以次逆行八位，[①]即知四十九岁为己亥年矣。列式于下。

己亥（年柱）

例二：又如今年丙辰，其人七十一岁，欲知所生之年为何干支，亦用掌上捷法推之。由本年一岁起丙辰，十一岁起丙午，二十一岁起丙申，三十一岁起丙戌，四十一岁起丙子，五十一岁起丙寅，周而复始，六十一岁又起丙辰，即知七十一岁又为丙午年矣。列式于下。

丙午（年柱）

例三：又如丙午年正月初九日巳时生，《万年历》载明是年正月初九日

---

① 一位丙午，二位乙巳，三位甲辰，四位癸卯，五位壬寅，六位辛丑，七位庚子，八位己亥。

午时立春，是巳时在午时之前，犹未立春，当作上一年乙巳年推。列式于下。

丙午作乙巳（年柱）

例四：又如丙午年正月初九日午时生，《万年历》载明是日午时立春，是午时已交立春，即作丙午年推。列式于下。

丙午（年柱）

例五：又如丙午年十二月十九日戌时生，《万年历》载明是年十二月十九日酉时立春，是戌时在酉时之后，已过立春，应作下一年丁未年推。列式于下。

丙午作丁未（年柱）

例六：又如丙午年十二月十九日申时生，《万年历》载明是年十二月十九日酉时立春，是申时在酉时之前，犹未立春，仍作丙午年推。列式于下。

丙午（年柱）

推月法

推月之法，由人生年遁月之干支为主，以节令为纲。其区别有三：如在本月节令后生者，即以本月所遁干支为主；在本月节令前生者，即以上月所遁干支为主；在本月下一节令生者，即以下月所遁干支为主。①

附：歌诀

甲己之年丙作首，乙庚之岁戊为头。

丙辛必定寻庚起，丁壬壬位顺行流。

更有戊癸何方觅，甲寅之上好追求。

例一：假如丙午年正月初九日巳时生，《万年历》载明是年正月初九日午时立春，是巳时在午时之前，犹未立春，不独丙午年作乙巳年推，且须作乙巳年十二月推。歌诀云：乙庚之岁戊为头。是乙年正月遁戊寅，依

---

① 甲年己年正月起丙寅，乙年庚年正月起戊寅，丙年辛年正月起庚寅，丁年壬年正月起壬寅，戊年癸年正月起甲寅。逐月依次顺数。

次顺数至十二月，遁得己丑也。列式于下。

　　丙午作乙巳（年柱）　　己丑（月柱）

　　例二：又如丙午年正月初九日午时生，《万年历》载明是年正月初九日午时立春，是午时已交立春，即作丙午年正月推。歌诀云：丙辛必定寻庚起。是丙年正月遁得庚寅也。列式于下。

　　丙午（年柱）　　庚寅（月柱）

　　例三：又如丙午年十二月十九日戌时生，《万年历》载明是年十二月十九日酉时立春，是戌时在酉时之后已过立春，不独丙午年作丁未年推，且须作丁未年正月推。歌诀云：丁壬壬位顺行流。是丁年正月遁得壬寅也。列式于下。

　　丙午作丁未（年柱）　　壬寅（月柱）

　　例四：又如丙午年十二月十九日申时生，《万年历》载明是日酉时立春，是申时在酉时之前犹未立春，仍属丙午年十二月推。歌诀云：丙辛必定寻庚起。是丙年正月遁庚寅，依次顺数至十二月，遁得辛丑也。列式于下。

　　丙午（年柱）　　辛丑（月柱）

附：年上起月检查表

生年 月干 月支	寅	卯	辰	巳	午	未	申	酉	戌	亥	子	丑
甲	丙	丁	戊	己	庚	辛	壬	癸	甲	乙	丙	丁
乙	戊	己	庚	辛	壬	癸	甲	乙	丙	丁	戊	己
丙	庚	辛	壬	癸	甲	乙	丙	丁	戊	己	庚	辛
丁	壬	癸	甲	乙	丙	丁	戊	己	庚	辛	壬	癸
戊	甲	乙	丙	丁	戊	己	庚	辛	壬	癸	甲	乙
己	丙	丁	戊	己	庚	辛	壬	癸	甲	乙	丙	丁

庚	戊	己	庚	辛	壬	癸	甲	乙	丙	丁	戊	己
辛	庚	辛	壬	癸	甲	乙	丙	丁	戊	己	庚	辛
壬	壬	癸	甲	乙	丙	丁	戊	己	庚	辛	壬	癸
癸	甲	乙	丙	丁	戊	己	庚	辛	壬	癸	甲	乙

推日法

推日之法，由人生日定其干支。视《万年历》所载，某月初一日某干支，十一日某干支，二十一日某干支，依次顺数，则某月某日之干支可屈指得矣。

例：假如丙午年正月初九日午时生，《万年历》载明正月初一日丁巳，依次顺数，[①] 至初九日即知为乙丑矣。列式于下。

丙午（年柱）　庚寅（月柱）　乙丑（日柱）

推时法

推时之法，由人生日遁得生时之干支为主。

甲日己日起甲子时，乙日庚日起丙子时，丙日辛日起戊子时，丁日壬日起庚子时，戊日癸日起壬子时。依次顺数。

附：歌诀

甲己还加甲，乙庚丙作初。

---

① 初二戊午，初三己未，初四庚申，初五辛酉，初六壬戌，初七癸亥，初八甲子，初九乙丑。

丙辛从戊起，丁壬庚子居。

戊癸何方发，壬子是真途。

例：假如丙午年庚寅月乙丑日午时生，《歌诀》云：乙庚丙作初。是乙日子时遁丙子，依次顺数至午时，遁得壬午矣。列式于下。

丙午（年柱）　庚寅（月柱）　乙丑（日柱）　壬午（时柱）

附：日上起时检查表

时支\生日时干	子	丑	寅	卯	辰	巳	午	未	申	酉	戌	亥
甲	甲	乙	丙	丁	戊	己	庚	辛	壬	癸	甲	乙
乙	丙	丁	戊	己	庚	辛	壬	癸	甲	乙	丙	丁
丙	戊	己	庚	辛	壬	癸	甲	乙	丙	丁	戊	己
丁	庚	辛	壬	癸	甲	乙	丙	丁	戊	己	庚	辛
戊	壬	癸	甲	乙	丙	丁	戊	己	庚	辛	壬	癸
己	甲	乙	丙	丁	戊	己	庚	辛	壬	癸	甲	乙
庚	丙	丁	戊	己	庚	辛	壬	癸	甲	乙	丙	丁
辛	戊	己	庚	辛	壬	癸	甲	乙	丙	丁	戊	己
壬	庚	辛	壬	癸	甲	乙	丙	丁	戊	己	庚	辛
癸	壬	癸	甲	乙	丙	丁	戊	己	庚	辛	壬	癸

附推夜子时法

夜子时与正子时不同，推法亦稍异。查子时之时间，由夜十一点钟开始，至一点钟为止。在夜十一点至十二点钟之间生人者，乃是夜子时；在十二点至一点钟之间生人者，乃是正子时。算日以夜十二点钟为分界，在十二点钟前属今日，十二点钟后属明日。所谓夜子者，乃今日之夜，非明日之早也。正子者，乃明日之早，非今日之夜也。[1] 推算遁干之法，与日上起时法稍有区别，必须于遁得亥时之后，再加遁一位也。

例：假如丙午年庚寅月乙丑日，十一点钟后十二点钟前夜子时生。歌诀云：乙庚丙作初，是乙日子时，[2] 遁丙子，依次顺数。[3] 至夜子时遁得戊子矣。列式于下。

丙午（年柱）　　庚寅（月柱）　　乙丑（日柱）　　戊子（时柱）

推大运法

凡推大运，始行之岁数俱从所生之日起。阳年生男，阴年生女，则顺行数至未来节；阴年生男，阳年生女，则逆行数至已往节。皆遇节而止，得足数三日为一岁，三十日为十岁。余一日作多一百二十天算，少一日作欠一百二十天算。余一时作多十天算，少一时作欠十天算。[4] 不多不欠者，作整数论。其起大运之干支，当以所生之月干支为主。顺行者依次顺布，逆行者依次逆排。上干下支，共为一运，管十年吉凶。《渊海子平》云："运行十载数，上下五年分。"此之谓也。

阳男阴女

阳男者，甲丙戊庚壬五阳年所生之男也。假如丙午年庚寅月初九日午时生男，顺数至二月初九日卯时惊蛰节，实历有三十天欠三时。以三日为一岁，折之是为十岁欠三十天起运。从生月庚寅顺布，始行辛卯，继行壬辰，下类推。列式于下。

丙午　初十　二十　辛卯　壬辰

庚寅　三十　四十　癸巳　甲午

---

① 一时有两点钟，前一点钟是夜子，后一点钟是正子。

② 此指正子。

③ 丑遁丁丑，寅遁戊寅，卯遁己卯，辰遁庚辰，巳遁辛巳，午遁壬午，未遁癸未，申遁甲申，酉遁乙酉，戌遁丙戌，亥遁丁亥，夜子遁戊子。

④ 夜子时不论多欠只作五天算。

乙丑　五十　六十　乙未　丙申

壬午　七十　八十　丁酉　戊戌

大运十岁，扣足欠三十天，每逢乙庚之年十二月初九日午时交换。

阴女者，乙丁己辛癸五阴年所生之女也。假如丙午年十二月十九日戊时生女，作丁未年壬寅月推，起大运当以丁未为阴，壬寅为正月，由丙午年十二月①十九日戊时，顺数至丁未年正月二十日午时惊蛰节，实历有三十天欠四时。以三日为一岁，折之是为十岁欠四十天起运。从生月壬寅顺布，始行癸卯，继行甲辰，下类推。列式于下。

丙午作丁未　初十　二十　癸卯　甲辰

壬寅　　　　三十　四十　乙巳　丙午

庚午　　　　五十　六十　丁未　戊申

丙戌　　　　七十　八十　己酉　庚戌

大运十岁，扣足欠四十天，每逢丙辛之年十一月初九日戊时交换。

阴男阳女

阴男者，乙丁己辛癸五阴年所生之男也。假如丁卯年壬寅月初一日子时生男，逆数至丙寅年十二月三十日未时立春节，实历有五时。以三日为一岁，折之是为一岁欠三百一十天。起运从生月壬寅逆布，始行辛丑，继行庚子，下类推。列式于下。

丁卯　初一　十一　辛丑　庚子

壬寅　廿一　卅一　己亥　戊戌

丙辰　四一　五一　丁酉　丙申

戊子　六一　七一　乙未　甲午

大运一岁，扣足欠三百十天，每逢丁壬之年二月二十一日子时交换。

阳女者，甲丙戊庚壬五阳年所生之女也。假如丙午年辛丑月十九日申时生女，逆数至十一月十九日卯时小寒节，实历有三十天零五时。以三日为一岁，折之是为十岁多五十天。起运从生月辛丑逆布，始行庚子，继行己亥，下类推。列式于下。

――――――――

① 是月小建。

丙午　初十　二十　庚子　己亥
辛丑　三十　四十　戊戌　丁酉
庚午　五十　六十　丙申　乙未
甲申　七十　八十　甲午　癸巳

大运十岁，扣足多五十天，每逢丁壬之年二月初九日申时交换。

十干生克定名

凡推十干生克，以日干为我，与年干、月干、时干及支中所藏之干相比较，观其为比为生为克。阳见阴、阴见阳则为正，阳见阳、阴见阴则为偏。与我比者为比肩、比劫，我生者为伤官、食神，我克者为正财、偏财，克我者为正官、偏官，生我者为正印、偏印。[①]

附：十干生克检查表

日干\生克	比肩	比劫	食神	伤官	偏财	正财	偏官	正官	偏印	正印
甲	甲	乙	丙	丁	戊	己	庚	辛	壬	癸
乙	乙	甲	丁	丙	己	戊	辛	庚	癸	壬
丙	丙	丁	戊	己	庚	辛	壬	癸	甲	乙
丁	丁	丙	己	戊	辛	庚	癸	壬	乙	甲
戊	戊	己	庚	辛	壬	癸	甲	乙	丙	丁
己	己	戊	辛	庚	癸	壬	乙	甲	丁	丙
庚	庚	辛	壬	癸	甲	乙	丙	丁	戊	己
辛	辛	庚	癸	壬	乙	甲	丁	丙	己	戊
壬	壬	癸	甲	乙	丙	丁	戊	己	庚	辛
癸	癸	壬	乙	甲	丁	丙	己	戊	辛	庚

① 比劫亦曰劫财，又曰败财；偏官亦曰七杀；偏印亦曰倒食，又曰枭神。

推命宫小限法

凡推命宫须以生月之数①与生时之数合算,② 得十四为本位。如月时之数不满十四者,当加之,加到十四为止,即以所加之数为某宫。如满十四数者,当加至二十六为本位,亦以所加之数为某宫。欲知某宫之干,再以年干遁之。③ 若推小限,须以命宫之数与生年之数合算,再减本流年之数,即以所余之数为某限。如命宫与生年之数合算,而不足减本流年之数者,当再加十二。若减本流年之数而有余者,当再减十二,均以所余之数为某限。欲知某限之干,再以命宫之干依次逆数,至本流年为止,即知某限之干矣。

雨田按:宫限吉凶,关系甚大,看命者每多知而不论。要知命宫与人所生年月日时四柱同时成立,终身决无变更,故命宫之吉凶关系一生,能补八字之不逮。小限从命宫递嬗而来,一年一易,故小限之吉凶,关系一年,亦能左右流年之成败。兹特附述于此,学者幸毋忽略视之。欲知其详,可参看《命理探原》。

附:命宫检查表

节气 命宫 生时	卯宫	寅宫	丑宫	子宫	亥宫	戌宫	酉宫	申宫	未宫	午宫	巳宫	辰宫
大寒后雨水前	子时	丑时	寅时	卯时	辰时	巳时	午时	未时	申时	酉时	戌时	亥时
雨水后春分前	亥时	子时	丑时	寅时	卯时	辰时	巳时	午时	未时	申时	酉时	戌时
春分后谷雨前	戌时	亥时	子时	丑时	寅时	卯时	辰时	巳时	午时	未时	申时	酉时

---

① 如过中气作次月之数推。
② 寅一卯二辰三巳四午五未六申七酉八戌九亥十子十一丑十二。
③ 与年上起月法同。

谷雨后 小满前	酉时	戌时	亥时	子时	丑时	寅时	卯时	辰时	巳时	午时	未时	申时
小满后 夏至前	申时	酉时	戌时	亥时	子时	丑时	寅时	卯时	辰时	巳时	午时	未时
夏至后 大暑前	未时	申时	酉时	戌时	亥时	子时	丑时	寅时	卯时	辰时	巳时	午时
大暑后 处暑前	午时	未时	申时	酉时	戌时	亥时	子时	丑时	寅时	卯时	辰时	巳时
处暑后 秋分前	巳时	午时	未时	申时	酉时	戌时	亥时	子时	丑时	寅时	卯时	辰时
秋分后 霜降前	辰时	巳时	午时	未时	申时	酉时	戌时	亥时	子时	丑时	寅时	卯时
霜降后 小雪前	卯时	辰时	巳时	午时	未时	申时	酉时	戌时	亥时	子时	丑时	寅时
小雪后 冬至前	寅时	卯时	辰时	巳时	午时	未时	申时	酉时	戌时	亥时	子时	丑时
冬至后 大寒前	丑时	寅时	卯时	辰时	巳时	午时	未时	申时	酉时	戌时	亥时	子时

神　煞

各书所载神煞甚多，兹择其较有义理切于实用者，选录数则，分列于后。

天　德

正月在丁，二月在坤，三月在壬，四月在辛，五月在乾，六月在申。

七月在癸，八月在艮，九月在丙，十月在乙，十一月在巽，十二月在庚。

《命理探原》云：《渊海子平》谓"坤即申，乾即亥，巽即巳，艮即寅"，而《考原》谓"乾即戌，艮即丑，巽即辰，坤即未"。以支论之似异，以卦论之实同，盖一卦管三山。然考之《协纪辨方》之月表，二、五、八、十一月并无天德，可见只用天干不用地支也。

月　德

正、五、九月在丙，二、六、十月在甲。

三、七、十一月在壬，四、八、十二月在庚。

天月二德，主人慈祥敏慧，吉者增吉，凶者减凶。临于财官印食，福力倍隆；临于枭杀劫伤，暴横益化。若二德自遭冲克，则亦无力。

月　将①

正月雨水后在亥，二月春分后在戌，三月谷雨后在酉；

四月小满后在申，五月夏至后在未，六月大暑后在午；

七月处暑后在巳，八月秋分后在辰，九月霜降后在卯；

十月小雪后在寅，十一月冬至后在丑，十二月大寒后在子。

月将即为太阳。太阳所临，吉增凶散，其用与天月二德同，系吉神则益吉，系凶神则减凶。较太岁三合之将星，尤为亲切，即值空亡，亦不以空亡论。盖太阳为诸曜之主，不可得而空也。

天　赦

春季戊寅日，夏季甲午日，秋季戊申日，冬季甲子日。

天赦在命，逢凶不凶，惟易贪杯嗜酒。

---

① 一名太阳。

天乙贵人

甲日	阳贵在未	阴贵在丑	乙日	阳贵在申	阴贵在子
丙日	阳贵在酉	阴贵在亥	丁日	阳贵在亥	阴贵在酉
戊日	阳贵在丑	阴贵在未	己日	阳贵在子	阴贵在申
庚日	阳贵在丑	阴贵在未	辛日	阳贵在寅	阴贵在午
壬日	阳贵在卯	阴贵在巳	癸日	阳贵在巳	阴贵在卯

附：歌诀

甲戊庚牛羊，乙己鼠猴乡。丙丁猪鸡位，壬癸兔蛇藏。六辛逢虎马，此是贵人方。

天乙贵人主聪明，易得人赞助。

文　昌

甲日在巳，乙日在午，丙日在申，丁日在酉，戊日在申，己日在酉，庚日在亥，辛日在子，壬日在寅，癸日在兔。

附：歌诀

甲乙巳午报君知，丙戊申宫丁己鸡。

庚猪辛鼠壬逢虎，癸人见兔入云梯。

文昌主聪明过人，逢凶化吉。

华　盖

寅午戌日见戌，巳酉丑日见丑，申子辰日见辰，亥卯未日见未。

华盖主聪明，乃艺术之星；又主孤寡，纵贵亦不免孤独。所以华盖逢空，偏宜僧道隐士。华盖多主辛苦，然印逢华盖又主贵显。

将　星

寅午戌日见午，巳酉丑日见酉，申子辰日见子，亥卯未日见卯。
将星主有威权，文武皆宜。

驿　马

申子辰日见寅，寅午戌日见申，巳酉丑日见亥，亥卯未日见巳。

驿马主劳碌好动。如吉神为马，大则超迁之喜，小则顺动之利。凶神
为马，大则奔蹶之患，小则驰逐之劳。逢冲譬之加鞭，遇合等于掣足，行
运流年亦然。

雨田按：华盖、将星、驿马三煞，亦有以年为主者，学者可参看。

三　奇

甲戊庚天上三奇，乙丙丁地上三奇，壬癸辛人中三奇，以日为主。顺
治者是，逆乱者非。

三奇主人，精华异常，襟怀卓越，好奇尚大，博学多能。带天乙贵人
者，动业超群。带天月二德者，凶灾消散。带三合入局者，国家良臣。带
空亡生旺者，山林隐士。

六甲空亡①

甲子旬中空戌亥，甲戌旬中空申酉，甲申旬中空午未，甲午旬中空辰
巳，甲辰旬中空寅卯，甲寅旬中空子丑。②

空亡逢生旺，主人气度宽大，多获意外名利。逢死绝，主人多成多
败，飘泊无踪。与贵人、华盖、三奇、长生并见者，主大聪明。

---

① 孤虚附。
② 如日元在甲子旬中者，年月时支见戌亥即是空亡，见辰巳即是孤虚。

无禄①

甲辰　乙巳　壬申　丙申　丁亥　庚辰　戊戌　癸亥　辛巳　己丑②

《通书》云："甲禄在寅，乙禄在卯。"甲辰旬寅卯空，故甲辰乙巳为无禄日也。庚禄在申，辛禄在酉，甲戌旬申酉空，故庚辰辛巳为无禄日也。丙戊禄在巳，甲午旬巳空，故丙申戊戌为无禄日也。丁己禄在午，甲申旬午空，故丁亥己丑为无禄日也。壬禄在亥，甲子旬亥空，故壬申为无禄日也。癸禄在子，甲寅旬子空，故癸亥为无禄日也。此十日，故曰无禄。

无禄多主恶败，其实未必皆凶。与天德月德并者不忌，得岁建、月建、太阳填实者亦不忌。惟癸亥为干支俱尽，虽得吉解仍忌。

咸池③

寅午戌日纳音属火见卯月时

巳酉丑日纳音属金见午月时

申子辰日纳音属水见酉月时

亥卯未日纳音属木见子月时④

咸池主人贪好酒色。⑤

羊　刃

甲日在卯　乙日在辰　丙戊日在午　丁己日在未

庚日在酉　辛日在戌　壬日在子　癸日在丑

雨田按：《三才分类粹言》云："甲丙戊庚壬五阳干，皆顺行，羊刃在

---

①　一名十恶大败。

②　以日见者为是，年月时不论。

③　一名败神，一名桃花煞。

④　此以日元为主，亦有以月为主者，如寅午戌月见卯日之类。

⑤　雨田按：此说不可拘泥。

卯午酉子。乙丁乙辛癸五阴干，皆逆行，羊刃在寅巳申亥。"恰合禄前一位之说。故乙以寅为刃，丁己以巳为刃，辛以申为刃，癸以亥为刃。此说亦有理解，特并录之。

看命要诀

用神不可伤

用之官星不可伤，不用官星尽可伤。用之财星不可劫，不用财星尽可劫。用之印绶不可坏，不用印绶尽可坏。用之食神不可夺，不用食神尽可夺。用之七杀不可制，制杀太过反为凶。身杀两停宜制杀，杀重身轻宜化杀。身强杀浅宜生杀，羊刃重重喜食伤。若逢官杀亦生映，财多身弱宜劫刃。劫重财轻喜食神，官旺身衰宜印地。官衰印旺利财乡，莫道枭神无用处。杀多食重最为良，勿谓羊刃是凶物。财多杀党亦为贞，此是子平真要诀，后之学者仔细吟。

衰旺强弱之别

看命衰旺强弱之理最难，旺者日干生当令之时，又见比劫印绶，谓之旺。若只当令，无劫印生扶，仍作衰论。强者日干当令，四柱皆劫印，谓之强。弱者日干逢休囚，柱中无劫印，谓之弱。四柱有劫印，谓之衰。日干虽不当令，而四柱劫印重，亦作旺论。必须审察的确。旺者宜克，强者宜泄，衰者宜扶，弱者宜抑。此不易之法也。

雨田按：本文论旺衰强弱之理，殊嫌含混。查日干虽不当令而四柱劫印重谓之旺，日干逢休囚四柱有劫印谓之衰。此"旺衰"二字，无大差异。日干生当令之时，又见比劫印绶，谓之旺；日干当令，四柱皆劫印，谓之强。此"旺强"二字，亦无若何区别。求明反晦，学者愈难。兹就"得时俱作旺论，失令便作衰看"之义改正如下。日干当令谓之旺，四柱又见劫印谓之强，日干失令谓之衰，四柱又无劫印谓之弱。日干失令而四柱劫印多者亦作旺论，日干当令而四柱克泄重者亦作衰看。旺者宜克，强者①宜泄，衰者宜扶，②弱者③宜抑。④此常理也。又有旺极宜生、衰极宜泄者，此变法也。⑤

又按："旺衰强弱"四字，诸家著述，不尽分明界限。本书前篇《五行生克衰旺颠倒妙义》，一则曰旺者宜克，一则曰弱者宜生。旺弱并列，即是一例。⑥夫旺强衰弱，不过代表太过不及之谓耳。有时旺强分明、衰弱有别，有时强即是旺、弱即是衰，学者宜活看，毋拘泥也。

看命三法

看命之法大要有三：一曰得时，一曰得势，一曰得地。此三者不可偏废，无论日主用神忌神，皆作如是观。假使日主得时而用神得势或得地者，或日主得势而用神得时或得地者，或日主得地而用神得时或得势者，支配停匀，必可为富为贵，或主寿考。反之日主失时失势失地，而忌神得时得势得地者，偏枯太过，其为贫贱夭折无疑。何谓得时？如生于禄旺之月，⑦当令气盛，谓之得时。何谓得势？如生于休囚之月，而党多援众，谓之得势。何谓得地？如生于非旺之月，而坐下通根，支乘生旺，谓之得地。能明此理，自不难举一反三矣。

五行衰旺取用法

木

木旺者取金为上，火次之，金少者取土。

木衰者取水为上，木次之。

木衰金多者取火，火少者取木。

木衰火多者取水，水少者取金。

---

① 强即太旺。

② 扶即是生。

③ 弱即太衰。

④ 抑即是克。.

⑤ 见《卷二·衰旺》、《卷三·从象》篇。

⑥ 本书此例，多不胜举。

⑦ 指日主用坤忌神言，下同。

木衰水多者取土，土少者取火。

木衰土多者取木，木少者取水。

火

火旺者取水为上，土次之，水少者取金。

火衰者取木为上，火次之。

火衰水多者取土，土少者取火。

火衰土多者取木，木少者取火。

火衰木多者取金，金少者取土。

火衰金多者取火，火少者取木。

土

土旺者取木为上，金次之，木少者取水。

土衰者取火为上，土次之。

土衰木多者取金，金少者取土。

土衰金多者取火，火少者取木。

土衰火多者取水，水少者取金。

土衰水多者取土，土少者取火。

金

金旺者取火为上，水次之，火少者取木。

金衰者取土为上，金次之。

金衰火多者取水，水少者取金。

金衰水多者取土，土少者取火。

金衰土多者取木，木少者取水。

金衰木多者取金，金少者取土。

水

水旺者取土为上，木次之，土少者取火。

水衰者取金为上，水次之。

水衰土多者取木，木少者取水。

水衰木多者取金，金少者取土。

水衰金多者取火，火少者取木。

水衰火多者取水，水少者取金。

富贵贫贱寿夭困亨判断法

日主 强——逢旺财 弱——逢旺助 必富

日主 强——逢旺克 弱——逢旺生 必贵

日主 强——逢　助 弱——逢　克 必贫

日主 强——逢旺生 弱——逢旺泄 必贱

日主 强——逢　泄 弱——逢　生 必寿

日主 强——逢旺助 弱——逢旺克 必夭

日主 强——逢　生 弱——逢　财 必困

日主 强——逢　克 弱——逢　助 必亨

注：生为生我者，指正印偏印而言。财为我克者，指正财偏财而言。克为克我者，指正官七杀而言。泄为泄我者，指伤官食神而言。助为助我者，指比肩比劫而言。

以上三则，就五行正常之理而论，其他从化变格，不在此例。法虽简易，实有参考各书，平时体验得来。学者倘能反覆细玩，对于看命取用，决断贵贱吉凶，自可得其梗概耳。

秘授滴天髓阐微卷一　通神论

天　道

欲识三元万法宗，先观帝载与神功。

原注：天有阴阳，故春木、夏火、秋金、冬水、季土，随时显其神功，命中天地人三元之理，悉本于此。

任氏曰：干为天元，支为地元，支中所藏为人元。人之禀命，万有不齐，总不越此三元之理，所谓万法宗也。阴阳本乎太极，是谓帝载，五行播于四时，是谓神功，乃三才之统系，万物之本原。《滴天髓》首明天道如此。

地　道

坤元合德机缄通，五气偏全定吉凶。

原注：地有刚柔，故五行生于东南西北中，与天合德，而感其机缄之妙。赋于人者，有偏全之不一，故吉凶定于此。

任氏曰："大哉乾元，万物资始"，"至哉坤元，万物资生"，乾主健，坤主顺。顺以承天，德与天合；煦妪覆育，机缄流通。特五行之气有偏全，故万物之命有吉凶。

人　道

戴天覆地人为贵，顺则吉兮凶则悖。

原注：万物莫不得五行而戴天履地，惟人得五行之全，故为贵。其有吉凶之不一者，以其得于五行之顺与悖也。

任氏曰：人居覆载之中，戴天履地，八字贵乎天干地支顺而不悖也。

顺者接续相生，悖者反克为害，故吉凶判然。如天干气弱，地支生之，地支神衰，天干辅之，皆为有情而顺则吉；如天干衰弱，地支抑之，地支气弱，天干克之，皆为无情而悖则凶也。假如干是木，畏金之克，地支有亥子生之；支无亥子，天干有壬癸以化之；干无壬癸，地支有寅卯以通根；支无寅卯，天干有丙丁以制之，木有生机，吉可知矣。若天干无壬癸，而反透之以戊己；支无亥子寅卯，而反加之以辰戌丑未申酉，党助庚辛之金，木无生理，凶可知矣。余可类推。凡物莫不得五行，戴天履地，即羽毛鳞蚧，亦各得五行专气而生，如羽虫属火，毛属木，鳞属金，蚧属水。惟人属土，土居中央，乃木火金水中气所成，独是五行之全，为贵。是以人之八字，最宜四柱流通，五行生化；大忌四柱缺陷，五行偏枯。谬书妄言四戊午者，是圣帝之造，四癸亥者，是张桓侯之造，究其理皆后人讹传。试思自汉至今二千余载，周甲循环此造不少谬可知矣。余行道以来，推过四戊午、四丁未、四癸亥、四乙酉、四辛卯、四庚辰、四甲戌者甚多，皆作偏枯论，无不应验。同邑史姓者有四壬寅者，寅中火土长生，食神禄旺，尚有生化之情，而妻财子禄，不能全美，只因寅中火土之气，无从引出，以致幼遭孤苦，中受饥寒；至三旬外，运转南方，引出寅中火气，得际遇，经营发财；后竟无子，家业分夺一空。可知仍作偏枯论也。由此观之，命贵中和，偏枯终于有损；理求平正，奇异不足为凭。

知　命

要与人间开聋聩，顺逆之机须理会。

原注：不知命者如聋聩，知命于顺逆之机而能理会之，庶可以开天下之聋聩。

任氏曰：此言有至理，惟恐后人学命，不究顺悖之机。妄谈人命，贻误不浅，混看奇格异局，一切神杀，荒唐取用，桃花咸池，专论女命邪淫，受责鬼神；金锁铁蛇，谬指小儿关煞，忧人父母；不论日主之衰旺，总以财官为喜，伤杀为憎，定人终身；不管日主之强弱，尽以食印为福，枭劫为殃，不知财官等名，为六亲取用而列，竟认作财可养命，官可荣身，何其愚也！如财可养命，则财多身弱者，不为富屋贫人，而成巨富；官可荣身，则身衰官重者，不至夭贱，而成显贵。余详考古书，子平之法，全在四柱五行。察其衰旺，究其顺悖，审其进退，论其喜忌，是谓理会。至于奇格异局，神煞纳音诸名目，乃好事妄造，非关命理休咎。若据此论命，必至以正为谬，以是为非，讹以传讹，遂使吉凶之理，昏昧难明矣。书云："用之为财不可劫，用之为官不可伤，用之印绶不可坏，用之食神不可夺。"此四句原有至理，其要在一"用"字。无知学命者，不究"用"字根源，专以财官为重，不知不用财星尽可劫，不用官星尽可伤，不用印绶尽可坏，不用食神尽可夺。顺悖之机不理会，与聋聩何异岂能论吉凶，辨贤否，而有功于世哉！反误世惑人者多矣！

杀	官	劫	
丙	庚	丁	辛
子	午	酉	卯
伤	印官	劫	财

|己|庚|辛|壬|癸|甲|乙|丙|
|丑|寅|卯|辰|巳|午|未|申|

高宗纯皇帝御造

天干庚辛丙丁，正配火炼秋金；地支子午卯酉，又配坎离震兑。支全四正，气贯八方，然五行无土，虽诞秋令，不作旺论。最喜子午逢冲，水克火，使午火不破酉金，足以辅主；更妙卯酉逢冲，金克木，则卯木不助午火，制伏得宜。卯酉为震兑，主仁义之真机；子午为坎离，宰天地之中气。且坎离得日月之正体，无消无灭，一润一暄，坐下端门，水火既济。所以八方宾服，四海攸同，金马朱鸢，并隶版图之内，白狼元兔，咸归覆帱之中，天下熙宁也。

比	食	食	
戊	戊	庚	庚
午	辰	辰	申
劫印	财比官	财比官	比才食

|戊|丁|丙|乙|甲|癸|壬|辛|
|子|亥|戌|酉|申|未|午|巳|

董中堂造，戊土，生于季春午时，似乎旺相，第春时虚土，非比六九月之实也。且两辰蓄水为湿，足以泄火生金，干透两庚，支会申辰，日主过泄，用神必在午火。喜水木不见，日主印绶不伤，精神旺足，纯粹中

和。一生宦海无波，三十余年太平相业，直至子运会水局不禄，寿已八旬矣。

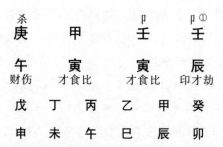

	杀		卩	卩①
	庚	甲	壬	壬
	午	寅	寅	辰
	财伤	才食比	才食比	印才劫
	戊	丁	丙	乙	甲	癸
	申	未	午	巳	辰	卯

同邑王姓造。俗以身强杀浅论，取庚金为用，谓春木逢金，必作栋梁之器，劝其读书必发；至三旬外，不但读书未售，而且家业渐消，属余推之。观其支坐两寅，乘权当令，干透两壬，生助旺神，年支之辰土，乃水之库，木之余气，能蓄水养木，不能生金，一点庚金，休囚已极，且午火敌之，壬水泄之，不惟无用，反为生水之病。大凡旺之极者，宜泄而不宜克，宜顺其气势，弗悖其性也。以午火为用，将来运至火地，虽不贵于名，定当富于利，可弃名就利，如再守芸窗，终身误矣。彼即弃儒就经营，至丙午运，克尽庚金之病，不满十年，发财十余万，则庚金为病明矣。

	卩		伤	比
	辛	癸	甲	癸
	酉	亥	子	酉
	卩	伤劫	比	卩
	戊	己	庚	辛	壬	癸
	午	未	申	酉	戌	亥

此福建人不知姓氏，庚午冬，余推之，大取金水运，不取火土。彼曰：金水旺极，何以又取金水？则命书不足凭乎？书曰："旺则宜泄宜伤。"今满局金水，反取金水，是命书无凭矣。余曰：命书何为无凭？皆因不能识命中五行之奥妙耳。此造水旺逢金，其势冲奔，一点甲木枯浮，难泄水气，如止其流，反成水患，不若顺其流为美。初运癸亥，助其旺

① 为了在八字排列中便于标示，正印记作"印"，偏印记作"卩"；正财记作"财"，偏财记作"才"。在有的命书中，食神记作"食"，而伤官仅记作"亻"。编者注。

神，荫庇有余；一交壬戌，水不通根，逆其气势，刑耗并见；辛酉庚申，丁财并旺；己未戊午，逆其性，半生事业，尽付东流，刑妻克子，孤苦无依。此所谓"昆仑之水，可顺而不可逆也"。顺逆之机，不可不知也。

理 气

理承气行岂有常，进兮退兮宜抑扬。

原注：合辟往来皆是气，而理行乎其间。行之始而进，进之极则为退之机，如三月之甲木是也；行之盛而退，退之极则为进之机，如九月之甲木是也。学者宜抑扬其浅深，斯可以言命也。

任氏曰：进退之机，不可不知也。非长生为旺，死绝为衰，必当审明理气之进退，庶得衰旺之真机矣。凡五行旺相休囚，按四季而定之。将来者进，是谓相；进而当令，是谓旺；功成者退，是谓休；退而无气，是谓囚。须辨其旺相休囚，以知其进退之机。为日主，为喜神，宜旺相，不宜休囚；为凶煞，为忌神，宜休囚，不宜旺相。然相妙于旺，旺则极盛之物，其退反速，相则方长之气，其进无涯也。休甚乎囚，囚则既极之势，必将渐生；休则方退之气，未能遽复也。此理气进退之正论也，爰举两造为例。

甲木休困已极，庚金禄旺克之，一点丁火，难以相对，加之两财生杀，似乎杀重身轻，不知九月甲木进气，壬水贴身相生，不伤丁火。丁火虽弱，通根身库，戊乃燥土，火之本根，辰乃湿土，木之余气。天干一生一制，地支又遇长生，四柱生化有情，五行不争不妒。至丁运科甲连登，用火敌杀明矣。虽久任京官，而官资丰厚，皆一路南方运也。

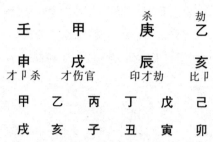

	杀		劫
壬	甲	庚	乙
申	戌	辰	亥
才卩杀	才伤官	印才劫	比卩

甲	乙	丙	丁	戊	己
戌	亥	子	丑	寅	卯

此与前大同小异。以俗论之，"甲以乙妹妻庚，凶为吉兆"，贪合忘冲，较之前造更佳，何彼则翰苑，此则寒袖？不知乙庚合而化金，反助其暴。彼则甲辰，辰乃湿土，能生木，此则甲戌，戌燥土不能生木；彼则申辰拱化，此则申戌生杀；彼则甲木进气，而庚金退，此则庚金进气，而甲木退。推此两造，天渊之隔，进退之机，不可不知也。

配　合

配合干支仔细详，定人福祸与灾祥。

原注：天干地支，相为配合，仔细推详其进退之机，则可以断人之祸福灾祥矣。

任氏曰：此章乃辟谬之要领也。配合干支，必须正理搜寻详推，与衰旺喜忌之理，不可将四柱干支置之弗论，专从奇格、异局、神杀等类妄谈，以致祸福无凭，吉凶不验。命中至理，只存用神，不拘财、官、印绶、比劫、食伤、枭杀，皆可为用，勿以名之美者为佳，恶者为憎。果能审日主之衰旺，用神之喜忌，当抑则抑，当扶则扶，所谓去留舒配，取裁确当，则运途否泰，显然明白，祸福灾祥，无不验矣。

	食		卩	才
	壬	庚	戊	甲
	午	申	辰	子
	印官	卩食比	伤卩财	伤

甲	癸	壬	辛	庚	己
戌	酉	申	未	午	巳

此造以俗论之，干透三奇之美，支逢拱贵之荣，且又会局不冲，官星得用，主名利双收。然庚申生于季春，水本休囚，原可用官，嫌其支会水

局，则坎增其势，而离失其威，官星必伤，不足为用。欲以强众敌寡而用壬水，更嫌三奇透戊，根深夺食，亦难作用。甲木之财，本可借用，疏土卫水，泄伤生官，似乎有情，不知甲木退气，戊土当权，难以疏通。纵用甲木，亦是假神，不过庸碌之人。况运走西南甲木休囚之地，虽有祖业，亦一败而尽，且不免刑妻克子，孤苦不堪。以三奇拱贵等格论命，而不看用神者，皆虚谬耳。

印		才	伤
壬	乙	己	丙
午	丑	亥	子
才食	才杀卩	劫印	卩

乙	甲	癸	壬	辛	庚
巳	辰	卯	寅	丑	子

　　此造初看，一无可取，天干壬丙一克，地支子午遥冲，且寒木喜阳，正遇水势泛滥，火气克绝，似乎名利无成。余细推之，三水二土二火，水势虽旺，喜无金；火本休囚，幸有土卫，谓儿能救母；况天干壬水生乙木，丙火生己土，各立门户，相生有情，必无争克之意。地支虽北方，然喜己土原神透出，通根禄旺，互相庇护，其势足以止水卫火，正谓有病得药。且一阳后万物怀胎，木火进气，以伤官秀气为用。中年运走东南，用神生旺，必是甲第中人。交寅，火生木旺，连登甲榜，入翰苑，是以青云直上。

　　由此两造观之，配合干支之理，其可忽乎？

天　干

　　五阳皆阳丙为最，五阴皆阴癸为至。

　　原注：甲、丙、戊、庚、壬为阳，独丙火秉阳之精，而为阳中之阳；乙、丁、己、辛、癸为阴，独癸水秉阴之精，而为阴中之阴。

　　任氏曰：丙乃纯阳之火，万物莫不由此而发，得此而敛；癸乃纯阴之水，万物莫不由此而生，得此而茂。阳极则阴生，故丙辛化水；阴极则阳生，故戊癸化火。阴阳相济，万物有生生之妙。夫十干之气，以先天言之，故一原同出，以后天言之，亦一气相包。甲乙一木也，丙丁一火也，戊己一土也，庚辛一金也，壬癸一水也，即分别所用，不过阳刚阴柔，阳健阴顺而已。窃怪命家作为歌为赋，比拟失伦，竟以甲木为梁栋，乙木为花果；丙作太阳，丁作灯烛；戊作城墙，己作田园；庚为顽铁，辛作珠玉；壬为江河，癸为雨露。相沿已久，牢不可破，用之论命，诚大谬也。如谓甲为无根死木，乙为有根活木，同是木而分生死，岂阳木独禀死气，阴木独禀生气乎？又谓活木畏水泛，死木不畏水泛，岂活木遇水且漂，而枯槎遇水反定乎？论断诸干，如此之类，不一而足，当尽辟之，以绝将来之谬。

五阳从气不从势，五阴从势无情义。

原注：五阳得阳之气，即能成乎阳刚之势，不畏财杀之势；五阴得阴之气，即能成乎阴顺之义，故木盛则从木，火盛则从火，土盛则从土，金盛则从金，水盛则从水。于情义之所在者，见其势衰，则忌之矣，盖妇人之情也。如此，若得气顺理正者，亦未必从势而忘义，虽从亦必正矣。

任氏曰：五阳气辟，光亨之象易观；五阴气翕，包含之蕴难测。五阳之性刚健，故不畏财煞，而有恻隐之心，其处世不苟且；五阴之性柔顺，故见势忘义，而有鄙吝之心，其处世多骄谄。是以柔能制克刚，刚不能制克柔也。大都趋利忘义之徒，皆阴气之为戾也；豪侠慷慨之人，皆阳气之独钟。然尚有阳中之阴、阴中之阳，又有阳外阴内、阴外阳内，亦当辨之。阳中之阴，外仁义而内奸诈；阴中之阳，外凶险而内仁慈；阳外阴内者，包藏祸心；阴外阳内者，秉持直道。此人品之端邪？故不可以不辨。要在气势顺正，四柱五行停匀，庶不偏倚，自无损人利己之心。凡持身涉世之道，趋避必先知人，故云"择其善者而从之"，即此意也。

甲木参天，脱胎要火。春不容金，秋不容土。火炽乘龙，水宕骑虎。地润天和，植立千古。

原注：纯阳之木，参天雄壮。火者木之子也，旺木得火而愈敷荣。生于春则欺金，而不能容金也；生于秋则助金，而不能容土也。寅午戌，丙丁多见而坐辰，则能归；申子辰，壬癸多见而坐寅，则能纳。使土气不干，水气不消，则能长生矣。

任氏曰：甲为纯阳之木，体本坚固，参天之势，又极雄壮。生于春初，木嫩气寒，得火而发荣；生于仲春，旺极之势，宜泄其菁英。所谓强木得火，方化其顽。克之者金，然金属休囚，以衰金而克旺木，木坚金缺，势所必然，故春不容金也。生于秋，失时就衰，但枝叶虽凋落渐稀，根气却收敛下达，受克者土。秋土生金泄气，最为虚薄。以虚气之土，遇下攻之木，不能培木之根，必反遭其倾陷，故秋不容土也。柱中寅午戌全，又透丙丁，不惟泄气太过，而木且被焚，宜坐辰，辰为水库，其土湿，湿土能生木泄火，所谓火炽乘龙也。申子辰全又透壬癸，水泛木浮，宜坐寅，寅乃火土生地，木之禄旺，能纳水气，不致浮泛，所谓水宕骑虎也。如果金不锐，土不燥，火不烈，水不狂，非植立千古而得长生者哉！

乙木虽柔，刲羊解牛。怀丁抱丙，跨凤乘猴。虚湿之地，骑马亦忧。藤萝系甲，可春可秋。

原注：乙木者，生于春如桃李，夏如禾稼，秋如桐桂，冬如奇葩。坐丑未能制柔土，如割宰羊、解割牛然，只要有一丙丁，则虽生申酉之月，亦不畏之；生于子月，而又壬癸发透者，则虽坐午，亦难发生。故益知坐丑未月之为美。甲与寅字多见，弟从兄义，譬之藤萝附乔木，不畏斫伐也。

任氏曰：乙木者，甲之质，而承甲之生气也。春如桃李，金克则凋；夏如禾家，水滋得生；秋如桐桂，金旺火制；冬如奇葩，火湿土培。生于春宜火者，喜其发荣也；生于夏宜水者，润地之燥也；生于秋宜火者，使其克金也；生于冬宜火者，解天之冻也。刲羊解牛者，生于丑未月，或乙未乙丑日，未乃木库，得以蟠根，丑乃湿土，可以受气也。怀丁抱丙，跨凤乘猴者，生于申酉月，或乙酉日，得丙丁透出天干，有水不相争克，制化得宜，不畏金强。虚湿之地，骑马亦忧者，生于亥子月，四柱无丙丁，又无戌未燥土，即使年支有午，亦难发生也。天干甲透，地支寅藏，此谓茑萝系松柏，春固得助，秋亦合扶，故曰可春可秋，言四季皆可也。

丙火猛烈，欺霜侮雪。能煅庚金，逢辛反怯。土众成慈，水猖显节。虎马犬乡，甲木若来，必当焚灭（一本作虎马犬乡，甲来成灭）。

原注：火阳精也，丙火灼阳之至，故猛烈，不畏秋而欺霜，不畏冬而侮雪。庚金虽顽，力能煅之，辛金本柔，合而反弱。土其子也，见戊己多而成慈爱之德；水其君也，遇壬癸旺而显忠节之风。至于未遂炎上之性，而遇寅午戌三位者，露甲木则燥而焚灭也。

任氏曰：丙乃纯阳之火，其势猛烈，欺霜侮雪，有除寒解冻之功。能煅庚金，遇强暴而施克伐也；逢辛反怯，合柔顺而寓和平也。土众成慈，不凌下也；水猖显节，不援上也。虎马犬乡者，支坐寅午戌，火势已过于猛烈，若再见甲木来生，转致焚灭。由此论之，泄其威，须用己土；遏其焰，必要壬水；顺其性，还须辛金。己土卑湿之体，能收元阳之气；戊土高燥，见丙火而焦坼矣。壬水刚中之德，能制暴烈之火；癸水阴柔，逢丙火而熯干矣。辛金柔软之物，明作合而相亲，暗化水而相济；庚金刚健，刚又逢刚，势不两立。此虽举五行而论，然世事人情，何莫不然！

　　丁火柔中，内性昭融。抱乙而孝，合壬而忠。旺而不烈，衰而不穷，如有嫡母，可秋可冬。

　　原注：丁干属阴，火性虽阳，柔而得其中矣。外柔顺而内文明，内性岂不昭融乎？乙非丁之嫡母也，乙畏辛而丁抱之，不若丙抱甲而反能焚甲木也，不若己抱丁而反能晦丁火也，其孝异乎人矣。壬为丁之正君也，壬畏戊而丁合之，外则抚恤戊土，能使戊土不欺壬也，内则暗化木神，而使戊土不敢抗乎壬也，其忠异乎人矣。生于夏令，虽逢丙火，特让之而不助其焰，不至于烈矣。生于秋冬，得一甲木，则倚之不灭，而焰至无穷也，故曰可秋可冬。皆柔之道也。

　　任氏曰：丁非灯烛之谓，较丙火则柔中耳。内性昭融者，文明之象也。抱乙而孝，明使辛金不伤乙木也；合壬而忠，暗使戊土不伤壬水也。惟其柔中，故无太过不及之弊，虽时当乘旺，而不至赫炎；即时值就衰，而不至于熄灭。干透甲乙，秋生不畏金；支藏寅卯，冬产不忌水。

　　戊土固重，既中且正。静翕动辟，万物司命。水润物生，火燥物病。若在艮坤，怕冲宜静。

　　原注：戊土非城墙堤岸之谓也，较己特高厚刚燥，乃己土发源之地，得乎中气而且正大矣。春夏则气辟而生万物，秋冬则气翕而成万物，故为万物之司命也。其气属阳，喜润不喜燥，坐寅怕申，坐申怕寅。盖冲则根动，非地道之正也，故宜静。

　　任氏曰：戊为阳土，其气固重，居中得正。春夏气动而辟，则发生，秋冬气静而翕，则收藏，故为万物之司命也。其气高厚，生于春夏，火旺宜水润之，则万物发生，燥则物枯；生于秋冬，水多宜火暖之，则万物化成，湿则物病。艮坤者，寅申之月也。春则受克，气虚宜静；秋则多泄，体薄怕冲。或坐寅申日，亦喜静忌冲。又生四季月者，最喜庚申辛酉之金，秀气流行，定为贵格，己土亦然。如柱见木火，或行运遇之，则破矣。

己土卑湿，中正蓄藏。不愁木盛，不畏水狂。火少火晦，金多金光。若要物旺，宜助宜帮。

原注：己土卑薄软湿，乃戊土枝叶之地，亦主中正而能蓄藏万物。柔土能生木，非木所能克，故不愁木盛；土深而能纳水，非水所能荡，故不畏水狂。无根之火，不能生湿土，故火少而火反晦；湿土能润金气，故金多而金光彩，反清莹可观。此其无为而有为之妙用。若要万物充盛长旺，惟土势固重，又得火气暖和方可。

任氏曰：己土为阴湿之地，中正蓄藏，贯八方而旺四季，有滋生不息之妙用焉。不愁木盛者，其性柔和，木借以培养，木不克也。不畏水狂者，其体端凝，水得以纳藏，水不冲也。水少火晦者，丁火也，阴土能敛火，晦火也。金多金光者，辛金也，湿土能生金，润金也。柱中土气深固，又得丙火去其阴湿之气，更足以滋生万物，所谓宜助宜帮者也。

庚金带煞，刚健为最。得水而清，得火而锐。土润则生，土干则脆。能嬴甲兄，输于乙妹。

原注：庚金乃天上之太白，带杀而刚健。健而得水，则气流而清；刚而得火，则气纯而锐。有水之土，能全其生；有火之土，能使其脆。甲木虽强，力足伐之；乙木虽柔，合而反弱。

任氏曰：庚乃秋天肃杀之气，刚健为最。得水而清者，壬水也，壬水发生，引通刚杀之性，便觉淬厉晶莹。得火而锐者，丁火也，丁火阴柔，不与庚金为敌，良冶销镕，遂成剑戟，洪炉煅炼，时露锋镝。生于春夏，其气稍弱，遇丑辰之湿土则生，逢未戌之燥土则脆。甲木正敌，力能伐之；与乙相合，转觉有情。乙非尽合庚而助暴，庚亦非尽合乙而反弱也，宜详辨之。

辛金软弱，温润而清。畏土之叠，乐水之盈。能扶社稷，能救生灵。热则喜母，寒则喜丁。

原注：辛乃阴金，非珠玉之谓也。凡温软清润者，皆辛金也。戊己土多而能埋，故畏之；壬癸水多而必秀，故乐之。辛为丙之臣也，合丙化水，使丙火臣服壬水，而安扶社稷；辛为甲之君也，合丙化水，使丙火不焚甲木，而救援生灵。生于九夏而得己土，则能晦火而存之；生于隆冬而

得丁火，则能敌寒而养之。故辛金生于冬月，见丙火则男命不贵，虽贵亦不忠；女命克夫，不克亦不和。见丁男女皆贵且顺。

任氏曰：辛金乃人间五金之质，故清润可观。畏土之叠者，戊土太重，而涸水埋金；乐水之盈者，壬水有余，而润土养金也。辛为甲之君也，丙火能焚甲木，合而化水，使丙火不焚甲木，反有相生之象；辛为丙之臣也，丙火能生戊土，使丙化水，使丙火不生戊土，反有相助之美。岂非扶社稷救生灵乎？生于夏而火多，有己土则晦火而生金；生于冬而水旺，有丁火则湿水而养金。所谓热则喜母，寒则喜丁也。

壬水通河，能泄金气，刚中之德，周流不滞。通根透癸，冲天奔地。化则有情，从则相济。

原注：壬水即癸水之发源，昆仑之水也；癸水即壬水之归宿，扶桑之水也。有分有合，运行不息，所以为百川者此也，亦为雨露者此也，是不可歧而二之。申为天关，乃天河之口，壬水长生于此，能泄西方金气。周流之性，冲进不滞，刚中之德犹然也。若申子辰全而又透癸，则其势冲奔，不可遏也。如东海本发端于天河，复成水患，命中遇之，若无财官者，其祸当何如哉！合丁化木，又生丁火，则可谓有情；能制丙火，不使其夺丁之爱，故为夫义而为君仁。生于九夏，则巳、午、未、中火土之气，得壬水薰蒸而成雨露，故虽从火土，未尝不相济也。

任氏曰：壬为阳水。通河者，即天河也，长生在申，申在天河之口，又在坤方，壬水生此，能泄西方肃杀气，所以为刚中之德也。百川之源，周流不滞，易进而难退也。如申子辰全，又透癸水，其势泛滥，纵有戊己之土，亦不能止其流，若强制之，反冲激而成水患，必须用木泄之，顺其气势，不至于冲奔也。合丁化木，又能生火，不息之妙，化则有情也。生于四、五、六月，柱中火土并旺，别无金水相助。火旺透干则从火，土旺透干则从土，调和润泽，仍有相济之功也。

癸水至弱，达于天津。得龙而运，功化斯神。不愁火土，不论庚辛。合戊见火，化象斯真。

原注：癸水乃阴之纯而至弱，故扶桑有弱水也。达于天津，随天而运，得龙以成云雨，乃能润泽万物，功化斯神。凡柱中有甲乙寅卯，皆能运水气，生木制火，润土养金，定为贵格，火土虽多不畏。至于庚金，则不赖蜾生，亦不忌其多。惟合戊土化火何也，戊生寅，癸生卯，皆属东方，故能生

· 40 ·

火。此固一说也，不知地不满东南，戊土之极处，即癸水之尽处，乃太阳起方也，故化火。凡戊癸得丙丁透者，不论衰旺，秋冬皆能化火，最为真也。

任氏曰：癸水非雨露之谓，乃纯阴之水。发源虽长，其性极弱，其势最静，能润土养金，发育万物，得龙而运，变化不测。所谓逢龙即化，龙即辰也，非真龙而能变化也。得辰而化者，化辰之原神发露也，凡十干逢辰位，必干透化神，此一定不易之理也。不愁火土者，至弱之性，见火土多即从化矣；不论庚辛者，弱水不能泄金气，所谓金多反浊，癸水是也。合戊见火者，阴极则阳生，戊土燥厚，柱中得丙火透露，引出化神，乃为真也。若秋冬金水旺地，纵使支遇辰龙，干透丙丁，亦难从化，宜细详之。

地　支

阳支动且强，速达显灾祥；阴支静且专，否泰每经年。

原注：子、寅、辰、午、申、戌，阳也，其性动，其势强，其发至速，其灾祥至显；丑、卯、巳、未、酉、亥，阴也，其性静，其气专，发之不速，而否泰之验，每至经年而后见。

任氏曰：地支有以子至巳为阳，午至亥为阴者，此从冬至阳生、夏至阴生论也；有以寅至未为阳，申至丑为阴者，此分木火为阳，金水为阴也。命家以子、寅、辰、午、申、戌为阳，丑、卯、巳、未、酉、亥为阴。若子从癸、午从丁，是体阳而用阴也；巳从丙，亥从壬，是体阴而用阳也。分别取用，亦惟刚柔健顺之理，与天干无异，但生克制化，其理多端，盖一支所藏或二干，或三干故耳。然以本气为主，寅必先甲而后及丙，申必先庚而后及壬，余支皆然。阳支性动而强，吉凶之验恒速；阴支性静而弱，祸福之应较迟。在局在运，均以此意消息之。

生方怕动库宜开，败地逢冲仔细推。

原注：寅、申、巳、亥生方也，忌冲动；辰、戌、丑、未四库也，宜冲开。子、午、卯、酉四败也，有逢合而喜冲者，不若生地之必不可冲也；有逢冲而喜合者，不若库地之必不可闲也。须仔细详之。

任氏曰：旧说云，金水能冲木火，木火不能冲金水，此论天干则可，论地支则不可。盖地支之气多不专，有他气藏在内也。须看他气乘权得势，即木火亦岂不能冲金水乎？生方怕动者，两败俱伤也。假如寅申逢冲，申中庚金，克寅中甲木，寅中丙火，未尝不克申中庚金；申中壬水，克寅中丙火，寅中戊土，未尝不克申中壬水。战克不静故也。库宜开者，然亦有宜不宜，详在杂气章中。败地逢冲仔细推者，子、午、卯、酉之专气也，用金水则可冲，用木火则不可冲。然亦须活看，不可执一。倘用春夏之金水，则金水之气休囚，木火之势旺相，金水岂不反伤乎？宜参究之。

比		劫	伤
癸	癸	壬	甲
亥	巳	申	寅
伤劫	官财印	官劫印	官财伤

庚 己 戊 丁 丙 乙 甲 癸

辰 卯 寅 丑 子 亥 戌 酉

秋水通源，金当令，水重重，木囚逢冲，不足为用。火虽休而紧贴日支，况秋初余气未熄，用神必在巳火。巳亥逢冲，群劫纷争，所以连克三妻，无子。兼之运走北方水地，以致破耗异常；至戊寅己卯，运转东方，喜用合宜，得其温饱；庚运制伤生劫，又逢酉年，喜用两伤，不禄。

	卩	印	印
壬	甲	癸	癸
申	寅	亥	巳
才卩杀	才食比	比卩	才食杀

丁 戊 己 庚 辛 壬

巳 午 未 申 酉 戌

甲寅日元，生于孟冬，寒木必须用火。柱中四逢旺水伤用，无土砥定，似乎不美，妙在寅亥临合，巳火绝处逢生，此即兴发之机。然初运西方金地，有伤体用，碌碌风霜，奔驰未遇；四旬外运转南方火土之地，助起用神，弃印就财，财发数万，娶妾，连生四子。由是观之，印绶作用，逢财为祸不小，不用就财，发福最大。

比		印	伤
戊	戊	丁	辛
午	子	酉	卯
劫印	财	伤	官

辛	壬	癸	甲	乙	丙
卯	辰	巳	午	未	申

此伤官用印，喜神即是官星，非俗论土金伤官忌官星也。卯酉冲，则印缓无生助之神；子午冲，使伤官得以肆逞。地支金旺水生，木火冲克已尽，天干火土虚脱，以致读书未遂，碌碌经营。然喜水不透，干为人文采风流，精于书法。更兼中运天干金水，未免有志难伸。凡伤官佩印喜用在木火者，忌见金水也。

才		伤	伤
壬	戊	辛	辛
戌	辰	丑	未
比印伤	财比官	劫伤财	印劫官

乙	丙	丁	戊	己	庚
未	申	酉	戌	亥	子

此造非支全四库之美，所喜者辛金吐秀，丑中元神透出，泄其精英，更妙木火伏而不见，纯清不混。至酉运，辛金得地，中乡榜；后因运行南方，木火并旺，用神之辛金受伤，由举而进，而不能选。

己	辛	伤	印
		壬	戊
丑	未	戌	辰
ㄗ比食	杀ㄗ才	印杀比	食印才

戊	丁	丙	乙	甲	癸
辰	卯	寅	丑	子	亥

此满局印缓，土重金埋，壬水用神伤尽，未辰虽藏乙木无冲，或可借用，以待运来引出，乃被丑戌冲破，藏金暗相砍伐，以至克妻无子。由此论之，四库必要冲者，执一之论也，全在天干调剂得宜，更须用神有力，岁运辅助，庶无偏枯之病也。

支神只以冲为重，刑与穿兮动不动。

原注：冲者必是相克，及四库兄弟之冲，所以必动；至于刑穿之间，又有相生相合者存，所以有动不动之异。

任氏曰：地支逢冲，犹天干之相克也，须视其强弱喜忌而论之。至于四库之冲，亦有宜不宜，如三月之辰，乙木司令，逢戌冲，则戌中辛金，亦能伤乙木；六月之未，丁火司令，逢丑冲，则丑中癸水，亦能伤丁火。按三月之乙、六月之丁，虽属退气，若得司令，竟可为用，冲则受伤，不足用矣。所谓墓库逢冲则发者，后人之谬也。墓者，坟墓之意；库者，木火金水收藏埋根之地，譬如得气之坟，未有开动而发福者也。如木火金水之天干，地支无寅、卯、巳、午、申、酉、亥、子之禄旺，全赖辰戌丑未之身库通根，逢冲则微根拔尽，未有冲动而强旺者也。如不用司令，以土为喜神，冲之有益无损，盖土动则发生矣。刑之义无所取，如亥刑亥、辰刑辰、酉刑酉、午刑午，谓之自刑，本支见本支，自谓同气，何以相刑？子刑卯，卯刑子，是谓相生，何以相刑？戌刑未，未刑丑，皆为本气，更不当刑。寅刑巳，亦是相生，寅申相刑，即冲何必再刑？又曰子卯一刑也，寅巳申二刑也，丑戌未三刑也，故称三刑，又有自刑，此皆俗谬，姑置之。穿，即害也，六害由六合而来，冲我合神，故为之害，如子合丑而未冲，丑合子而午冲之类。子未之害，无非相克，丑午寅亥之害，乃是相生，何以为害？且刑既不足为凭，而害之义，尤为穿凿。总以论其生克为是，至于破之义，非害即刑也，尤属不经，削之可也。

	劫		印	才
	癸	壬	辛	丙
	卯	子	卯	子
	伤	劫	伤	劫

丁	丙	乙	甲	癸	壬
酉	申	未	午	巳	辰

壬子日元，支逢两刃，干透癸辛，五行无土，年干丙火临绝，合辛化水，最喜卯旺提纲，泄其精英，能化劫刃之顽。秀气流行，为人恭而有礼，和而中节。至甲运，木之元神发露，科甲连登；午运得卯木泄水生火，及乙未丙运，官至郡守，仕途平顺。以俗论之，子卯为无礼之刑，且伤官羊刃逢刑，必至傲慢无礼，凶恶多端矣。

<pre>
官   庚   财   劫
丁   乙   辛
亥   辰   未   未
才食 伤卩财 官印财 官印财
己   庚   辛   壬   癸   甲
丑   寅   卯   辰   巳   午
</pre>

庚辰日元，生于季夏，金进气，土当权，喜其丁火司令，元神发露而为用神，能制辛金之劫。未为火之余气，辰乃木之余气，财官皆通根有气，更妙亥水润土养金而滋木，四柱无缺陷。运走东南，金水虚，木火实，一生无凶无险。辰运午年，财官印皆有生扶，中乡榜，由琴堂而迁司马。寿至丑运。

<pre>
官   庚   财   劫
丁   乙   辛
丑   辰   未   丑
印劫伤 伤卩财 官印财 印劫伤
己   庚   辛   壬   癸   甲
丑   寅   卯   辰   巳   午
</pre>

此与前造大同小异，财官亦通根有气，前则丁火司令，此则己土司令。更嫌丑时，丁火熄灭，则年干辛金肆逞，冲去未中木火微根，财官虽有若无。初运甲午，木火并旺，荫庇有余；一交癸巳，克丁拱丑，伤劫并旺，刑丧破耗；壬辰运，妻子两伤，家业荡然无存，削发为僧。以俗论之，丑未冲开财官两库，名利两全也。

暗冲暗会尤为喜，彼冲我分皆冲起。

原注：如柱中无所缺之局，取多者暗冲暗会，冲起暗神，而来会合暗神，比明冲明会尤佳，子来冲午，寅与戌会午是也。是日为我，提纲为彼；提纲为我，年时为彼；四柱为我，运途为彼；运途为我，岁月为彼。如我寅彼申，申能克寅，是彼冲我；我子彼午，子能克午，是我冲彼。皆为冲起。

任氏曰：支中逢冲，固非美事，然八字缺陷者多，停匀者少。木火旺，金水必乏矣；金水旺，木火必乏矣。若旺而有余者冲去之，衰而不足者会助之为美。如四柱无冲会之神，得岁运暗来冲会尤为喜也。盖有病得良剂以生也。然冲有彼我之分，会有去来之理。彼我者，不必分年时为彼，日月为我，亦不必分四柱为我，岁运为彼也，总之喜神是我，忌神为彼可也。如喜神是午，逢子冲，是彼冲我，喜与寅戌会为吉；喜神是子逢午冲，是我冲彼，忌寅与戌会为凶。如喜神是子，有申得辰会而来之为吉；喜神是亥，有未得卯会而去之则凶。宁可我去冲彼，不可彼来冲我。我去冲彼，谓之冲起；彼来冲我，谓之不起。水火之冲会如此，余可例推。

杀		劫	杀
庚	**甲**	**乙**	**庚**
午	**寅**	**酉**	**戌**
财伤	才食比	官	才伤官

辛	庚	己	戊	丁	丙
卯	寅	丑	子	亥	戌

此造干透两庚，正当秋令，支会火局，虽制杀有功，而克泄并见。且庚金锐气方盛，制之以威，不若化之以德。化之以德者，有益于日主也；制之以威者，泄日主之气也。由此推之，不喜会火局也，反以火为病矣。故子运辰年大魁天下。子运冲破火局，去午之旺神也，引通庚金之性，益我日主之气；辰年湿土，能泄火气，拱我子水，培日主之根源也。

劫		杀	比
丙	**丁**	**癸**	**丁**
午	**卯**	**丑**	**巳**
食比	卩	食才杀	伤劫财

丁	戊	己	庚	辛	壬
未	申	酉	戌	亥	子

丁火虽生季冬，比劫重重，癸水退气，无力制劫，不足为用。必以丑中辛金为用，得丑土包藏，泄劫生财，为辅用之喜神也。所嫌者，卯木生劫夺食为病，以致早年妻子刑伤。初运壬子辛亥，暗冲巳午之火，荫庇有余。庚戌运暗来拱合午火，刑伤破耗；至己酉会金局冲去卯木之病，财发十余万。由此观之，暗冲其忌神，暗会其喜神，发福不浅；暗冲其喜神，暗会其忌神，为祸非轻。暗冲暗会之理，其可忽乎？

财		财	才
辛	丙	辛	庚
卯	寅	巳	寅
印	食比卩	食比才	食比卩

丁　丙　乙　甲　癸　壬

亥　戌　酉　申　未　午

丙火生于孟夏，地支两寅一卯，巳火乘权，引出寅中丙火，天干虽逢庚辛，皆虚浮无根。初运壬午癸未无根之水，能泄金气，地支午未南方，又助旺火，财之气克泄已尽，祖业虽丰，刑丧早见。甲运临申，本无大患，因流年木火，又刑妻克子，家计萧条。一交申字，暗冲寅木之病，天干浮财通根，如枯苗得雨，浡然而兴。及乙酉十五年，自创数倍于祖业，申运驿马逢财，出外大利，经营得财十余万。丙戌运丙子年，凶多吉少，得风疾不起，比肩争财，乃临绝地，子水不足以克火，反生寅卯之木故也。

旺者冲衰衰者拔，衰神冲旺旺神发。

原注：子旺午衰，冲则午拔不能立；子衰午旺，冲则午发而为福。余仿此。

任氏曰：十二支相冲，各支中所藏互相冲克，在原局为明冲，在岁运为暗冲。得令者冲衰则拔，失时者冲旺无伤。冲之者有力，则能去之，去凶神则利，去吉神则不利；冲之者无力，则反激之，激凶神则为祸，激吉神虽不为祸，亦不能获福也。如日主是午，或喜神是午，支中有寅卯巳未戌之类，遇子冲谓衰神冲旺，无伤；日主是午，或喜神是午，支中有申酉亥子丑辰之类，遇子冲，谓旺者冲衰则拔。余支皆然。然以子、卯、午、酉、寅、申、巳、亥八支为重，辰、戌、丑、未较轻。如子午冲，子中癸水冲午中丁火，如午旺提纲，四柱无金而有木，则午能冲子；卯酉冲，酉中辛金，冲卯中乙木，如卯旺提纲，四柱有火而无土，则卯亦能冲酉；寅申冲，寅中甲木丙火，被申中庚金壬水所克，然寅旺提纲，四柱有火，则寅亦能冲申矣；巳亥冲，巳中丙火戊土，被亥中甲木壬水所克，然巳旺提纲，四柱有木，则巳亦能冲亥矣。必先察其衰旺，四柱有无解救，或抑冲，或助泄，观其大势，究其喜忌，则吉凶自验矣。至于四库兄弟之冲，其蓄藏之物，看其四柱干支，有无引出。如四柱之干支，无所引出，及司令之神，又不关切，虽冲无害，合而得用亦为喜。原局与岁运皆同此论。

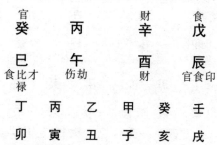

此造旺财当令，加以年上食神生助，日逢时禄，不为无根，所以身出富家。时透癸水，巳火失势，逢酉邀而拱金矣。五行无木，全赖午火帮身，则癸水为病明矣。一交子运，癸水得禄，子辰拱水，酉金党子冲午，四柱无解救之神，所谓"旺者冲衰衰者拔"，破家亡身。若运走东南木火之地，岂不名利两全乎？

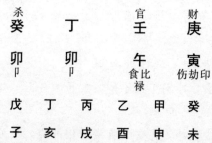

此财官虚露无根，枭比当权得势，以四柱观之，贫夭之命。前造身财并旺，反遭破败无寿，此则财官休囚，创业有寿，不知彼则无木，逢水冲则拔，此则有水，遇火劫有救。至甲申乙酉运，庚金禄旺，壬癸逢生，又冲去寅卯之木，所谓"衰神冲旺旺神发"，骤然发财巨万。"命好不如运好"，信斯言也！

干支总论

阴阳顺逆之说，《洛书》流行之用，其理信有之也，其法不可执一。

原注：阴生阳死，阳顺阴逆，此理出于《洛书》。五行流行之用，固信有之，然甲木死午，午为泄气之地，理固然也，而乙木死亥，亥中有壬水，乃其嫡母，何为死哉？凡此皆详其干支轻重之机，母子相依之势，阴

阳消息之理，而论吉凶可也。若专执生死败绝之说，推断多误矣。

任氏曰：阴阳顺逆之说，其理出《洛书》，流行之用，不过阳主聚，以进为退，阴主散，以退为进。若论命理，则不专以顺逆为凭，须观日主之衰旺，察生时之浅深，究四柱之用神，以论吉凶，则了然矣。至于长生沐浴等名，乃假借形容之辞也。长生者，犹人之初生也；沐浴者，犹人之初生而沐浴以去垢也；冠带者，形气渐长，犹人年长而冠带也；临官者，由长而旺，犹人之可以出仕也；帝旺者，壮盛之极，犹人之辅帝而大有为也；衰者，盛极而衰，物之初变也；病者，衰之甚也；死者，气之尽而无余也；墓者，造化有收藏，犹人之埋于土也；绝者，前之气绝而后将续也；胎者，后之气续而结胎也；养者，如人之养母腹也，自是而复长生，循环无端矣。人之日主不必生逢禄旺，即月令休囚，而年日时中，得长生禄旺，便不为弱，就使逢库，亦为有根。时说谓投墓而必冲者，俗书之谬也。古法只有四长生，从无子、午、卯、酉为阴长生之说。水生木，申为天关，亥为天门，天一生水，即生生不息，故木皆生在亥。木死午为火旺之地，木至午发泄已尽，故木皆死在午。言木而余可类推矣。夫五阳育于生方，盛于本方，弊于泄方，尽于克方，于理为顺；五阴生于泄方，死于生方，于理为背。即曲为之说，而子午之地，终无产金产木之道；寅亥之地，终无灭火灭木之道。古人取格，丁遇酉以财论，乙遇午、己遇酉、辛遇子、癸遇卯，以食神泄气论，俱不以生论。乙遇亥、癸遇申以印论，俱不以死论。即己遇寅岁之丙火，辛遇巳藏之戊土，亦以印论，不以死论。由此观之，阴阳同生同死可知也，若执定阴阳顺逆，而以阳生阴死，阴生阳死论命，则太谬矣。故《知命章》中"顺逆之机须理会"，正为此也。

伤		才	伤
丙	**乙**	**己**	**丙**
子	**亥**	**亥**	**子**
卩	劫印	劫印	卩
乙	甲　癸	壬　辛	庚
巳	辰　卯	寅　丑	子

乙亥日元，生于亥月，喜其天干两透丙火，不失阳春之景。寒木向阳，清而纯粹，惜乎火土无根，水木太重，读书未售；兼之中年一路水木，生扶太过，局中火土皆伤，以致财鲜聚而志未伸。然喜无金，业必清

高。若以年时为乙木病位，月日为死地，岂不休囚已极，宜用生扶之运？今以亥子之水作生论，则不宜再见水木也。

比　　　　比　　　　食　　　　官
癸　　　　癸　　　　乙　　　　戊
亥　　　　卯　　　　卯　　　　午
伤劫　　　食　　　　食　　　　杀才

辛　庚　己　戊　丁　丙
酉　申　未　午　巳　辰

此春水多木，过于泄气，五行无金，全赖亥时比劫帮身。嫌其亥卯拱局，又透戊土，克泄并见，交戊午运不寿。若据书云，癸水两坐长生，时逢旺地，何以不寿？又云"食神有寿妻多子，食神生旺胜财官"，此名利两全，多子有寿之格也。总以阴阳生死之说，不足凭也。

故天地顺遂而精粹者昌，阴阳乖悖而混乱者亡。不论有根无根，俱要天覆地载。

任氏曰：取用干支之法，干以载之支为切，支以覆之干为切。如喜甲乙，而载以寅卯亥子，则生旺，载以申酉，则克败矣；忌丙丁，载以亥子则制伏，载以巳午寅卯，则肆逞矣。如喜寅卯，而覆以甲乙壬癸则生旺，覆以庚辛，则克败矣；忌巳午，而覆以壬癸则制伏，覆以丙丁甲乙，是肆逞矣。不特此也，干通根于支，支逢生扶，则干之根坚，支逢冲克，则干之根拔矣。支受荫于干，干逢生扶，则支之荫盛；干逢克制，则支之荫衰矣。凡命中四柱干支，则显然吉神而不为吉，确乎凶神而不为凶者，皆是故也，此无论天干一气，地支双清，总要天覆地载。

比　　　　比　　　　官　　　　印
庚　　　　庚　　　　丁　　　　己
辰　　　　申　　　　卯　　　　亥
伤卩财　卩食比　　财　　　才食
　　　　　禄

辛　壬　癸　甲　乙　丙
酉　戌　亥　子　丑　寅

庚金虽生春令，支坐禄旺，时逢印比，足以用官。地支载以卯木财星，又得亥水生扶有情，丁火之根愈固，所谓"天地顺遂而精粹者昌"也。岁运逢壬癸亥子，干有己印卫官，支得卯财化伤，生平履险如夷，少年科甲，仕至封疆。经云："日主最宜健旺，用神不可损伤"，信斯言也。

才　　　　　官　　印
甲　　庚　　丁　　己
申　　辰　　卯　　酉
卩食比　伤卩财　　财　　劫

辛　壬　癸　甲　乙　丙
酉　戌　亥　子　丑　寅

此亦以丁火官星为用，地支亦载以卯木财星，与前造大同小异。只为卯酉逢冲，克败丁火之根，支中少水，财星有克无生。虽时透甲木临于申支，谓地支不载，虽有若无。故身出旧家，诗书不继，破耗刑伤；一交戌运，支类西方，贫乏不堪。

劫　　　　　杀　　劫
丁　　丙　　壬　　丁
酉　　子　　寅　　亥
财　　官　　官食比　卩杀

丙　丁　戊　己　庚　辛
申　酉　戌　亥　子　丑

此庚辛壬癸，金水双清，地支申酉巳午，煅炼有功，谓午火真神得用，理应名利双辉。所惜者五行无木，金虽失令而党多，火虽当令而无辅；更嫌壬癸覆之，紧贴庚辛之生，而申中又得长生，则壬水愈肆逞矣。虽有巳火助午，无如巳酉拱金，则午火之势必孤。所以申酉两运，破耗异常；丙戌运中，助起用神，大得际遇；一交亥运，壬水得禄，癸水临旺，火气克尽，家破身亡。

财　　　　　伤　　劫
甲　　辛　　壬　　庚
午　　酉　　午　　申
卩杀　　比　　卩杀　印劫伤

戊　丁　丙　乙　甲　癸
子　亥　戌　酉　申　未

此亦用午中丁火之杀，壬水亦覆之于上，亦有庚金紧贴之生。所喜者午时一助，更妙天干覆以甲木，则火之荫盛。且壬水见甲木而贪生，不来

· 51 ·

敌火，四柱有相生之谊，无争克之风，中乡榜，仕至观察。与前造只换得先后一时，天渊之隔，所谓毫厘千里之差也。

天全一气，不可使地德莫之载。

原注：四甲四乙，而遇寅申卯酉，为地不载。

任氏曰：天全一气者，天干四甲、四乙、四丙、四丁、四戊、四己、四庚、四辛、四壬、四癸，皆是也。地支不载者，地支与天干无生化也。非特四甲四乙而遇申酉寅卯为不载，即全受克于地支。或反克地支，或天干不顾地支，或地支不顾天干，皆为不载也。如四乙酉者，受克于地支也；四辛卯者，反克地支也。必须地支之气上升，天干之气下降，则流通生化，而不至于偏枯，又得岁运安顿，非富亦贵矣。如无升降之情，反有冲克之势，皆为偏枯而贫贱矣。宜细究之。

|比| |比|比|
甲	甲	甲	甲
戌	寅	戌	申
才伤官	才食比	才伤官	才卩杀

庚	己	戊	丁	丙	乙
辰	卯	寅	丑	子	亥

年支申金，冲去日主寅木，加以戌土乘权重见，生金助杀，谓地支不顾天干。夫四甲一寅，似乎强旺，第秋木休囚，冲去禄神，其根已拔，不作旺论。故寅卯亥子运中，衣食颇丰，一交庚辰，杀之元神透出。四子俱伤，破家不禄。干多不如支重，理固然也。

|比| |比|比|
戊	戊	戊	戊
午	戌	午	子
劫印	比印伤	劫印	财

甲	癸	壬	辛	庚	己
子	亥	戌	酉	申	未

此满局火土，子衰午旺，冲则午发而愈烈，熬干滴水，是谓天干不覆。初交己未，孤苦万状；至庚申辛酉运，引通戊土之性，大得际遇，娶妻生子，立业成家；一交壬戌，水不通根，暗拱火局，遭祝融之变，一家五口皆亡。如天干透一庚辛，或地支藏一申酉，岂至若是之结局乎？

比		比	比
戊	戊	戊	戊
午	子	午	申
劫印	财	劫印	比才食

甲　癸　壬　辛　庚　己
子　亥　戌　酉　申　未

此与前造只换一申字，而天干之气下降，地支之水有源，午火虽烈，究不能伤申金，用金明矣，况有子水为去病之喜神。交申运，戊辰年四月入学，九月登科，盖得太岁辰字，暗会水局之妙。惜将来壬戌运中，天干群比争财，地支暗会火局，未见其吉矣。

比		比	比
辛	辛	辛	辛
卯	卯	卯	卯
才	才	才	才

乙　丙　丁　戊　己　庚
酉　戌　亥　子　丑　寅

此造四木当权，四金临绝，虽曰反克地支，实无力克也。如果能克，可用财矣，若能用财，岂无成立乎？彼此母腹，数年间父母皆亡，与道士为徒；己丑戊子运，印绶生扶，衣食无亏；一交丁亥，生火克金，即亡其师，所有微业，嫖赌扫尽而死。

地全三物，不可使天道莫之容。

原注：寅卯辰、亥卯未而遇甲庚乙辛，则天不覆。然不特全一气与三物者，皆宜天覆地载，不论有根无根，皆要循其气序，干支不反悖为妙。

任氏曰：地支三物者，支得寅卯辰、巳午未、申酉戌、亥子丑之方是也。如寅卯辰日主是木，要天干火多；日主是火，要天干金旺；日主是金，要天干土重。大凡支全三物，其势旺盛。如旺神在提纲，天干必须顺其气势，泄之可也；如旺神在别支，天干制之有力，制之可也。何以旺神在提纲，只宜泄而不宜制？夫旺神在提纲者，必制神之绝地也，如强制之，不得其性，及激而肆逞矣。旺神者，木方提纲得寅卯是也；制神者，庚辛金也，寅卯乃庚辛之绝地也。如辰在提纲，四柱干支又有庚辛之助，方可制矣。所谓循其气序，调剂得宜，斯为全美。木方如此，余可例推。

<table>
<tr><td>食</td><td></td><td>杀</td><td>官</td></tr>
<tr><td>丙</td><td>甲</td><td>庚</td><td>辛</td></tr>
<tr><td>寅</td><td>辰</td><td>寅</td><td>卯</td></tr>
<tr><td>才食比</td><td>印才劫</td><td>才食比</td><td>劫</td></tr>
</table>

甲　乙　丙　丁　戊　己

申　酉　戌　亥　子　丑

此寅卯辰东方，兼之寅时，旺之极矣。年月两金临绝，旺神在提纲，休金难克，而且丙火透时，木火同心，谓强众而敌寡，势在去庚辛之寡。早行土运生金，破耗异常，进京入部办事；至丙戌运，分发广东，得军功，升知县，喜其克尽庚辛之美；至酉、庚辛得地，不禄宜矣。

<table>
<tr><td>伤</td><td></td><td>杀</td><td>杀</td></tr>
<tr><td>丁</td><td>甲</td><td>庚</td><td>庚</td></tr>
<tr><td>卯</td><td>寅</td><td>辰</td><td>寅</td></tr>
<tr><td>劫</td><td>才食比</td><td>印才劫</td><td>才食比</td></tr>
</table>

丙　乙　甲　癸　壬　辛

戌　酉　申　未　午　巳

此亦寅、卯、辰东方。旺神不是提纲，辰土归垣，庚金得载，力量足以克木，丁火虽透，非庚金之敌，用杀明矣。至甲申运，庚金禄旺暗冲寅木，科甲联登，仕至郡守；一交丙运制杀，降职归田。

　　阳乘阳位阳气昌，最要行程安顿。

　　原注：六阳之位，独子、寅、辰为阳方，为阳位之纯。五阳居之，如若是旺神，最要行运阴顺安顿之地。

　　任氏曰：六阳皆阳，非子、寅、辰为阳之纯也，须分阳寒阳暖而论也。西北为寒，东南为暖，如若申、戌、子全，为西北之阳寒，最要行运遇卯、巳、未东南之阴暖是也；如寅、辰、午全，为东南之阳暖，最要行运酉亥丑西北之阴寒是也。此举大局而论，若遇日主之用神喜神，或木，或火，或土，是东南之阳暖，岁运亦宜配西北之阴水、阴木、阴火，方能生助喜神用神，而欢如酬酢。若岁运遇西北之阳水、阳木、阳火，则为孤阳不生，纵使生助喜神，亦难切当，不过免崎岖而趋平坦也。阳暖之局如此，阳寒之局亦如此论，所谓"阳盛光昌刚健之势，须配以阴盛包寒柔顺之地"是也。若不深心确究，孰能探其精微，而得其要诀乎？

才		比	官
庚	**丙**	**丙**	**癸**
寅	午	辰	巳
食比卩	伤劫	官食印	食比才

庚	辛	壬	癸	甲	乙
戌	亥	子	丑	寅	卯

此东南之阳暖。天干金水，似乎无根，喜月支辰土，泄火蓄水而生金，庚金挂角逢生，则庚金可用。癸水即庚金之喜神。初运乙卯甲寅，金绝火生而水泄，孤苦不堪；一交癸丑北方阴湿之地，金水通根，又得巳丑拱金之妙，出外大得际遇，骤然发财十余万。阳暖逢寒，配合之美也。

才		印	食
庚	**丙**	**乙**	**戊**
寅	寅	丑	寅
食比卩	食比卩	伤财官	食比卩

辛	庚	己	戊	丁	丙
未	午	巳	辰	卯	寅

丙寅日元，虽支遇三寅，最喜丑土乘权，财星归库。若运走西北土金，财业必胜前造，惜一路东南木火之地，祖业破尽，遍历数省，奔驰不遇，至午运暗会劫局，死于广东。一事无成，莫非运也。

　阴乘阴位阴气盛，还须道路光亨。

　原注：六阴之位，独酉亥丑为阴方，乃阴位之纯。五阴居之，如若是旺神，最要行运阳顺光亨之地。

　任氏曰：六阴皆阴，非酉、亥、丑为阴之盛也，须分阴寒阴暖而论也。承上文西北为寒，东南为暖，假如酉、亥、丑全，为西北之阴寒，最要行运遇东南寅、辰、午之阳暖是也。如卯、巳、未全，为东南之阴暖，最要行运遇申、戌、子西北之阳寒是也。此举大局而论，若日主之用神喜神，或金，或水，或土，是西北之阴寒，岁运亦宜配东南之阳金、阳火、阳土，方能助用神喜神，而福力弥增。若岁运遇东南之阴金、阴火、阴土，则为纯阴不育，难获厚福，不过和平而无灾咎也。阴寒之局如此论，阴暖之局亦如此论，所谓"阴盛包含柔顺之气，须配以阳盛光昌刚健之地者"是也。

印		才	伤
壬	乙	己	丙
午	酉	亥	子
才食	杀	劫印	卩

乙	甲	癸	壬	辛	庚
巳	辰	卯	寅	丑	子

此全酉、亥、子西北之阴寒。寒木更宜向阳，以丙火为用，壬水即其病也。然喜壬水远隔，与日主紧贴，日主本衰，未尝不喜其生，又有己土透干，亦能砥定中流。且喜天干水木火土，各立门户，相生有情；地支午火紧制七杀，年月火土，通根禄旺。更喜行运东南阳暖之地，不但四柱有情，而且行运光亨，早年联登甲第，仕至封疆，皆阴阳配合之妙也。

		伤	才
壬	乙	丙	己
午	丑	子	亥
才食	才杀卩	卩	劫印

庚	辛	壬	癸	甲	乙
午	未	申	酉	戌	亥

此与前只换一酉子。以俗论之，酉换丑更美，酉乃七杀克我，丑乃偏财我克，又能止水，何其妙也。不知丑乃湿土，能泄火不能止水，酉虽七杀，午火紧克，不泄火之元神；彼则丙火在年，壬水遥远，又得己土一隔，此则丙火在月，壬水相近，己土不能为力，子水又逼近相冲。而且运走西北阴寒之地，丙火一无生扶，乙木何能发生？十干体象云："虚湿之地，骑马亦忧"，斯言不谬也。所以屈志芸窗，一贫如洗，克妻无子，至壬申运，丙火克尽而亡。所谓"阴乘阴位阴气盛"也。

地生天者，天衰怕冲。

原注：如丙寅、戊寅、丁酉、壬申、癸卯、己酉，皆长生日主，甲子、乙亥、丙寅、丁卯、己巳，皆自生日主，如主衰逢冲，则相拔而祸更甚。

任氏曰：地生天者，如甲子、丙寅、丁卯、己巳、戊午、壬申、癸酉、乙亥、庚辰、辛丑是也。日主生于不得令之月，柱中又少帮扶，用其身印，冲则根拔，生机绝矣，为祸最重。若日主得时当令，或年时皆逢禄旺，或天干比劫重叠，或官星衰弱，反忌印绶之泄，则不怕冲破矣。总之看日主之气势，旺相者喜冲，休囚者怕冲。虽以日主而论，岁运冲亦然。

此坐下印绶，生于季春，印气有余，又年逢甲寅，则太过矣。土虽当令，而木更坚，喜其寅申逢冲，财星得用，第嫌比肩盖头，冲之无力。早年运走南方，起倒异常；至壬申癸酉二十年，申冲寅木，克去比肩，创业兴家。此谓乘印就财也。

此坐下印绶亦在季春，印绶未尝无余气，年干壬杀生印有情，不足畏也，所嫌者，两申冲寅，甲木之根拔。还喜壬水泄金生木，运走丙午劫去申财，入学补廪登科；丁未合去壬水，三走春闱不捷；戊申克去壬水，三冲寅木而死于途。此造之壬水，乃甲木之元神，断不可伤，壬水受伤，甲木必孤。凡独杀用印者，最忌制杀也。

天合地者，地旺喜静。

原注：如丁亥、戊子、甲午、己亥、辛巳、壬午、癸巳之类，皆支中人元，与天干相合者。此乃坐下财官之地，财官若旺，则宜静不宜冲。

任氏曰：十干之合，乃阴阳相配者也。五阳合五阴为财，五阴合五阳为官，所以必合。尚有阴旺不从阳，阳旺不从阴，虽合不化，有争合、妒合、分合之别。若露干合支中暗干，则随局无所不合，无所不分争妒忌矣。此节本有至理，只因原注少变通耳。天合地三字，须活看轻看，重在下句"地旺喜静"四字，夫地旺者，天必衰也；喜静者。四支无冲克之物，有生助之神也。天干衰而无助，地支旺而有生，天干心怀忻合之意。若得地支元神透出，缘上天下地，升降有情，此合似从之意也，合财似从财，合官似从官，非十干合化之理也。所以静则居安，尚堪保守，动则履危，难以支持。然可言合者，只有戊子、辛巳、丁亥、壬午四日耳，若甲午日，则午必先丁而后己，己土岂能专权而合甲？己亥日，亥必先壬而后甲，甲岂能出而合己？癸巳日，巳必先丙而后戊，戊岂能越占而合癸？此三日不论，至于十干，应合而化，则为化格，另有作用，解在化格章中。

伤	印	官
乙	壬	辛	己
巳	午	未	巳
杀才卩	官财	财官伤	杀才卩

|乙|丙|丁|戊|己|庚|
|丑|寅|卯|辰|巳|午|

支类南方，乘权当令，地旺极矣；火炎土燥，脆金难滋水源，天衰极矣，故日干之情，不在辛金，其意向必在午中丁火而合从矣。己巳戊辰运，生金泄火，刑耗有之；丁卯丙寅，木火并旺，克尽辛金，经营发财巨万。

财	劫	食
庚	丁	丙	己
子	亥	子	丑
杀	印官	杀	食才杀

|庚|辛|壬|癸|甲|乙|
|午|未|申|酉|戌|亥|

此造支类北方，地旺极矣；天干火虚，无木生扶，又有湿土晦火，天衰极矣。人皆论其杀重身轻。取火帮身敌杀。戊寅岁，金绝火生，又合去亥水，必有大凶，果卒季夏。此地支官星乘旺，又类官方，天干无印，己土泄丙，未足帮身，此为天地合而从官也。甲戌运生火克水，刑丧破耗，家业已尽；癸酉壬申克尽丙火，助起财官，获利五万；未运丙子年遭回禄，破去二万。人皆取其火土帮身，以午未运为美，殊不知比劫夺财，反致大凶。

甲申戊寅，真为杀印相生；庚寅癸丑，也坐两神兴旺。

原注：两神者，杀印也。庚金见寅中火土，却多甲木，而以财论；癸见丑中土金，却多癸水，则帮身，不如甲见申中壬水庚金、戊见寅中甲木丙火之为真也。

任氏曰：支坐杀印，非止此四日，如乙丑、辛未、壬戌之类，亦是两神也。癸丑多比肩，戊寅岂无比肩乎？庚寅多财星，甲申岂无财星乎？非惟庚寅癸丑不真，即甲申戊寅，亦难作据，若只以日主一字论格，则年月时中，作何安顿理会耶？不过将此数日为题，用杀则扶之，不用则抑之。须观四柱气势，日主衰旺之别，如身强杀浅，则以财星滋杀；身杀两停，则以食神制杀；杀强身弱，则以印绶化杀，论局中杀重身轻者，非贫即夭；制杀太过者，虽学无成。论行运杀旺，复行杀地者，立见凶灾；制杀再行制乡者，必遭穷乏。书云"格格推详，以杀为重"；又云"有杀只论杀，无杀方论用"，杀其可忽乎？

比		财	卩
甲	**甲**	**己**	**壬**
子	**申**	**酉**	**午**
印	才卩杀	官	财伤

乙	甲	癸	壬	辛	庚
卯	**寅**	**丑**	**子**	**亥**	**戌**

甲申日元，生于八月，官杀当权，喜其午火紧制酉金，子水化其申金，所谓去官留煞。煞印相生，木凋金旺，印星为用，甲第联登，由郎署出为观察，从臬宪而转封疆。

比		财	卩
甲	**甲**	**己**	**壬**
子	**申**	**酉**	**午**
印	才卩杀	官	印才劫

乙	甲	癸	壬	辛	庚
卯	**寅**	**丑**	**子**	**亥**	**戌**

此与前造只换一辰字，以俗论之，前则制官留杀，此则合官留杀，功名仕路，无所高下，殊不知有天渊之隔。夫制者克而去之，合者有去有不去也。如以辰土为财，则化金而助杀；以酉金为官，仍化金而党杀。由此观之，清中带浊，且以财为病者，不但功名蹭蹬，而且刑耗难辞。惟亥运

逢生，可获一衿，壬子如逢木，秋闱有望；癸丑合去子印，一阻云程，有凶无吉；甲寅运被申冲破，寿元有碍矣。

上下贵乎情协。

原注：天干地支虽非相生，宜有情而不反背。

任氏曰：上下情协者，互相卫护，干支不反背者也。如官衰伤旺财星得局，官旺财多比劫得局，杀重用印，忌财者财临劫地，身强杀浅，喜财者财坐食乡，财轻劫重，有官而官星制劫，无官而食伤化劫，皆谓有情。如官衰遇伤，财星不现，官旺无印，财星得局，杀重用印，忌财者财坐食位，身旺煞轻，喜财者财坐劫地，财轻劫重，无食伤而官失令，有食伤而印当权，皆为不协。

才		官	伤
庚	**丙**	**癸**	**已**
寅	**寅**	**酉**	**巳**
食比卩	食比卩	财	食比才

丁	戊	己	庚	辛	壬
卯	辰	巳	午	未	申

此日主两坐长生，年支又逢禄旺，足以用官。癸水官星被己土贴身一伤，喜得官临财位，尤妙巳酉拱金，则己土之气已泄，而官星之根固矣。所以一生不遭凶险，名利两全也。

卩		官	官
甲	**丙**	**癸**	**癸**
午	**辰**	**亥**	**亥**
伤劫	官食印	卩杀	卩杀

丁	戊	己	庚	辛	壬
巳	午	未	申	酉	戌

此官杀乘旺，原可畏也，然喜午时生食制煞，时干透甲，生火泄水。旺杀半化为印，衰木两遇长生，赖此木根愈固，上下情协，不诬也。白手成家发财数万。

| 伤 | | 官 | 劫 |
| 丙 | 乙 | 庚 | 甲 |

| 子 | 卯 | 午 | 寅 |
| 卩 | 比 | 才食 | 财伤劫 |

| 丙 | 乙 | 甲 | 癸 | 壬 | 辛 |
| 子 | 亥 | 戌 | 酉 | 申 | 未 |

专禄日主，时支子水生之，年干甲木，亦坐禄旺，用庚金则火旺无土，坐于火地，用丙火则子冲去其旺支，即或用火，亦无安顿之运。所以一败如灰，至乙亥运，水木齐来，竟为乞丐。

| 印 | | 才 | 比 |
| 壬 | 乙 | 己 | 乙 |

| 午 | 亥 | 卯 | 丑 |
| 才食 | 劫印 | 比 | 才杀卩 |

| 癸 | 甲 | 乙 | 丙 | 丁 | 戊 |
| 酉 | 戌 | 亥 | 子 | 丑 | 寅 |

此己土之财，通根在丑，得禄于午，似乎身财并旺，不知己土之财，比肩夺去，丑土之财，卯木克破，午火食神，亥水克之。壬水盖之，无从引化，所谓上下无情也。初逢戊寅丁丑，财逢生助，遗业颇丰；一交丙子，冲去午火，一败而尽；乙亥运，妻子俱卖，削发为僧，又不守清规，冻饿而死。

合此两造观之，则上下之情协与不协，富贵贫贱，遂判天渊，即于此证验焉。

左右贵乎同志。

原注：上下左右，虽不全一气之物，须生化不错。

任氏曰：左右同志者，制化得宜，左右生扶，不杂乱者也。如杀旺身弱，有羊刃合之，或印绶化之；身旺杀弱，有财星生之，或官星助之；身杀两旺，有食神制之，或伤官敌之，此谓同志。若身弱而杀有财滋，则财为累矣；身旺而劫将官合，财官已忘矣。总之，日主所喜之神，必要贴身透露，喜杀而杀与财亲，忌杀而煞逢食制，喜印而印居官后，忌印而印让财先，喜财而遇食伤，忌财而遭比劫，日主所喜之神，得闲神相助，不争不妒，所忌之神，被闲神制伏，不肆不逞，此谓同志。宜细究之。

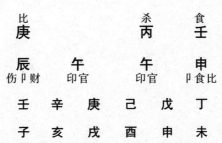

此丙火之杀虽旺，壬水之根亦固，日主有比肩之助，湿土之生，谓身杀两停。用壬制杀，天干之同志者；地支之同志者，辰土也，一制一化，可谓有情。运至金水之乡，仕途显赫，位至封疆。

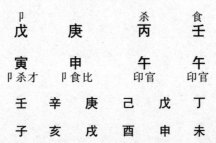

此造与前合观，大同小异，况乎日坐禄旺，壬水亦紧制杀，何彼则名利双收，此则终身不发？盖彼则壬水逢申之生地，制杀有权，此则壬水坐午之绝地，敌杀无力；彼则时干比劫帮身，又可生水，此则时上枭神克水，而不能生食。所谓左右不能同志者也。

始其所始，终其所终，富贵福寿，永乎无穷。

原注：年月为始，日时不反背之日时为终，年月不妒忌之，凡局中所喜之神，引于时支，有所归者，为始终得所，则富贵福寿，永乎无穷矣。

任氏曰：始终之理，要干支流通，四柱生化不息之谓也。必须接续连珠，五行俱足，即多缺乏，或有合化之情，互相护卫，纯粹可观，所喜者逢生得地，所忌者受克无根。闲神不党忌物。忌物合化为功，四柱干支，一无弃物，纵有伤枭劫刃，亦来辅格助用。喜用有情，日元得气，未有不富贵福寿者也。

食　　　　　　印　　　官
己　　　丁　　　甲　　　壬
酉　　　亥　　　辰　　　寅
才　　　印官　　杀伤卩　伤劫印

壬	辛	庚	己	戊	丁	丙	乙
子	亥	戌	酉	申	未	午	巳

年干壬水为始，是支亥水为终。官生印，印生身，食神发用吐秀，财得食之覆，官逢财星之生。伤官虽当令，印缓制之有情，年月不反背，日时不妒忌，始终得所。贵至二品，富有百万，子孙济美，寿至八旬。

食		印	官
乙	癸	庚	戊
卯	亥	申	戌
食	伤劫	官劫印	官才卩

戊	丁	丙	乙	甲	癸	壬	辛
辰	卯	寅	丑	子	亥	戌	酉

此造土生金，金生水，水生木，干支同流，但有相生之谊，而无争妒之风，戌中财星归库，官清印正分明，食神吐秀逢生。乡榜出身，仕至黄堂，一妻二妾，子有十三，科第连绵，富有百万，寿过九旬。

食		印	官
辛	己	丙	甲
未	巳	寅	子
卩比杀	劫印伤	劫印官	才

甲	癸	壬	辛	庚	己	戊	丁
戌	酉	申	未	午	巳	辰	卯

此造天干木生火，火生土，土生金，地支水生木，木生火，火生土，土生金。且由支而生干，从地支则以年支子水生寅木为始，至时干辛金为终；从天干亦以年支子水生甲木为始，至时干辛金为终。天地同流。正所谓始其所始，终其所终也，是以科甲联登，仕至极品，夫妇齐美，子孙繁衍，科甲不绝，寿至九旬。

形　象

两气合而成象，象不可破也。

原注：天干属木，地支属火，天干属火，地支属木，其象则一。若见金水则破，余仿此。

任氏曰：两气双清，非独木火二形也，如土金、金水、水木，木火、火土，相生各半五局。即相克之五局亦是也，如木土、土水、水火、火金、金木之各半相敌也。相生要我生，秀气流行，相克要我克，日主不伤，相生必欲平分，无取稍多稍寡。相克务须均敌，切忌偏重偏轻。若用金水，则火土不宜夹杂；如取水木，则火金不可交争。木火成象者，最怕金水破局水火得济者，尤忌土来止水。格既如此，取运亦仿此而行。一路澄清，必位高而禄重；中途混乱，恐职夺而家倾。故此格最难全美，而看法贵在至精。若生而复生，乃是流通之妙；倘克而遇化，亦为和合之情。或谓理仅两神，似嫌狭少，不知格分十种，尽费推详。

	伤		伤	比
	丁	甲	丁	甲
	卯	午	卯	午
	劫	财伤	劫	财伤

癸	壬	辛	庚	己	戊
酉	申	未	午	巳	辰

此造木火各半，两气成象，取丁火伤官，秀气为用。四柱金水全无，纯粹可观。巳运丁火临官，南宫奏捷，名高翰苑；庚运官杀混局，降知县。夫南方之金，尚有不足，将来西方之水，难言无咎。

	卩		卩	比
	乙	丁	乙	丁
	巳	卯	巳	卯
	伤劫财	卩	伤劫财	卩

己	庚	辛	壬	癸	甲
亥	子	丑	寅	卯	辰

此亦木火各半，两气成象，非前伤官之比。日主是火，长于夏令，木从火势，格成炎上，更不宜见金运。火逢生助。巡抚浙江；至辛运水年，木火皆伤。故不能免祸。所谓"二人同心，可顺而不可逆也"。

	食		食	比
	戊	丙	戊	丙
	戌	午	戌	午
	食劫财	伤劫	食劫财	伤劫

甲	癸	壬	辛	庚	己
辰	卯	寅	丑	子	亥

此火土各半，两气成象，取戌土食神，秀气为用。辛丑运湿土晦火，秀气流行，登乡榜；壬运壬年，赴会试，死于都中，盖水激丙火，则火灭也。如两戌换以两辰，不致燥烈，虽逢水运，亦不至大凶也。

伤		伤	比
辛	**戊**	**辛**	**戊**
酉	戌	酉	戌
伤	比印伤	伤	比印伤

丁	丙	乙	甲	癸	壬
卯	寅	丑	子	亥	戌

此土金各半，两气成象，取辛金伤官为用。喜其一路北方运，秀气流行，少年科甲，仕至黄堂；交丙破辛金之用，不禄。凡两气成象者，要日主去生，或食或伤。谓英华秀发，多致富贵；所不足者，运破局，不免于祸。如金水水木之印绶格，无秀可取，故无富贵，试之屡验。

财		财	比
癸	**戊**	**癸**	**戊**
亥	戌	亥	戌
杀才	比印伤	杀才	比印伤

己	戊	丁	丙	乙	甲
巳	辰	卯	寅	丑	子

此水土各半，两气成象，喜其通根燥土，财命有一。然气势稍寒，所以运至丙寅，寒土逢阳，连登科甲，更妙亥中甲木暗生，仕至郡守，宦途平坦。

杀		杀	比
己	**癸**	**己**	**癸**
未	亥	未	亥
才杀食	伤劫	才杀食	伤劫

癸	甲	乙	丙	丁	戊
丑	寅	卯	辰	巳	午

此土水相克，两气成象，纯杀无制，日主受伤。初走火土之乡，生助

七杀，正是明月清风谁与共，高山流水少知音；一交乙卯，运转东方，制杀化权，得奇遇，飞升县令。由此观之，生局必须食为美，印局无秀气，不足为佳。财局身财均敌，日主本气无伤，然又要运程安顿得好，斯为全美，一遇破局，则祸生矣。

五气聚而成形，形不可害也。

原注：木必得水以生之，火以行之，土以培之，金以成之。是以成形于要紧之地，或过或缺，则害。余皆仿之。

任氏曰：木之成形，食伤泄气，水以生之；官杀交加，火以行之；印绶重叠，土以培之；财轻劫重，金以成之。成形于得用之地，庶无偏枯之病，何患名利不遂乎？即举木论，五行皆可成形，变仿此而推。若四柱无成，成之于岁运又无成处，则终身碌碌，凶多吉少，有志难伸矣。

才　　　　　　　　　Ｐ　　　　Ｐ
戊　　甲　　壬　　壬

辰　　子　　子　　戌
印才劫　　印　　　印　　才伤官

己　戊　丁　丙　乙　甲　癸
未　午　巳　辰　卯　寅　丑

此造水势猖狂，独戊土以培之，以作砥柱之功，不致浮泛也。然戊土亦赖有戌土而根固，若有辰而无戌，辰乃湿土，见水则荡，戊土不能植根而虚矣。无根之土，岂能止百川之源？故此造所重者，戌之燥土也。但寒木无阳，必须火以温之，则木方可发荣，所以运至南方火旺之乡，发财数万，名成异路也。

官　　　　　　　　劫　　　　才
辛　　甲　　乙　　戊

未　　辰　　卯　　寅
伤劫　　印才劫　　劫　　才食比

辛　庚　己　戊　丁　丙
酉　申　未　午　巳　辰

此造支类东方，劫刃肆逞，一点微金，成之不足，故书香不继，初运火土，不失生化之情，财源通裕；至庚申辛酉，辛金得地，而成之异路，加捐仕至州牧；癸运生木泄金，不禄。

劫		劫	印
乙	甲	乙	癸
亥	戌	卯	未
比卩	才伤官	劫	伤财劫

巳	庚	辛	壬	癸	甲
酉	戌	亥	子	丑	寅

此造柱中，未土深藏，戌土自坐，谓财来就，我未尝不美。只因四柱无金以成之，五行无火以行之，再加亥时，癸水通根生劫，亥卯未全，助起劫刃猖狂。查其岁运，又无成地，以致祖业消磨，克妻无子。由此推之，命之所重在运，运其可忽乎谚云："人有凌云志，无运不能自达也。"

独象喜行化地，而化神要昌。

原注：一者为独，曲直炎上之类也。所生者为化神，化神宜旺，则其气流行，然后行财官之地方可。

任氏曰：权在一人，曲直炎上之类是也。化者，食伤也，局中化神昌旺，岁运行化神之地，名利皆遂也。八字五行全备，固为合宜，而独象乘权，亦主光亨。木日，或方或局全，不杂金为曲直；火日，或方或局全，不杂水为炎上；土日，四库皆全，不杂木为稼穑；金日，或方或局全，不杂火为从革；水日，或方或局全，不杂土为润下。皆从一方之秀气，不同六格之常情。必要得时当令，遇旺逢生。但体质过于自强，须以引通为妙，而气势必有所关，务须审察其情。如木局见土运，斯虽财神资养，先要四柱有食有伤，庶无分争之虑。见火运，谓英华发秀，须看原局有财无印，方免反克为殃，名利可遂；见金运，谓破局，凶多吉少；见水运，而局中无火，谓生助强神，亦主光亨，故旧有从强之说，再行生旺为佳，若四柱先有食伤，必主凶祸临身；如原局徽伏破神，须运有合冲之妙；若本主失时得局，要运遇生旺之乡，亦主功名小就。苟行运偶逢劫地，独象立见凶灾，若局有食伤反克之能，方无大害。总之干乃领袖之神，阳气为强，阴气为弱；支乃会格之物，方力较重，局力较轻。独象虽美，只怕运途破局；合象虽杂，却喜制化成功。

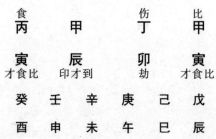

食　　　　　　伤　　比
丙　　甲　　丁　　甲

寅　　辰　　卯　　寅
才食比　印才戊　劫　才食比

癸　壬　辛　庚　己　戊

酉　申　未　午　巳　辰

　　支全寅卯辰，东方一气，化神者，丙丁也。发泄菁华，少年科甲，早遂仕路之光；行财地，先有食伤化劫之功；行金运，又得丙丁回克之能；交壬破局伤秀，降职归田不禄。

劫　　　　　　印　　劫
己　　戊　　丁　　己

未　　子　　丑　　未
印劫官　财　劫伤财　印劫官

辛　壬　癸　甲　乙　丙

未　申　酉　戌　亥　子

　　费中堂造，天干戊己逢丁，地支重重丑未。子丑化土，斯真格象，已成稼穑。所不足者，丑中辛金无从引出，且局中丁火三见，辛金暗伤，未得生化之妙，所以嗣息艰难。若天干透一庚辛，地支藏一申酉，必多子矣。

印　　　　　　卩　　比
乙　　丙　　甲　　丙

未　　戌　　午　　寅
劫伤印　食劫财　伤劫　食比卩

庚　己　戊　丁　丙　乙

子　亥　戌　酉　申　未

　　支全火局，木从火势，格成炎上。惜木旺克土，秀气有伤，书香难就，武甲出身，仕至副将。行申酉运，亦有戌未之化，所以无咎；亥运，幸得未会寅合，不过降职；交庚子，干无食伤，支逢冲激，死在军中。

比　　　　　　财　　比
庚　　庚　　乙　　庚

辰　　戌　　酉　　申
伤卩财　卩官劫　劫　卩食比

辛　庚　己　戊　丁　丙

卯　寅　丑　子　亥　戌

此造天干乙庚化合，地支申酉戌全，格成从革，惜无水，肃杀之气太锐，不但书香不利，而且不能善终。行伍出身，官至参将，一交寅运，阵亡。盖局无食伤之故耳；又寅戌暗拱，触其旺神也。

　　劫　　　　　卩　　　劫
壬　癸　辛　壬

子　丑　亥　子
比　杀卩比　伤劫　比

丁　丙　乙　甲　癸　壬

巳　辰　卯　寅　丑　子

地支亥子丑，干透壬癸辛，局成润下。喜行运不背，书香早遂；甲寅运秀气流行，登科发甲；乙卯宦途平坦，由县令而迁州牧；丙辰原局无食伤之化，群劫争财，不禄。

全象喜行财地，而财神要旺。

原注：三者为全，有伤官而又有财也，主旺喜财旺，而不行官杀之地方可。

任氏曰：三者为全，非专论伤官与财也。伤官生财，固为全矣，而官印相生，财官并见，岂非全乎？伤官生财，日主旺相，固宜财运，倘四柱比劫多见，财星被劫，官运必佳，伤官运更美。须观局中意向为是。日主旺，伤官轻，有印绶，喜财而不喜官；日主旺，财神轻，有比劫，喜官而不喜财；财官并见，日主旺相，喜财而不喜官；官印相生，日主休囚，喜印绶而不喜比劫。大凡论命，不可执一，须察全局之意向，日主之喜忌为的。

　　印　　　　　劫　　　伤
甲　丁　丙　戊

辰　卯　辰　申
杀伤卩　卩　杀伤卩　伤官财

壬　辛　庚　己　戊　丁

戌　酉　申　未　午　巳

丁卯日元，生于季春。伤官生财，嫌其木盛土虚，书香难就。土得其伤官化劫，使丙火无争财之意，所以运至庚申辛酉，承先人之事业虽微，而自创规模颇大，财发十余万。

劫		财	伤
丁	丙	辛	己
酉	午	未	巳
财	伤劫	劫伤印	食比才

癸 甲 乙 丙 丁 戊 己 庚

亥 子 丑 寅 卯 辰 巳 午

此造火长夏天，支类南方，旺之极矣，火土伤官生财。格所嫌者，丁火羊刃透干，局中全无湿气，劫刃肆逞，祖业无恒，父母早亡，幼遭孤苦，中受饥寒。六旬之前，运走东南木火之地，妻财子禄，一字无成。至丑运，北方湿土，晦火生金，暗会金局，从此得际遇，立业发财，至七旬又买妾，连生二子。及甲子癸亥，北方水地，获利数万，寿至九旬。谚云："有其运，必得其福"，为人岂可限量哉！

形全者宜损其有余，形缺者宜补其不足。

原注：如甲木生于寅、卯、辰月，丙火生于巳、午未月，皆为形全；戊土生于寅、卯、辰月，庚金生于巳、午、未月，皆为形缺。余仿此。

任氏曰：形全宜损，形缺宜补之说，即子平"旺则宜泄宜伤，衰则喜帮喜助"之谓也。命书万卷，总不外此二句，读之直捷痛快，显然明白，故人人得而知之。究之深奥异常，其中作用实有至理，庸俗只知旺用泄伤，衰用帮助，以致吉凶颠倒，宜忌淆乱也。以余论之，须将四字分用为是，通变在一"宜"字。

宜泄则泄之为妙，宜伤则伤之有功。泄者食伤也，伤者官杀也。均是旺也，或泄之有害，而伤之有利；或泄之有利，而伤之有害，所以泄伤两字，宜分而用之也。

宜帮则帮之为切，宜助则助之为佳。帮者比劫也，助者印绶也。均是衰也，帮之则凶，而助之则吉；或帮之则吉，而助之则凶，所以帮助两字，亦宜分而用之也。

如日主旺相，柱中财官无气，泄之则官星有损，伤则去比劫之有余，补官星之不足，所谓伤之有利，而泄之有害也。

日主旺相，柱中财官不见，满局比劫，伤之则激而有害，不若泄之以顺其气势，所谓"伤之有害，而泄之有利"也。

日主衰弱，柱中财星重叠，印绶助之反坏，帮则去财星之有余，补日主之不足，所以帮之则吉，而助之则凶也。

日主衰弱，柱中官杀交加，满盘杀势，帮之恐反克无情，不若助之以化其强暴，所以帮之则凶，而助之则吉也。

此补前人所未发之言也。至于木生寅卯辰月，火生巳午未月为形全，亦偏论也。如木生寅卯辰月，干露庚辛，支藏申酉，莫非仍作全形而损之乎？火生巳午未月，干透壬癸，支藏亥子，莫非仍作全形而损之乎？土生于寅卯辰月为形缺，干丙丁而支巳午莫非仍作缺形而补之乎？金生于巳午未月干戊己而支申酉莫非亦作缺形而补之乎？凡此须究其旺中变弱、弱中变旺之理，不可执一而论。是以实似所当损者，而损之反有害，实似所当补者，而补之反无功，须详察焉。

才	比	官
甲	庚	庚	丁
申	子	戌	丑
⻏食比	伤	⻏官劫	印劫伤

甲	乙	丙	丁	戊	己
辰	巳	午	未	申	酉

此秋金锐锐，官星虚脱，不能相制，财星临绝，何暇生官！初运土金，晦火生金，刑伤破耗，无所不见；丁未丙午助起官星，家业鼎新；乙巳晚景优游，所谓伤之有功也。

财	食	⻏
乙	庚	壬	戊
酉	申	戌	申
劫	⻏食比	⻏官劫	⻏食比

戊	丁	丙	乙	甲	癸
辰	卯	寅	丑	子	亥

此造乙从庚化，官星不见，支类西方，又坐禄旺，权在一人。从其强势，虽有壬，戊土紧克，不能引通泄其杀气。初交癸亥甲子，顺其气势，财喜如心。一交丙寅、触其旺神，一败如灰，衣食难度，自缢而死。所谓泄之有益，伤之有害也。

<table>
<tr><td>印</td><td></td><td>财</td><td>才</td></tr>
<tr><td>乙</td><td>丙</td><td>辛</td><td>庚</td></tr>
<tr><td>未</td><td>辰</td><td>巳</td><td>申</td></tr>
<tr><td>劫伤印</td><td>官食印</td><td>食比才禄</td><td>食杀才</td></tr>
</table>

丁　丙　乙　甲　癸　壬

亥　戌　酉　申　未　午

　　此造以俗论之，丙火生于巳月，建禄必要用财，无如庚辛重叠根深，独印受伤，弱可知矣。运至甲申乙酉，金得地，木无根，破耗异常；丙戌丁运，重振家声。此财多身弱，所谓帮之则有功也。

<table>
<tr><td>杀</td><td></td><td>官</td><td>杀</td></tr>
<tr><td>壬</td><td>丙</td><td>癸</td><td>壬</td></tr>
<tr><td>辰</td><td>午</td><td>丑</td><td>子</td></tr>
<tr><td>官食印</td><td>伤劫</td><td>伤财官</td><td>官</td></tr>
</table>

己　戊　丁　丙　乙　甲

未　午　巳　辰　卯　寅

　　此造满局官星，日主孤弱，虽食伤并见，但丑辰皆湿土，能蓄水，不能止水。初交甲寅乙卯，化杀生身，早游泮水，财业有余；后交丙辰，不但不能帮身，反受官杀回克，刑妻克子，家业耗散；申年暗拱杀局而亡。所谓助之则吉，帮之反害也。

方局（上）

　　方是方兮局是局，方要得方莫混局。

　　原注：寅卯辰，东方也，搭一亥或卯或未，则太过，岂不为混局哉！

　　任氏曰：十二支，寅卯辰东方，巳午未南方，申酉戌西方，亥子丑北方。凡三字全为成方，如寅卯辰全，其力量较胜于亥卯未木局。戊日遇寅月，见三字，俱以杀论；遇卯月，见三字，俱以官论，己日反是。遇辰月，视寅卯之势，较量轻重，以分官、杀，其余仿此。若只二字，则竟不取，所言方局莫混之理，愚意以为不然，且如木方而见亥字，为生旺之神；见未字，为我克之财，又是木盘根之地，亦何不可？即用三合木局，岂有所损累耶？至于作用，则局之用多，而方之用狭，弗以论方而别生穿凿也。

劫		印	杀
己	戊	丁	甲
未	辰	卯	寅
印劫官	财比官	官	比卩杀

癸	壬	辛	庚	己	戊
酉	申	未	午	巳	辰

此木方全，搭一未字为混，然无未字，则日主虚脱，且天干甲木透出作杀，而不作官，必要未字日主气贯，身杀两停，名利双辉。鼎甲出身，仕至极品，可知方混局之无害也。

食		官	伤
丁	乙	庚	丙
亥	卯	寅	辰
劫印	比	财伤劫	卩财比

丁	丙	乙	甲	癸	壬	辛
酉	申	未	午	巳	辰	卯

此支类东方，火明木秀，最喜丙火紧克庚金之浊，然春初木嫩，必得亥时生助。为人风流潇洒，学问渊深。丁亥生木助火，采芹攀桂；巳运南宫报捷，名高翰苑；午运拱寅合卯，采梁栋于邓林，是唯哲匠，搜琳琅于瑶圃。爰借宗工，至酉，乙木无根。金得地，冲破东方秀气，犯事落职，若无亥水化之，岂能免大凶！

局混方兮有纯疵，行运喜南或喜北。

原注：亥卯未木局，混一寅辰，则太强，行运南北，则有纯疵，不能俱利。

任氏曰：地支有三位相合而成局者，亥卯未木局，寅午戌火局，巳酉丑金局，申子辰水局，皆取生旺墓，一气始终也。柱中遇三支合势，吉凶之力较大。亦有取二支者，然以旺支为主，或亥卯，或卯未，皆可取，亥未次之。凡会忌冲，如亥卯未木局，杂一酉丑字于其中，而又与所冲之神紧贴，是为破局。虽冲字杂于其中，而不紧贴，或冲字处于其外而紧贴，则会局与损局兼论。其二支会局者，以相贴为妙，逢冲即破，他字间之，亦遥隔无力，须天干领出可用。至于"局混方兮有纯疵"之说，与"方要得方莫混局"之理相似，究其理亦无所害。见寅字是谓同气，见辰字是谓余气，又是东方湿土，能生助木神，又何损累耶?"行运南北之分，须看局中意向为是。如木局，日主是甲乙，四柱纯木，不杂别字，运行南方，谓秀气流行，则纯；运行北方，谓之生助强神，无疵。或干支有火吐秀，运行南方，名利裕如；运行北方，凶灾立见。木论如此，余者可知。

卩	比	劫
癸	乙	乙	甲

未	卯	亥	寅
食才比	比	劫印	财伤劫

癸 壬 辛 庚 己 戊 丁 丙

未 午 巳 辰 卯 寅 丑 子

此木局全，混一寅字，然四柱无金，其势从强，谓深得一方秀气。少年科第，惟庚辰辛巳运，虽有癸水之化，仍不免刑丧起倒，仕路蹭蹬。至六旬外，运走壬午癸未，由县令而迁司马。履黄堂而升观察，直如扬帆大海，谁能御之！由此观之，从强之木局，东南北运皆利，惟忌西方金运克破耳。

秘授滴天髓阐微卷二　通神论

方局（下）

	食		食		劫
	丁	乙	丁	甲

亥　　**未**　　**卯**　　**寅**
劫印　　食才比　　比　　财伤劫

癸　壬　辛　庚　己　戊
酉　申　未　午　巳　辰

此亦木局全，混一寅字，取丁火食神秀气，非前造从强论也。至巳运，丁火临官，登科发甲；庚午辛未，南方金败之地，不伤体用，仕途平坦；壬申，木火皆伤，破局，死于军中。前则从强，南北皆利；此则木火，西北有害。由此两造观之，局混方之无害也。

　　若然方局一齐来，须是干头无反复。

　　原注：木局木方全者，须要天干全顺得序，行运不背乃好。

　　任氏曰：方局齐来者，承上文方混局、局混方之谓也。如寅卯辰兼未，亥卯未兼寅辰，巳午未兼戌，寅午戌兼巳未，申酉戌兼巳丑，巳酉丑兼申戌，亥子丑兼申辰，申子辰兼丑亥子类是也。干头无反复者，方局齐来，其气旺盛，要天干顺其气势为妙。若地支寅卯辰，日主是木，或再见亥之生，未之库，如地支亥卯未，日主是木，或再逢寅之禄、辰之余，旺之极矣，非金所能克也，须要天干有火，泄其精英，不见金水，则干头无反复，然后行土运，乃为全顺得序而不悖矣。如天干无火有水，谓之从强；行水运，顺其旺神，最美。行金运，金生水，水而仍生木，逢凶有解。苟有火而见水，或无火而见金，此谓干头反复。如得运程安顿，遇土则可止其逆水，遇火则可去其微金，亦不失为吉耳。如日干是土，别干得火，相生之谊，亦不反复；见金以寡敌众，见水，生助强神则反复矣。所以制之以盛，不若化之以德，则其流行全顺矣。余仿此。

卩	食	劫	
癸	乙	丁	甲
未	亥	卯	寅
食才比	劫印	比	财伤劫

癸 壬 辛 庚 己 戊
酉 申 未 午 巳 辰

此方局齐来，得月干丁火独透，发泄菁英，何其妙也。惜乎时干癸水透露，通根亥支，紧伤丁火秀气，谓干头反复。所以一衿尚不能博，贫乏无子。设使癸水换一火土，名利皆遂矣。

劫	比	伤	
乙	甲	甲	丁
亥	寅	辰	卯
比卩	才食比	印才劫	劫

戊 己 庚 辛 壬 癸
戌 亥 子 丑 寅 卯

此亦方局齐来，干头无水，丁火秀气流行，行运不甚反悖。中乡榜，仕至州牧，子多财旺，赋性仁慈，品行端方，寿越八旬，夫妇齐眉。所谓木主仁，仁者寿，格名曲直仁寿者，信斯言也。由此两造观之，干头反复与全顺得序者，天渊也。

成方干透一元神，生地库地皆非福。

原注：寅卯辰全者，日主甲乙木，则透元神，而又遇亥之生、未之库，决不发福，惟纯一火运略好。

任氏曰：成方干透元神者，日主即方之气也。如木方日主是木，火方日主是火，即为元神透出也。生地库地皆非福者，身旺不宜再助也，然亦要看其气势，不可一例而推。成方透元神，旺可知矣，固不宜再行生地库地，以帮方也。倘年月时干不杂财官，又有劫印，谓之从强，则生地库地，亦能发福。如逢纯一火运，真谓秀气流行，名利皆遂。如年月时干，财官无气，再行生地库地之运，不但不能发福，而且刑耗多端。此屡试屡验，故志之。

伤	比	才	
丁	甲	甲	戊
卯	辰	寅	寅
劫	印才劫	才食比	才食比

庚	己	戊	丁	丙	乙
申	未	午	巳	辰	卯

此成方，干透元神，四柱不杂金水，时干丁火吐秀，纯粹可观。初中行运火土，中乡榜，出宰名区；惜木多火炽，丁火不中以泄之，所以运至庚申，不能免祸。此造如时逢丙寅，必中甲榜，仕路显赫。庚申运丙火足以敌之，亦不致大凶也。

食		食	印
丙	甲	丙	癸
寅	辰	辰	卯
才食比	印才劫	印才劫	劫

庚	辛	壬	癸	甲	乙
戌	亥	子	丑	寅	卯

此造财旺提纲，丙食生助，当以财星为用，丙火为喜，癸水为忌。身旺用财，遗业十余万。初年水木运，一败如灰；至辛亥运，火绝木生，水临旺，冻饿而死。以此观之，不论成方成局，必先察财官之势。若财旺提纲，则以财为用；或官得财助，则以官为用；如财不通月支，官无旺财生，必须弃其寡而从其众也。余皆仿此。

成局干透一官星，左边右边空碌碌。

原注：甲乙日遇亥卯未全者，庚辛乃木之官也，又见左辰右寅，则名利无成。甲乙日单遇庚辛，则亦无成。

任氏曰：如地支会木局，日主元神透出，别干见辛之官、庚之杀，虚脱无气，即余干有土，土亦休囚，难以生金，须地支有一申酉丑字为美。若无申酉丑，反加之寅辰字，则木势愈盛，金势愈衰矣，故碌碌终身，名利无成也。若得岁运去其官星，亦可发达，必要柱中先见食伤，然后岁运去净官煞之根，名利遂矣。木局如此，余局仿此论之可也。

此乙木归垣，亥卯未全，木势旺盛，金气虚脱，最喜时透丁火，制煞为用。故初运土金之乡，奔驰未遇；至于亥运，生木制煞，军前效力，得县佐；丙戌运中，帮丁克辛，升县令。此所谓强众而敌寡，势在去其寡，非煞旺宜制而推也。至酉运，煞逢禄旺，冲破木局不禄。

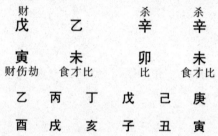

此乙木归垣，虽无全会，然寅时比亥之力量胜数倍矣。以大象观之，局中三土两金，似乎财生煞旺，不知卯旺提纲，支中皆木之根旺，非金之生地也。初运土金之乡，采芹食廪，家业丰裕；一交丁亥，制煞会局，刑妻克子，破耗异常，犯事革名，忧郁而死。

```
卩      乙      才      官
癸      乙      己      庚

未      亥      卯      寅
食才比   劫印    比     财伤劫

        乙 甲 癸 壬 辛 庚
        酉 申 未 午 巳 辰
```

此造正合本文成局，干透官星，左右皆空，四柱一无情致，用财则财会劫局，用官则官临绝地，用神无所着落，为人少恒一之志，多迁变之心，以致家业破耗。读书未就而学医；医又不就，又学堪舆；自以为仲景再世，杨赖复生，而人终不信；又学巫，学易，学命，所学甚多，不能尽述。不但一无所就，而且财散人离，削发为僧矣。

八　格①

　　财官印绶分偏正，兼论食伤八格定。

　　原注：自形象气局之外，而格为最。格之真者，月支之神，透于天干也。以散乱之天干，而寻其得所附于提纲，非格也。自八格之外，若曲直五格皆为格，而方局气象定之者，不可言格也。五格之外，飞天合禄虽为格，而可以破害刑冲论之者，亦不可言格也。

　　任氏曰：八格者，命中之正理也。先观月令所得何支，次看天干透出何神，再究司令以定真假，然后取用，以分清浊，此实依经顺理。若月逢禄刃，无格可取，须审日主之喜忌，另寻别支透出天干者，借以为用。然格局有正有变，正者，必兼五行之常礼也，曰官印，曰财官，曰煞印，曰财煞，曰食神制杀，曰食神生财，曰伤官佩印，曰伤官生财；变者，必从五行之气势也，曰从财，曰从官杀，曰从食伤，曰从强，曰从弱，曰从势，曰一行得气，曰两气成形。其余外格多端，余备考群书，俱不从五行正理，尽属谬谈。至于《兰台妙选》，所定一切奇格异局，纳音诸法，尤属不经，不待辩而知其荒唐也。自唐宋以来，作者甚多，皆虚妄之论；更有吉凶神煞，不知起自何人，作此险语，往往全无应验。诚意伯《千金赋》云："吉凶神煞之多端，何如生克制化之"一理，一言以蔽之矣。即如壬辰日为"王骑龙背"，壬寅日为"王骑虎背"，何不再取壬午、壬申、壬戌、壬子，谓骑猴马犬鼠之背乎？又如六辛日逢子时，谓"六阴朝阳"，夫五阴皆阴，何独辛金可朝阳，余干不可朝阳乎？且子乃体阳用阴，子中癸水，六阴之至，何谓阳也？又如六乙日逢子时，谓"鼠贵格"，夫鼠者，耗也，何以为贵？且十干之贵，时支皆有之者，岂余干不可取贵乎？不待辩而知其谬也。其余谬格甚多，支离无当，学者宜细详正理五行之格，弗以谬书为惑也。

秘授滴天髓阐微卷二　通神论

---

　　①　正财，偏财，正官，偏官，正印，偏印，食神，伤官是也。

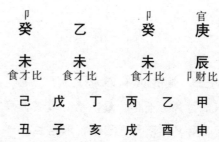

	卩		卩	官
	癸	乙	癸	庚
	未	未	未	辰
	食才比	食才比	食才比	卩財比

己　戊　丁　丙　乙　甲
丑　子　亥　戌　酉　申

此造支中三未通根，尚有余气，干透两癸，正三伏生寒，贴身生扶，亦通根身库。官星独发而清，癸水润土养金，生化不悖，财旺生官，中和纯粹。科甲出身，仕至藩臬，官境安和。

	劫		官	食
	丙	丁	壬	己
	午	未	申	丑
	食比	比食卩	伤官财	食才杀

丙　丁　戊　己　庚　辛
寅　卯　辰　巳　午　未

此造以大势观之，官星清于彼，何彼则富贵，此则困穷？不知此造无印，官紧克，午未虽是余气禄旺，丑中蓄水，暗伤午未之火，壬水逢生，又克丙火；更嫌己土一透，不能制水，反能晦火；兼之中运逢土，又泄火气，谓克泄交加。因之功名未遂，耗散资财，尚不免刑妻克子。细究皆己丑两字之患。幸格局顺正，气象不偏，将来运至木水之地，虽然屈抑于前，终必奋亨于后。

	财		印	官
	辛	丙	乙	癸
	卯	午	卯	未
	印	伤劫	印	劫伤印

己　庚　辛　壬　癸　甲
酉　戌　亥　子　丑　寅

此官清印正格，喜其未卯拱木，纯粹之象，故为人品格超群，才华卓越，文望若高山北斗，品行似良玉精金。惜印星太重，官星泄气，神有余而精不足，以致功名蹭蹬，纵有凌去之志，难遂青钱之选。还喜格正局清，财星逢合，虽然大才小用，究竟名利两全，仕路清高。施菁莪之雅化，振械朴之人才也。

<pre>
劫   财   卩
壬   癸   丙   辛

戊   卯   申   卯
官才卩 食   官劫印 食

庚 辛 壬 癸 甲 乙

寅 卯 辰 巳 午 未
</pre>

此印绶格，以申金为用，以丙火为病，以壬水为药，中和纯粹，秋水通源。运至癸巳，金水逢生得助，科甲联登；壬辰药病相济，由部属出为郡守。盖辛卯庚寅盖头，逢金不能生火坏印，名利两全也。

<pre>
伤   财   卩
申   癸   丙   辛

寅   卯   申   卯
官财伤 食   官劫印 食

庚 辛 壬 癸 甲 乙

寅 卯 辰 巳 午 未
</pre>

此亦以申金为用，以丙火为病，与前只换一寅字，不但有病无药，而且生助病神。彼则青钱万选，名利两全，此则机杼空抛，守株待兔。更嫌寅申遥冲，卯木助之，印绶反伤，木旺金缺，且月建乃六亲之位，未免分荆破斧，资财耗散。惟壬运帮身去病，财源稍裕；辛卯庚寅，东方无根之金，功名未能进取，家业不过小康。然格正局真，印星秉令，所以襟怀旷达。八斗才夸，争似元龙意气；五花笔吐，浑如司马文章。独嫌月透秋阳，难免珠沉沧海，顺受其正，莫非命也。

由此数造观之，格局不可执一论也。不拘财官印绶等格，与日主无干。旺则宜抑，衰则宜扶，印旺泄官宜财星，印衰逢财宜比劫，此不易之法。

影响遥系既为虚，杂气财官不可拘。

原注：飞天合禄之类，固为影响遥系而非格矣。如四季月生人，只当取土为格，不可言杂气财官；戊己日生于四季月者，当看人元透出天干者取格，不可概以杂气财官论之；至于建禄月劫羊无能为刃，亦当看月令中人元透于天干者取格，若不合气象形局，则又无格矣。只取用神，用神又无所取，只得看其大势，以皮面上断其穷通。不可执格论也。

任氏曰：影响遥系者，即暗冲暗合之格也。俗书所谓飞天禄马是也。如丙午日支全三午，癸酉日支全三酉，逢三则冲，午去暗冲子水为官，酉去暗合辰土为官。尚有冲财合财，如壬子日支全三子，暗冲午火为财，乙卯日支全三卯，暗合戌土为财。又云，先要四柱不要财官为真，方可冲合。夫冲者，散也；合者，化也。何能为我用乎？四柱原有财官，不宜冲合，尚有喜与不喜，何况四柱无财官乎？至于杂气财官，亦是画蛇添足。辰戌丑未，无非支藏三干，各为杂气；寅申巳亥，亦有三干，何故不论？夫库中余气，可以言格，生地之神，莫非反弃？又云杂气财官吉冲，尤为穿凿。若甲木生丑月，为杂气财官，喜未冲之，未中丁火，紧伤丑中辛金之官，格乃破矣，余支皆然，不若透出天干取格为是。诸书所载，禄分四种，年为背禄，月为建禄，日为专禄，时为归禄。又云建禄喜官，归禄忌官，则又遗背禄专禄矣，又云日禄归时没官星，号为青去得路，诚如所论，则丙辛两日生人，逢癸巳丁酉时者，世无读书出仕者乎？无非日干旺地之比肩也，不可认作食禄为王家之禄，如一字之禄，可以格言，则四柱神，竟同闭废，既柱中之禄为美，何得运逢禄支反为禄堂而家破人亡乎？命者，五行之理也。格者，五行之正也。论命取格，须究五行正理，彻底根源，则穷通寿夭，自不爽矣。大凡格局真实而纯粹者，百无一二，破坏而杂气者，十有八九，无格可取者甚多，无用可寻者不少。格正用真，行运不悖，名利自如；格破用损，谓之有病，忧多乐少。倘行运得所，去其破损之物，扶其喜用之神，譬如人染沉疴，得良剂以生也，不贵亦富。无格可取者，寻其用神而用神有力，行运安顿，亦可以旺业兴家。无格可取，无用可寻，只可看其大势，与日主之所向，运途能补其所喜，去其所忌，虽碌碌营生，可免饥寒之患。若行运又无可取，则不贫亦贱；若格正用真，五行反悖，一生有志难伸矣。

甲	丙	庚 才	己 伤
午 伤劫	午 伤劫	午 伤劫	巳 食比才

甲 乙 丙 丁 戊 己

子 丑 寅 卯 辰 巳

此造俗论，丙午日支全三午，四柱滴水全无，中年又无水运，必作飞天禄马，名利双辉。不知此造午中己土，巳中庚金，元神透出年月两干，真火土伤官生财格。初交己巳戊辰，泄火生金，遗业颇丰；丁卯丙寅，土金喜用皆伤，连遭回禄三次，又克两妻四子，家业破尽；至乙丑运，北方湿土，晦火生金，又合化有情，经营获利，纳妾生子，重振家园；甲子癸亥，北方水地，润土养金，发财数万。若以飞天合禄论，大忌水运矣。

才		卩	食
己	乙	癸	丁
卯	卯	卯	丑
比	比	比	才杀卩

丁	戊	己	庚	辛	壬
酉	戌	亥	子	丑	寅

乙卯日，生于卯月卯时，旺之极矣，最喜丁火独发，泄其精英。惜癸水克丁，仍伤秀气，时干己土临绝，不能去其癸水，因之书香不继，初中运逢水木之地，刑丧破耗，家业渐消；戊戌丁运，大遂经营之愿，发财巨万。若以飞天禄马论之，则戊戌运，当大破矣。

比		印	伤
甲	甲	癸	丁
戌	辰	丑	未
才伤官	印才劫	财官印	伤财劫

丁	戊	己	庚	辛	壬
未	申	酉	戌	亥	子

此造支全四库逢冲，俗作杂气财官也，不知丑未逢冲，不特官星受伤，而且冲去库根；日主坐下余气，亦是根盘，更嫌戌冲，微根已拔，财多身弱；且旺土愈冲愈旺，则癸水必伤。初运壬子辛亥水旺之地，荫疵有余；一交庚戌，财煞并旺，椿萱并逝，刑妻克子；己酉戊申土盖天干，使金不能生水，家业破尽，无子而亡。

官		印	伤
辛	甲	癸	丁
未	子	丑	亥
伤财劫	印	财官印	比卩

丁　戊　己　庚　辛　壬

未　申　酉　戌　亥　子

甲子日元，生于丑月，支类北方；天干辛癸，官印元神发露，克去丁火，丑未遥隔；又水势乘权，不能冲丑，正得中和之象。所以土金水运，皆得生化之情，早游泮水，战胜秋闱。只因格局清寒，仕路未居显秩，芹泮日长鸣孔铎，杏坛春暖奏虞弦也。前则逢冲，官印两伤，名利无成，此则不动，名成利遂。可知墓库逢冲必发者，谬也。

体　用

道有体用，不可以一端论也，要在扶之抑之得其宜。

原注：有以日主为体，提纲为用。日主旺，则提纲之食神财官皆为我用；日主弱，则提纲有物帮身以制其强神者，亦皆为我用。提纳为体，喜神为用者，日主不能用乎提纲矣。提纲食伤财官太旺，则取年月时上印比为喜神；提纲印比太旺，则取年月时上食伤财官为喜神而用之。此二者，乃体用之正法也。有以四柱为体，暗香为用者，必四柱必元可用，方取暗冲暗合之神，有以四柱为体，化神为用，四柱有合神，即以四柱为体，而以化合之神可用者为用。有以化神为体，四柱为用，化之真者，即以化神为体，以四柱中与化神相生相克者，取以为用。有以四柱为体，岁运为用，有以喜神为体，辅喜神之神为用，所喜之神，不能自用，以为体用辅喜之神。有以格象为体，日主为用者，须八格气象，及暗神、化神、忌神、客神，皆成一个体段。若是一面格象，与日主无干者，或伤克日主太过，或帮扶日主太过，中间要寻体用分辨处，又无形迹，只得用日主自去引生喜神，别求一个活路为用矣。有以日主为用，有用过于体者。如用食财，而财官食神尽行隐伏，及太发露浮泛者，虽美亦过度矣。有用立而体行者，有体立而用行者，正体用之理也。如用神不行于流行之地，且又行助体之运则不妙。有体用各立者，体用皆旺，不分胜负，行运又无轻重上下，则各立。有体用俱滞者，如木火俱旺，不遇金土则俱滞，不可一端定也。然体用之用，与用神之用有分别，若以体用之用为用神固不可，舍此以别求用神又不可，只要斟酌体用真了。于此取紧要为用神，而二三四五处用神者，的非妙造，须抑扬其重轻，毋使有余不足。

任氏曰：体者形象气局之谓也，如无形象气局，即以日主为体；用者用神也，非体用之外别有用神也。原注体用与用神有分别，又不详细载明，仍属模糊了局，可知除体用之外，不能别求用神。玩本文末句云，"要在扶之抑之得其宜"，显见体用之用，即用神无疑矣。旺则抑之，弱则扶之，虽不易之法，然有不易中之变易者，惟在审察"得其宜"三字而已矣。旺则抑之，如不可抑，反宜扶之；弱则扶之，如不可扶，反宜抑之。此命理之真机，五行颠倒之妙用也。盖旺极者抑之，抑之反激而有害，则宜从其强而扶之；弱极者扶之，扶之徒劳而无功，则宜从其弱而抑之。是不可以一端论也。

如日主旺，提纲或官或财或食伤，皆可为用；日主衰，别寻四柱干支，有帮身者为用。提纲是禄刃，即以提纲为体，看其大势，以四柱干支食神财官，寻其得所者而用之。

如四柱干支财杀过旺，日主旺中变弱，须寻其帮身制化财杀者而用之。日主为体者，日主旺，印绶多，必要财星为用；日主旺，官杀轻，亦以财星为用。日主旺，比劫多，而无财星，以食伤为用；日主旺，比劫多，而财星轻，亦以食伤为用。日主旺，官星轻，印绶重，以财星为用；日主弱，官杀旺，则以印绶为用，日主弱，食伤多，亦以印绶为用；日主弱，财星旺，则以比劫为用。日主与官杀两停者，则以食伤为用；日主与财星均敌者，则以印比为用。此皆用神之的当者也。

如日主不能为力，合别干而化，化之真者，即以化神为体。化神有余，则以泄化神之神为用；化神不足，则以生助化神之神为用。

局方曲直五格，日主是元神，即以格象为体，以生助气象者为用，或以食伤为用，或以财星为用，只不宜用官杀。余总视其格局之气势意向而用之，毋执一也。

如无格无局，四柱又无用神可取，即或取之，或被闲神合住，或被冲神损伤，或被忌神劫占，或被客神阻隔，不但用神不能顾日主，而日主亦不能顾用神。若得岁运破其合神，合其冲神，制其劫占，通其阻隔，此谓岁运安顿，随岁运取用，亦不失为吉也。

原注云："二三四五用神，的非妙造"，此说大谬。只有八字，若去四五字为用神，财是除日干之外，只有两字不用，断无此理。总之有用无用，定有一个着落，确乎不易也。命中只有喜用两字，用神者，日主所喜，始终依赖之神也，除用神、喜神、忌神之外，皆闲神客神也，学者宜审察之。大凡天干作用，生则生，克则克，合则合，冲则冲，易于取材，而地支作用，则有种种不同者，故天干易看，地支难推。

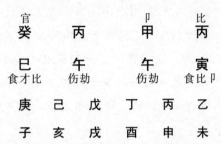

此火长夏令，月支坐刃，年支逢生，时支得禄，年月两支，又透甲丙，烈火焚木，旺之极矣，一点癸水熬干，只得从其强势。运逢木火土，财喜频增；申酉运中，刑耗多端；至亥运，激火之烈，家业破尽而亡。所谓旺极者，抑之反激而有害也。

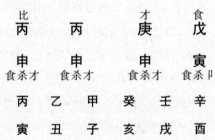

丙火生于初秋，秋金乘令，三申冲去一寅，丙火之根已拔，比肩亦不能为力。年月两干，又透土金，只得从其弱势，顺财之性，以比肩为病。故运至水旺之地，制去比肩，事业巍峨；丙寅帮身，刑丧破耗。所谓弱极者扶之，徒劳无功，反有害也。此等格局颇多，以俗论之，前造必以金水为用，此造必以木火为用，以致吉凶颠倒，反归咎于命理之无凭，故特书两造为后证云。

精　神

　　人有精神，不可以一偏求也，要在损之益之得其中。

　　原注：精气神气皆元气也，五行大率以金水为精气，木火为神气，而土所以实之者也。有神足不见其精而精自足者，有精足不见其神而神自足者。有精缺神索，而日主虚旺者；有精缺神索，而日主孤弱者。有神不足

而精有余者，有精不足而神有余者。有精神俱缺而气旺，有精神俱旺而气衰。有精缺得神以助之者，有神缺得精以生之者。有精助精而精反泄无气者，有神助神而神反毙无气者，二者皆由气以主之也。凡此皆不可以一偏求也，俱要损益其进退，不可使有过不及也。

任氏曰：精者，生我之神也；神者，克我之物也；气者，本气贯足也。二者以精为主，精足则气旺，气旺则神旺，非专以金水为精气，木火为神气也。本文末句云："要在损之益之得其中"，显非金水为精，木火为神，必得流通生化，损益适中，则精气神三者备矣。细究之，不特日主用神体象有精神，即五行皆有也。有余则损之，不足则益之，虽一定中之理，然亦有一定中之不定也，惟在审察"得其中"三字而已。损者，克制也；益者，生扶也。有余损之过，有余者宜泄之；不足益之过，不足者宜去之，此损益之妙用也。盖过于有余，损之反触其怒，则宜顺其有余而泄之；过于不足，益不受补，则宜从其不足而去之，是不可以一偏求也。总之精太足宜益其气，气太旺宜助其神，神太泄宜滋其精，则生化流通，神清气壮矣。如精太足，反损其气，气太旺，反伤其神，神太泄，反抑其精，则偏枯杂乱，精索神枯矣。所以水泛木浮，木无精神；木多火炽，火无精神；火炎土焦，土无精神；土重金埋，金无精神；金多水弱，水无精神。原注以金水为精气，木火为神气者，此由脏而论也。以肺属金，以肾属水，金水相生，藏于里，故为精气，以肝属木，以心属火，木火相生，发于表，故为神气，以脾属土，贯于周身，土所以实之也。若论命中之表里精神，则不以金水木火为精神也。譬如旺者宜泄，泄神得气为精足，此从里发于表，而神自足矣；旺者宜克，克神有力为神足，此由表达于里，而精自足矣。如土生于四季月，四柱土多无木，或干透庚辛，或支藏申酉，此谓里发于表，精足神定；如土多无金，或干透甲乙，或支藏寅卯，此谓表达于里，神足精安。土论如此，五行皆同，宜细究之。

食			官
戊	丙	甲⼘	癸
戌	寅	子	酉
食劫财	食比⼘	官	财

戊	己	庚	辛	壬	癸
午	未	申	酉	戌	亥

此造以甲木为精，衰木得水滋，而逢寅禄为精足，以戊土为神，坐戌通根，寅戌拱之为神旺。官生印，印生身，坐下长生为气贯流通，生化五行俱足。左右上下情协不悖，官来能挡，劫来有官，食来有印，东西南北之运，皆可行也，所以一生富贵，福寿可谓美矣。

才		印	官
庚	丙	乙	癸
寅	辰	卯	未
食比卩	官食印	印	劫伤印

己	庚	辛	壬	癸	甲
酉	戌	亥	子	丑	寅

此造以大势观之，官印相生，偏财时遇，五行不缺，四柱纯粹，俨然贵格，不如财官两字休囚，又遥隔不能相顾，支全寅卯辰。春土克尽，不能生金；金临绝地，不能生水。水之气尽泄于木，木之势愈旺而火炽，火炽则气毙，气毙则神枯。行运北方，又伤丙火之气，反助木之精；即逢金运，所谓过于有余，损之反触其怒，以致终身碌碌，名利无成出。

伤		印	食
己	丙	乙	戊
丑	辰	丑	戌
伤财官	官食印	伤财官	食劫财

己	庚	辛	壬	癸	甲
示	申	酉	戌	亥	子

此四柱皆土，命主元神，泄尽月干，乙木凋枯，所谓精气枯索。运逢壬戌，本主受伤；年逢辛未，紧克乙木，卒于九月，患弱症而亡。

此造运用逆行，大抵是右命。

月　令

月令乃提纲之府，譬之宅也，人元为用事之神，宅之定向也，不可以不卜。

原注：令星乃三命之至要，气象得令者吉，喜神得令者吉，令其可忽乎？月令如人之家宅，支中之三元，定宅中之向道，不可以不卜。如寅月

生人，立春后七日前，皆值戊土用事；八日后十四日前者，丙火用事；十五日后，甲木用事。知此则可以取格，可以取用矣。

任氏曰：月令者，命中之至要也。气象、格局、用神，皆属提纲司令。天干又有引助之神，譬如广厦不移之象。人元用事者，即此月此日之司令神也，如宅中之向道，不可不卜。《地理玄机》云："宇宙有大关会，气运为主；山川有真性情，气势为先。"所以天气动于上，而人元应之；地气动于下，而天气从之。由此论之，人元司令，虽助格辅用之首领，然亦要天地相应为妙。故知地支人元必得天干引助，天干为用，必要地支司令。总云人元必须司令，则能引吉制凶；司令必须出现，方能助格辅用。如寅月之戊土，巳月之庚金，司令出见，可置弗论也，譬如寅月生人，戊土司令，甲木虽未及时，戊土虽则司令，天干不透火土而透水木，谓地衰门旺；天干不透水木而透火土，谓门旺地衰，皆吉凶参半。如丙火司令，四柱无水，寒木得火而繁华，相火得木而生助，谓门地两旺，福力非常也，如戊土司令，木透干支藏水，谓门地同衰，祸生不测矣。余月依此而论。

戊寅日元，生于立春十五日后，正当甲木司令，地支两寅紧克辰戌之土，天干甲木，又制日干之戊，似乎煞旺身弱。然喜无金，则日元之气不泄，更妙无水，则丙火之印不坏，尤羡贴身透丙，化杀生身。由甲榜而悬青绶，从副尹以跻黄堂，名利双收也。

戊辰日元，生于立春后六日，正戊土司令，月透丙火，生化有情，日

支坐辰，通根身旺，又得食神制杀。俗论比之，胜于前造，不知嫩木寒土皆喜火，况杀既化，不宜再制。所嫌者，申时不但日主泄气，而且丙火临绝，以致书香难遂，一生起倒不宁，半世刑丧不免也。

生　时

　　生时乃归宿之地，譬之墓也。人元为用事之神，墓之定方也，不可以不辨。

　　原注：子时生人，前三刻，三分壬水用事；后四刻，七分癸水用事。评其与寅月生人，戊土用事何如，丙火用事何如，甲木用事何如，局中所用之神，与壬水用事者何如，癸水用事者何如，穷其浅深如坟墓之定方道，斯可以断人之祸福。至同年月日而百人各一应者，当究其时之先后，又论山川之异，世德之殊，十有九验。其有不验者，不过此则有官，彼则子多，此则多财，彼则妻美，为小异耳。夫山川之异，不惟东西南北，迥乎不同者，宜辨之，即一邑一家，而风声气习，不能一律也。世德之殊，不惟富贵贫贱，绝乎不侔者宜辨之，即同门共户，而善恶邪正，不能尽齐也。学者察此，可以知其兴替矣。

　　任氏曰：子时前三刻三分壬水用事者，乃亥中余气，即所谓夜子时也，如大雪十日前壬水用事之谓也。余时亦有前后用事，须从司令一例而推。如生时用事，与月令人元用事相附，是日主之所喜者，加倍兴隆；是日主之所忌者，必增凶祸。生时之美恶，譬坟墓之穴道；人地之用事，如坟墓之朝向。不可以不辨。故穴吉向凶，必减其吉；穴凶向吉，必减其凶。如丙日亥时，亥中壬水，乃丙之煞，得甲木用事，谓穴凶向吉；辛日未时，未中己土，乃辛金之印，得丁火用事，谓穴吉向凶。理虽如此，然时之不的当者，十有四五；夫时尚有不的，又何能辨其生克乎？如果时的，纵不究其人元，亦可断其规模矣。譬如天然之龙，天然之穴，必有天然之向；天然之向，必有天然之水，只要时支不错，则吉凶自验。其人元用事，到底不比提纲司令之为重也；至于山川之异，世德之殊，因之发福有厚薄，见祸有重轻，而况人品端邪，亦可转移祸福。此又非命之所得而拘者矣。宜消息之。

衰　旺

能知衰旺之真机，其于三命之奥，思过半矣。

原注：旺则宜泄宜伤，衰则喜帮喜助，子平之理也。然旺中有衰者存，不可损也；衰中有旺者存，不可益也。旺之极者不可损，以损在其中矣；衰之极者不可益，以益在其中矣。至于实所当损者而损之，反凶；实所当益者而益之，反害。比真机，皆能知之，又何难于详察三命之微奥乎？

任氏曰；得时俱为旺论，失令便作衰看，虽是至理，亦死法也。夫五行之气，流行于四时，虽日干各有专令，而其实专令之中，亦有并存者在，如春木司令，甲乙虽旺，而此时休囚之戊巳，亦未尝绝于天地也；冬水司令，壬癸虽旺，而此时休囚之丙丁，亦未尝绝于天地也。特时当退避，不敢争先，而其实春土何尝不生万物，冬日何尝不照万国乎？况八字虽以月令为重，而旺相休囚，年日时中，亦有损益之权，故生月即不值令，亦能值年值日值时，岂可执一而论？有如春木虽强，金太重而木亦危；干庚辛而支申酉，无火制而不富，逢土生而必夭，是得时不旺也。秋木虽弱，木根深而木亦强，干甲乙而支寅卯，遇官透而能受，逢水生而太过，是失时不弱也。是故日干不论月令休囚，只要四柱有根，便能受财官食神而当伤官七杀。长生禄旺，根之重者也；墓库余气，根之轻者也。天干得一比肩，不如地支得一余气墓库。墓者，如甲乙逢未，丙丁逢戌，庚辛逢丑，壬癸逢辰之类是也。余气者，如丙丁逢未，甲乙逢辰，庚辛逢戌，壬癸逢丑之类是也，得二比肩，不如支中得一长生禄旺，如甲乙逢亥寅卯之类是也。盖比肩如朋友之相扶，通根如家室之可托，干多不如根重，理固然也。今人不知此理，见是春土夏水秋木冬火，不问有根无根，便谓之弱；见是春木夏火秋金冬水，不究克重克轻，便谓之旺，更有壬癸逢辰，丙丁逢戌，甲乙逢未，庚辛逢丑之类，不以为通根身库，甚至求刑冲以开之，竟不思刑冲伤吾本根之气。此种谬论，必宜一切扫除也。然此皆论衰旺之正而易者也，更有颠倒之理存焉，其理有十：木太旺者而似金，喜火之炼也；木旺极者而似火，喜水之克也；火太旺者而似水，喜土之止也；火旺极者而似土，喜木之克也；土太旺者而似木，喜金之克也；

土旺极者而似金，喜火之练也；金太旺者而似火，喜水之济也；金旺极者而似水，喜土之止也；水太旺者而似土，喜木之制也；水旺极者而似木，喜金之克也。木太衰者而似水也，宜金以生之；木衰极者而似土也，宜火以生之；火太衰者而似木也，宜水以生之；火衰极者而似金也，宜土以生之；土太衰者而似火也，宜木以生之；土衰极者而似水也，宜金以生之；金太衰者而似土也，宜火以生之金衰极者而似木也，宜水以生之；水太衰者而似金也，宜土以生之；水衰极者而似火也，宜木以生之。此五行颠倒之真机，学者宜细详玄玄之妙。

才　　　　甲　　　伤　　　比
戊　　　甲　　　丁　　　甲
辰　　　子　　　卯　　　辰
印才劫　　　印　　　劫　　　印才劫

癸　壬　辛　庚　己　戊
酉　申　未　午　巳　辰

甲子日生卯月，地支两辰，是木之余气也，又辰卯东方，子辰拱水，木太旺者似金也，以丁火为用。至巳运，丁火临旺，名列宫墙；庚辛两运，南方截脚之金，虽有刑耗，而无大患；未运克去子水，食廪天储；午运子水冲克，秋闱失意；壬申运金水齐来，刑妻克子，破耗多端，癸运不禄。

劫　　　　甲　　　劫　　　印
乙　　　甲　　　乙　　　癸
亥　　　寅　　　卯　　　卯
比卩　　　才食比　　　劫　　　劫

己　庚　辛　壬　癸　甲
酉　戌　亥　子　丑　寅

此造四支皆木，又逢水生，七木两水，别无他气。木旺极者，似火也，出身祖业本丰。惟丑运刑伤，壬子水势乘旺，辛亥金不通根，支逢水旺，此二十年经营，获利数万；一交庚戌，土金并旺，破财而亡。

官		比	劫
辛	甲	甲	乙
未	申	申	丑
伤财劫	才卩杀	才卩杀	财官印

戊　己　庚　辛　壬　癸
寅　卯　辰　巳　午　未

　　此造地支土金，木无盘根之处。时干辛金，元神发透，木太衰者，似水也。初运癸未壬午，生木制金，刑丧早见，荫庇难丰；辛巳庚辰，金逢生地，白手发财数万；己卯运土无根，木得地，遭回禄，破财万余；至寅而亡。

伤		才	才
丙	乙	己	己
戌	酉	巳	巳
财食杀	杀	财伤官	财伤官

癸　甲　乙　丙　丁　戊
亥　子　丑　寅　卯　辰

　　此造地支皆逢克泄，天干又透火土，全无水气。木衰极者，似土也。初交戊辰丁，借丰厚之荫庇，美景良多；卯运椿萱并谢；丙运大遂经营之愿，获利万金；寅运克妻破财，又遭回禄；乙丑支全金局，火土两泄，家业耗散；甲子北方水地，不禄宜矣。

卩		杀	印
甲	丙	壬	乙
午	戌	午	丑
伤劫	食劫财	伤劫	伤财官

丙　丁　戊　己　庚　辛
子　丑　寅　卯　辰　巳

　　此丙戌日元，月时两刃，壬水无根，又逢木泄。火太旺者，似水也。初运庚辰辛巳，金逢生地，孔怀无辅助之人，亲党少知心之辈；己卯得际遇，戊寅全会火局，及丁丑二十年，发财四五万，至子运而亡。

此造丙火生孟夏，地支两坐长生而逢禄旺。火旺极者，似土也。初运虽不逢木，喜其南方火地，遗绪丰盈，读书过目成诵；一交庚运，即弃诗书，爱嬉好游，挥金如土；申运家破身亡。此造若逢木运，名利两全也。

丁火生于八月，秋金秉令，又全金局。火太衰者，似木也。初运乙未甲午，火木并旺，骨肉如同画饼，六亲亦是浮云；一交癸巳，干透水，支拱金，出外经营，大得际遇；壬辰运中，发财十余万。

伤　　　　　杀　　　财
己　　丙　　壬　　辛
亥　　申　　辰　　亥
卩杀　食杀才　官食印　卩杀

丙　丁　戊　己　庚　辛
戌　亥　子　丑　寅　卯

此财生杀，杀攻身，丙临申，申辰拱水。火衰极者，似金也。初运辛卯庚寅，东方木地，萱椿凋谢，祖业无恒；至己丑运，出外经营，青蚨衬莘，白镪随与；及戊子二十年，春风吹柳，红绫易公子之裳；杏露沾衣，膏雨沐王孙之袖。所谓有其运，必得其福也。

劫　　　　　比　　　比
己　　戊　　戊　　戊
未　　申　　午　　辰
印劫官　比才食　劫印　财比官

甲　癸　壬　辛　庚　己
子　亥　戌　酉　申　未

此造重重厚土，生于夏令，土太旺者，似木也，其用在金。庚申运，早采芹香；辛酉运辛丑年，饮鹿鸣，宴琼林，云程直上；壬戌运，刑丧挫折，丙午年亡。

　比　　　己　　印　　劫
　己　　　己　　丙　　戊

　巳　　　巳　　辰　　戌
劫印伤　劫印伤　才劫杀　劫卩食

壬　辛　庚　己　戊　丁
戌　酉　申　未　午　巳

此造四柱火土，全无克泄。土旺极者，似金也。初运南方，遗业丰盈，午运入泮，己未棘闱，拔而不举；一交庚申，青蚨化蝶，家业渐消；辛酉财若春后霜雪，事业萧条；壬运克丙不禄。

　财　　　戊　　伤　　才
　癸　　　戊　　辛　　壬

　丑　　　子　　亥　　辰
劫伤财　　财　　杀才　财比官

丁　丙　乙　甲　癸　壬
巳　辰　卯　寅　丑　子

此造支类北方，水势汪洋，天干又透金水。土太衰者，似火也。运至甲寅乙卯，干支皆木，名成利遂；一交丙运，刑妻克子，破耗多端；至丁丑运，岁运火土，暗伤体用，得风疾而亡。

　才　　　戊　　杀　　财
　壬　　　戊　　甲　　癸

　子　　　子　　子　　酉
　财　　　财　　财　　伤

戊　己　庚　辛　壬　癸
午　未　申　酉　戌　亥

此四柱皆水，又得金生。土衰极者，似水也。初逢癸亥，平宁之境；壬戌水无根，土得地，刑丧破耗，家业消亡；辛酉庚申二十年，大得际遇，白手发财十余万；己未运破去数万，寿亦在未而止。

比		印	食
庚	**庚**	**己**	**壬**
辰	**子**	**酉**	**申**
伤卩财	伤	劫	卩食比

乙	甲	癸	壬	辛	庚
卯	寅	丑	子	亥	戌

　　此造秋金秉令，木火全无。金太旺者，似火也。亥运壬水坐禄，早游泮水，壬子运用神临旺，撞破烟楼，高攀月桂；癸丑合去壬水旺地，囊内青蚨成蝶舞，枝上子规月下啼；甲寅乙卯，尚有制土卫水之功，仕路清高，枫叶未应毡共冷，梅开早觉笔先香。

比		财	比
庚	**庚**	**乙**	**庚**
辰	**戌**	**酉**	**申**
伤卩财	卩官劫	劫	卩食比

辛	庚	己	戊	丁	丙
卯	寅	丑	子	亥	戌

　　此造支类西方，又逢厚土，金旺极者，似水也。初运火，祖业无恒；至戊子运获厚利，纳粟出仕；己丑庚运，名利皆遂；一交寅运，犯事落职，大破财利；至卯不禄。

财		劫	卩
甲	**辛**	**庚**	**己**
午	**卯**	**午**	**卯**
卩杀	才	卩杀	才

甲	乙	丙	丁	戊	己
子	丑	寅	卯	辰	巳

　　辛金生于仲夏，地支皆逢财杀。金太衰者，似土也。初运己巳戊辰，晦火生金，求名多滞，作事少成；一交丁卯，木火并旺，如枯苗得雨，勃然而兴，似鸿毛遇风，飘然而起，家业丰裕；交丑生金泄火，不禄。

	杀		官	印
	丙	庚	丁	己
	子	寅	卯	亥
	伤	卩杀才	财	才食

辛	壬	癸	甲	乙	丙
酉	戌	亥	子	丑	寅

　　此造木旺乘权，又得水生，四面皆逢财杀。金衰极者，似木也。所以乙丑运中，土金暗旺，家业破尽；至甲子运，北方水旺，财源通裕；癸亥出仕，名利两全；壬戌水临绝地，罢职而归。

	印		印	比
	辛	壬	辛	壬
	丑	子	亥	寅
	官印劫	劫	食比	杀才食

丁	丙	乙	甲	癸	壬
巳	辰	卯	寅	丑	子

　　此造壬水生于孟冬，支类北方，干皆金水。水太旺者，似土也，喜其寅木吐秀。至甲寅运，早遂青云之志，可谓才藻翩翩，辉映杏坛桃李，文思弈弈，光腾药笼参芩。乙卯运官途顺遂，交丙而亡。

	卩		劫	劫
	庚	壬	癸	癸
	子	子	亥	亥
	劫	劫	食比	食比

丁	戊	己	庚	辛	壬
巳	午	未	申	酉	戌

　　此造四柱皆水，一无克泄，其势冲奔，不可遏也。初运壬戌，支逢土旺，早见刑丧；辛酉庚申，干支皆金，所谓月印千江银作浪，门临五福锦铺花；交己未，妻子皆伤，家业破尽；戌午运，贫乏不堪，忧郁而卒。

	劫		伤	才
	癸	壬	乙	丙
	卯	午	未	辰
	伤	官财	财官伤	劫杀伤

辛　庚　己　戊　丁　丙

丑　子　亥　戌　酉　申

此火土当权，又逢木助，五行无金。水太衰者，似金也。初交丙申丁酉，盖头是火，使申酉不能生水，财喜并旺；戊戌运中，家业饶裕；己亥土无根，还喜支会木局，虽有破耗而无大患；一交庚子，家破人亡。

才　　　　　　　　杀　　　劫
丙　　　壬　　　戊　　　癸

午　　　寅　　　午　　　卯
官财　　杀才食　　官财　　伤

壬　癸　甲　乙　丙　丁

子　丑　寅　卯　辰　巳

此造丙火当权，戊癸从化，暵干壬水。水衰极者，似火也。初运逢火，从其火旺，丰衣足食；乙卯甲寅，名利双全；癸丑争官夺财，破耗而亡。

以上二十造，五行极旺极衰，不得中和之气。原注云："旺中有衰者存，衰中有旺者存"，此两句，即余之太旺太衰也："旺之极者不可损，衰之极者不可益"，此两句，即余之极旺极衰也。特选此为后证。

中　和

既识中和之正理，而于五行之妙，有全能焉。

原注：中而且和，子平之要法也。"有病方为贵，无伤不是奇"，举偏而言之也。至于格中如去病，财禄丙相宜，则又中和矣，到底要中和，乃为至贵。若当令之气数，或身弱而财官旺地，取富贵不必于中也；用神强，取富贵而不必于和也；偏气古怪，取富贵而不必于中且和也。何也？以天下之财官，止有此数，而天下之人材，惟此时最多，皆尚于奇巧也。

任氏曰：中和者，命中之正理也。即得中和之正气，又何患名利之不遂耶？夫一世优游，无抑郁而畅遂者，少险阻而迪吉者，为人孝友而无骄谄者，居心耿介而不苟且者，皆得中和之正气也。至若身弱而旺地取富贵，身旺而弱地取富贵者，必四柱有所缺陷，或财轻劫重，或官衰伤旺，或杀强制弱，或制强杀弱，此等虽不得中和之理，其气却亦纯正，为人恩怨分明，惟柱中所有缺陷，或运又乖违，因而妻子财禄，各有不足，如财轻劫重妻不足，制强杀弱子不足，官衰伤旺名不足，杀强制弱财不足，其人或志高傲物，虽贫无谄，后至岁运，补其不足，去其有余，仍得中和之理，定然起发于后，有等见富贵而生谄容，遇贫穷而作骄态者，必四柱偏气古怪，五行不得其正，故心事奸贪，作事侥幸也。若所谓"有病有药，吉凶易验，无病地药，祸福难推"，此论仍乃失之偏。大凡有病者显而易取，无病者隐而难推。然总以中和为主，犹如人之无病，则四肢健旺，营卫调和，行止自如，诸多安适。设使有病，则忧多乐少，举动艰难，如遇良药则可，若无良药医之，岂不为终身之患乎？

癸卯日元，生于亥时，日主之气已贯，喜其无土，财旺自能生官。更妙巳亥遥冲，去火存金，印星得用，木火受制，体用不伤，中和纯粹。为人智识深沉，器重荆山璞玉，才华卓越，光浮鉴水珠玑。庚运助辛制甲，自应台曜高躔，朗映紫薇之彩，鼎居左列，辉腾廊庙之光，微嫌亥卯拱木，木旺金衰，未免嗣息艰难也。此莫宝斋先生造。

此王观察造，癸日子月，似乎旺相，不知财杀太重，旺中变弱，局中无木，混浊不清，阴内阳外之象。月透财星，其心意必欲爱之；时逢官杀，其心志必欲合之。所以权谋异众，才干过人，出生本微，心术不端。癸酉得逢际遇，由佐二至观察，奢华逢迎，无出其右；至未运不能免祸。所谓欲不除，似蛾扑灯，焚身乃止，如猩嗜酒，鞭血方休。

源　流

何处起根源？流到何方住？机括此中求，知来亦知去。

原注：不必论当令不发令，只论取最多最旺，而可以为满局之祖宗者，为源头也。看此源头，流到何方，流去之处，是所喜之神，即在此住了，乃为好归路。如辛酉、癸巳、戊申、丁巳，以火为源头，流至金水之方即住了，所以富贵为最；若再流至木地，则气泄为乱。如未曾流到吉方，中间即遇阻节，看其阻住之神何神，以断其休咎；流住之地何地，以知其地位。如癸丑、壬戌、癸丑、壬子，以土为源头，止水方，只生得一个身子，而戌中火土之气，得从引助，所以为僧也。

任氏曰：源头者，即四柱中之旺神也。不论财官、印绶、食伤、比劫之类，皆可为源头也。总要流通生化，收局得美为佳。或起于比劫，止于财官为喜；或起于财官，止于比劫为忌。如山川之发脉来龙，认气于大父母，看尊星；认气于真子息，看主星；认气于方交媾，看胎伏星；认气于成胎育，看胎息星；认气于化煞为权，看解星；认气于绝处逢生，看恩星。认源之气以势，认流之气以情。故源头流住之地，即山川结穴之所也，不可以不究；源头阻节之处，即来龙破损隔绝之意也，不可以不察。看其源头流止之地何地，以知其谁兴谁替；看其阻节之神何神，以论其何吉何凶。如源头起于年月是食印，住于月时是财官，则上叨祖父之荫，下享儿孙之福；或起于年月官，住于日时是伤劫，则破败祖业，刑妻克子；如起于日时是财官，住于年月是食印，则上与祖父争光，下与儿孙立业；或起于日时是财官，住于年月是伤劫，则祖业难享，自创维新。流住年是官印者，知其祖上清高；是伤劫者，知其祖上寒微。流住月是财官者，知其父母创业；是伤劫者，知其父母破败。流住日时是财官食印者，必白手成家，或妻贤子贵；流住日时是伤劫枭刃者，必妻陋子劣，或因妻招祸，破家受辱。然又要看日主之喜忌断之，无不验也。如源头流止未住之地，有阻节隔绝之神，是偏正印绶，必为长辈之祸；柱中有财星相制，必得妻贤之助。如有比劫之化，或得兄弟相扶；如阻节是比劫，必遭兄弟之累，或不和。柱中有官星相制，必得贤贵之解；如有食伤之化，或得子侄之助。如阻节是财星，必遭妻妾之祸；柱中有比劫相制，必得兄弟之助，或兄弟爱敬。如有官星之化，或得贤贵提携；如阻节是食伤，必受子孙之累。柱有印绶相制，必叨长辈之福，或亲长提拔；有财星之化，必得美妻，或中馈多能。如阻节是官煞，必遭官刑之祸；柱中有食伤相制，必得子侄之力。有印绶之化，必仗长辈之助，然又要看用神之宜忌论之，无不应也。如源头流住是官星，又是日主之用神，就名贵显者，十居八九；如是财星，又是日主之用神，就利发财者，十居八九；如是印星，又是日主之用神，有文望而清高者，十居八九；如是食伤，又是日主之用神，财子两美者，十居八九。如日主以官星为忌神，为官遭祸倾家者有之；如日主以财星为忌神，为财丧身败名节者有之；如日主以印星为忌神，为文书伤时，犯上而受殃者有之；如日主以食伤为忌神，为子孙受累而绝嗣者有之。此穷极源之正理，不同俗书之谬论也。

官		才	财
癸	丙	庚	辛
巳	寅	子	酉
食劫才	食比卩	官	财

甲	乙	丙	丁	戊	己
午	未	申	酉	戌	亥

此以金为源头，流至寅木，印绶生身更妙。巳时得禄，财又逢生，官星透露。清有精神，中和纯粹，起处亦佳，归局尤美。词林出身，仕至通政，一生无险，名利双辉。

卩		财	伤
丙	戊	癸	辛
辰	申	巳	丑
财比官	才比食	比卩食	劫伤财

丁	戊	己	庚	辛	壬
亥	子	丑	寅	卯	辰

此以火为源头，流至水方，更妙月时，两火之源，皆得流通。至金水归局，所以富有百万，贵至二品，一生履险如夷。所谓景星庆云，仰众吉之拱向；花攒锦簇，盼五福之骈臻。

卩		财	财
甲	丙	辛	辛
午	子	卯	卯
伤劫	官	印	印

乙	丙	丁	戊	己	庚
酉	戌	亥	子	丑	寅

此以木为源头，五行无土，不能流至金；财官又隔绝，冲而逢泄，无生化之情。初运庚寅，叨上人之福；己丑运合子，泄火生金，财福骈臻；戊子土虚水旺，暗助木神，刑耗多端；丁亥克金会木，家破人亡。

印		才	食
丁	戊	壬	庚
巳	午	午	寅
比卩食	劫印	劫印	比卩杀

戊	丁	丙	乙	甲	癸
子	亥	戌	酉	申	未

此以火为源头，年支寅木阻节，月干壬水隔之，不能流至金。初运土金之地，冲化阻节之神，业同秋水春花盛，人被尧天舜日恩；一交丙戌，支会火局，枭神夺食，破耗异常，又克一妻二妾四子；至丁亥运，干支皆合化木，茕茕只影，孤苦不堪，削发为僧。

凡富贵者，未有不从源头也。分其贵贱，全在收局一字定之。去我浊气，作我喜神，不贵亦富；去我清气，作我忌神，不贫亦贱。学者当审察之。

通　关

关内有织女，关外有牛郎；此关若通也，相邀入洞房。

原注：天气欲不降，地气欲上升，欲相合相和相生也。木土而要火，火金而要土，土水而要金，金木而要水，皆是牛郎织女之有情也。中间上下远隔，为物所间；前后远绝，或被刑冲，或被劫占，或隔一物，皆谓之关也。必得引用无合之神，及刑冲所间之物，前后上下，援引得来，能胜劫占之神，能补所缺之物，明见暗会，岁运相逢，乃为通关也。关通而其

愿遂矣,不犹牛郎织女之入洞房也哉?

任氏曰:通关者,引通克制之神也。所谓阴阳二用,妙在气交,天降而下,地升而上。天干之气动而专,地支之气静而杂,是故地运有推移,而天气从之;天气无有转徙,而地运应之;天气动于上,而人元应之;人元动于下,而天气从之,所以阴胜逢阳则止,阳胜逢阴则住,是谓天地交泰,干支有情,左右不背,阴阳生育而相通也。若杀重喜印,杀露印亦露,煞藏印亦藏,此显然通达,不必节外生枝。倘原局无印,必须岁运逢印,向而通之,或暗会明合而通之。局内有印,被财星损坏,或官星化之,或比劫解之,或被合住,则冲开之,或被冲坏,则合化之,或隔一物,则克去一之,前后上下,不能授引,得岁运相逢尤佳。如年印时杀,干杀支印,前后远立,上下悬隔,或为间神忌物所间,此原局无可通之理。必须岁运暗冲暗会,克制间神忌物,该冲则冲,该合则合,引通相克之势,此关一通,所谓琴遇子期,马逢伯乐,求名者青钱万选,问利者亿则屡中,如牛郎织女之入洞房,无不遂其所愿。杀印之论如此,食伤财官之论亦如此。

劫		印	杀
丙	丁	甲	癸
午	卯	子	酉
食比	卩	杀	才

戊	己	庚	辛	壬	癸
午	未	申	酉	戌	亥

此造天干地支,皆杀生印。印生身,时归禄旺,尤妙四冲反为四助,金见水不克木而生水,水见木不克火而生木,此自然不隔不占,无阻节之物。日主弱中变旺,运遇水,仍能生木,逢金仍能生水,印绶不伤。所以秋闱早捷,仕至观察。

才		杀	伤
辛	丁	癸	戊
亥	未	亥	寅
印官	比食卩	印官	伤劫印

己	戊	丁	丙	乙	甲
巳	辰	卯	寅	丑	子

此癸水临旺，贴身相克，被戊土合去，反作帮身。月支亥水本助杀，得年支寅亥，合来生身，寅本遥隔，反为亲近。时支之亥，又逢未会，以难为恩。一来一去，何等情协，一往一会，通关无阻。所以科甲联登，仕至黄堂。

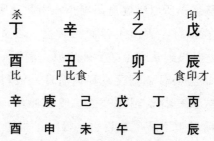

此春金气弱，时杀紧克，年逢印绶，远隔不通。又被旺木克土坏印，不但戊土不能生化，即日支之丑土，亦被卯木所坏。此局内无可通之理。中运南方杀地，碌碌风霜，奔驰未遇；交庚申克去木神，得奇遇，分发陕西，屡得军功；及辛酉二十年，仕至副尹，盖金能克木帮身，印可化杀而通也。

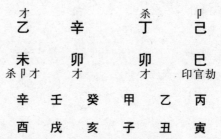

此春金虚弱，木火当权，年印月杀，未得相通。时支未土，又会卯化木，只有生杀之情，而无辅主之意，兼之一路运途无金，一派水木，仍滋杀之根源。以致破败祖业，一事无成，至亥运会木生杀而亡。

官　杀

官杀混杂来问我，有可有不可。

原注：杀即官也，同流共派者可混也。官非杀也，各立门墙者，不可混也。杀重矣，官从之，非混也；官轻矣，杀助之，非混也。败财与比肩

双至者，杀可使官混也；比肩与劫财两遇者，官可使杀混也。一官而不能生印者，杀助之，非混也；一杀而遇食伤者，官助之，非混也。势在于官，官有根，杀之情依乎官；依官之杀，岁助之而混官，不可也。势在于杀，杀有权，官之势依乎杀；依杀之官，岁扶之而混杀，不可也。藏官露杀，干神助杀，合官留杀，皆成杀气，勿使官混也；藏杀露官，干神助官，合杀留官，皆从官象，不可使杀混也。

任氏曰：杀即官也，身旺者以杀为官；官即杀也，身弱者以官为杀，日主甚强，虽无制不为杀困；正官相杂，但无根亦随杀行。去官不过两端，用食用伤皆可；合杀总为美事，合来合去宜清。独杀乘权，无制伏，职居清要；众杀有制，主通根，身掌权衡。杀生印而印生身，龙墀高步；身任财而财滋杀，雁塔题名。若杀重而身轻，非贫即夭；苟杀微而制过，虽学无成，在四柱总宜降伏，休云年逢勿制；以一位取为权贵，何必时上尊称。制杀为吉，全凭调剂之功；借杀为权，妙有中和之理。但见杀凌衰主，究必倾家，弗谓局得杀神，遂许显豁。书云，"格格推详，以杀为重"，是以究之宜切，用之宜精。杀有可混不可混之理，如天干甲、丙、戊、庚、壬为杀，地支卯、午、丑、未、酉子，乃杀之旺地，非混也；天干乙、丁、己、辛、癸为官，地支寅、巳、辰、戌、申、亥，乃官之旺地，非混也。如干甲乙支寅，干丙丁支巳，干戊己支辰戌，干庚辛支申，干壬癸支亥，以官混杀，宜乎去官；如干甲乙支卯，干丙丁支午，干戊己支丑未，干庚辛支酉，干壬癸支子，以杀混官，宜乎去杀。年月两干透一杀，年月支中有财，时遇官星无根，此官从杀势，非混也。年月两干透一官，年月支中有财，时遇杀星无根，此杀从官势，非混也，势在于官，官得禄，依官之杀，年干助于，为混也；势在于杀，杀得禄，依杀之官，年干助官，为混也。败财合杀，比肩敌杀，官可混也；比肩合官，劫财挡官，杀可混也。一官而印绶重逢，官星泄气，杀助之，非混也，一杀而食伤并见，制杀太过，官助之，非混也。若官杀并透无根，四柱劫印重逢，不但喜混，尚宜财星助杀官也。总之日主旺相可混也，日主休囚不可混也。今将杀分六等，此余所试验者，分列详细于后，以备参考。

一曰财滋弱杀格

比		杀	印
庚	庚	丙	己
辰	申	寅	酉
伤卩财	卩食比	卩杀才	劫

庚	辛	壬	癸	甲	乙
申	酉	戌	亥	子	丑

此造以俗论之，春金失令，旺财生杀，杀坐长生，必要扶身抑杀。不知春金虽不当令，地支两逢禄旺，又得辰时印比帮身，弱中变旺，所谓木嫩金坚。若无丙火，则寅木难存；若无寅木，则丙火无根。必要用财滋杀，木火两字，缺一不可也。甲运入泮；子运会水生木，补廪；癸运有己土当头，无咎；亥运合寅，丙火绝处逢生，棘闱奏捷；壬戌支类西方，木火并伤，一阻云程，刑耗并见；辛酉劫刃肆逞，不禄。此造惜运走西北金水，若行东南木火，自然科甲联登，仕路显赫矣。

劫		比	杀
辛	庚	庚	丙
巳	申	寅	申
卩杀比	卩食比	卩杀才	卩食比

丙	乙	甲	癸	壬	辛
申	未	午	巳	辰	卯

此造天干三透庚辛，地支两坐禄旺，丙火虽挂角得禄，无如庚辛元神透露，非火之禄支，是金之长生，用财滋杀明矣。辰运木之余气，采芹生色；巳运火之禄旺，科甲联登；甲午乙未，木火并旺，仕至藩臬。若以八字观之，此造不及前造，只因前造运行西北，此造运走东南。富贵虽定于格局，穷通全在运限，所以"命好不如运好？"信然也。

二曰杀重用印格

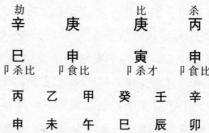

杀		杀	比
甲	戊	甲	戊
寅	午	寅	子
比卩杀	劫印	比卩杀	财

庚　己　戊　丁　丙　乙

申　未　午　巳　辰　卯

戊土生寅月寅时，土衰木盛，最喜坐下午火，生拱有情，正谓众杀横行，一仁可化。子水之财，生寅木不冲午火，其情协，其关通。尤羡运走南方火土，所以早登黄甲，出仕驰名。

　　　杀　　　　　　　卩　　　劫
　　　甲　　戊　　丙　　己

　　　寅　　子　　寅　　亥
　　比卩杀　　财　　比卩杀　杀才

　　庚　辛　壬　癸　甲　乙

　　申　酉　戌　亥　子　丑

此造观格局似胜前造，此则印坐长生，前则印逢财冲。不知前则坐下印绶，七杀皆来生拱，而日主坚固；此则财坐日下，反去生杀，助纣为虐。兼之运走西北，戊午年中乡榜，己丑中进士，此两年比劫帮身，冲去财星之妙也。壬运劫丙坏印；丁外艰，遭回禄；戊过拱印虽稍有生色，亦是春月秋花。将来辛酉运中，木多金缺，泄土生水，合去丙火，灾祸岂能免耶？

　　　比　　　　　　　杀　　　才
　　　甲　　甲　　庚　　戊

　　　子　　子　　申　　辰
　　　印　　印　　才卩杀　印才劫

　　丙　乙　甲　癸　壬　辛

　　寅　丑　子　亥　戌　酉

此造木凋金锐，厚土生金，原可畏也。然喜支全水局，化其肃杀之气，生化有情。至癸亥运，科甲连登，早蒙仕路之光；丙寅丁卯，制化皆宜。仕路封疆，官途平坦，生平履险如夷。

　　　杀　　　　　　　杀　　　卩
　　　丙　　庚　　丙　　戊

　　　戌　　寅　　辰　　午
　　卩官劫　卩杀才　伤卩财　财印官

壬　辛　庚　己　戊　丁

戌　酉　申　未　午　巳

此造干透两杀，支全杀局，所喜戊土原神透出，是以化杀。寅木本要破甲印，尤喜会火，反培土之根源，巧借栽培。至己未运中，科甲连登；庚申辛酉，帮身有情，驰名宦海，裕后光前也。

<small>杀　　　　　杀　　杀</small>
癸　　丁　　癸　　癸

卯　　卯　　亥　　亥
<small>卩　　卩　　印官　印官</small>

丙　丁　戊　己　庚　辛　壬

辰　巳　午　未　申　酉　戌

此造干透三癸，支逢两亥，乘权秉令。喜其无金，两印拱局，生化不悖，清而纯粹，辛酉庚申运中，蹭蹬功名，刑耗并见；己未交运，干制杀，支会印，功名层叠而上；接行戊午丁巳，丙运，仕至观察，名利双辉。

三曰食神制杀格

<small>食　　　　　杀　　杀</small>
甲　　壬　　戊　　戊

辰　　辰　　午　　辰
<small>劫杀伤　劫杀伤　官财　劫杀伤</small>

甲　癸　壬　辛　庚　己

子　亥　戌　酉　申　未

此造四柱皆杀，喜支坐三辰，通根身库，妙在无金，时透食神制杀。辰乃木之余气，正谓一将当关，群凶自伏。至癸亥运，食神逢生，日主得禄，科甲连登；甲运仕县令；子运衰神冲旺，不禄。

<small>食　　　　　杀　　杀</small>
丙　　甲　　庚　　庚

寅　　戌　　辰　　申
<small>才食比　才伤官　印才劫　才卩杀</small>

丙	乙	甲	癸	壬	辛
戌	酉	申	未	午	巳

此造甲木生辰，虽有余气，但庚金并透，通根斫伐，最喜寅时禄旺，更妙丙火独透，制杀扶身。午运暗会火局，中乡榜；甲申乙酉杀逢禄旺，刑耗多端；直至丙戌运，选知县。

	食		杀		杀	
	戊		丙		壬		壬

戌	戌	子	子
食劫财	食劫财	官	官

戊	丁	丙	乙	甲	癸
午	巳	辰	卯	寅	丑

此造年月两逢壬子，杀势猖狂。幸而日时坐戌，通根身库，更妙戊土透出，足以砥定汪洋，尤羡运走东南，扶身抑杀。至乙卯运中，水临绝，火逢生，鹿鸣宴罢琼林宴，桂花香过杏花香，仕至郡守。

	杀		杀		食
	丙	庚	丙	壬

戌	午	午	申
卩官劫	印官	印官	卩食比

壬	辛	庚	己	戊	丁
子	亥	戌	酉	申	未

此造两杀当权临旺，原可畏也。幸赖年干壬水临申，足以制杀；更妙无木，则水不泄，火无助。申运金水得助，发轫宫墙；酉运支类西方，早充观国之光，高豫南宫之选；后运金水，体用皆宜，由署郎出为郡守。

四曰合官留杀格

	杀		食		官
	壬	丙	戊	癸

辰	午	午	丑
官食印	伤劫	伤劫	伤财官

壬　癸　甲　乙　丙　丁

子　丑　寅　卯　辰　巳

此造火长夏天，旺之极矣。戊癸合而化火为忌，还喜壬水通根身库；更妙年支坐丑，足以晦火养金而蓄水，则癸水仍得根，虽合而不化也。不化反喜其合，则不抗乎壬水矣。是以乙卯甲寅运，克土卫水，云程直上。至癸丑运，由琴堂而迁州牧；及壬子运，由治中而履黄堂，名利裕如也。

乾隆三十八年四月十八日辰时

杀　　　食　　官
壬　丙　戊　癸

辰　午　午　巳
官食印　伤劫　伤劫　食比才

庚　辛　壬　癸　甲　乙　丙　丁

戌　亥　子　丑　寅　卯　辰　巳

此铁樵自造，亦长夏天，与前造只换一丑字，天渊之隔矣。夫丑乃北方之湿土，能晦丙火之烈，能收午火之焰，又能蓄水藏金。巳乃南方之旺火，癸临绝地，杯水与薪，喜其混也，不喜其清也。彼则戊癸合而不化，此则戊癸合而必化，不但不能助杀，抑且化火为劫，反助阳刃猖狂。巳中庚金，无从引助，壬水虽通根身库，总之无金滋助，清枯之象，兼之运走四十载木火，生助劫刃之地，所以上不能继父志以成名，下不能守田园而创业，骨肉六亲，直同画饼，半生事业，亦似浮云。至卯运，壬水绝地，阳刃逢生，遭骨肉之变，以致倾家荡产。犹忆未学命时，请人推算，一味虚褒，以为名利自如，后竟一毫不验。岂不痛哉！且予赋性偏拙，喜诚实不喜虚浮，无谄态，多傲慢，交游往来，每落落难合，所凛凛者，吾祖吾父，忠厚之训，不敢失坠耳。先严逝后，家业凋零，潜心学命，为糊口之计。夫六尺之躯，非无远图之志，徒以末技见哂，自思命运不济，无益于事，所以涸辙之鲋，仅邀升斗之水。限于地，困于时，嗟乎！莫非命也！顺受其正云尔！

杀　　　官　　食
壬　丙　癸　戊

辰　午　亥　申
官食印　伤劫　卩杀　食杀才

己 戊 丁 丙 乙 甲

巳 辰 卯 寅 丑 子

　　此造日主虽坐旺刃，生于亥月，究竟休囚；五行无木，壬癸并透，支逢生旺，各立门户。喜其合去癸水，不致混也；更妙运走东南木火，乡榜出身，宠锡传来紫闼，承宣协佐黄堂。

　杀　　　　官　食
壬　丙　癸　戊

辰　戌　亥　午
官食印　食劫财　卩杀　伤劫

己 戊 丁 丙 乙 甲

巳 辰 卯 寅 丑 子

　　丙戌日元，生于辰时，冲去库根，壬癸并透。喜其戊合，去官留杀；更喜年逢刃助，火虚有焰；更妙无金，稍胜前造。科甲出身，宿映台垣，重借旬宣之职，猷分禹服，特隆锁钥之权。

　杀　　　　比　官
癸　丁　丁　壬

卯　未　未　申
卩　比食卩　比食卩　伤官财

癸 壬 辛 庚 己 戊

丑 子 亥 戌 酉 申

　　此造日月皆丁未，时杀无根，喜其壬水官星助杀，不宜合也。幸而壬水坐申，合而不化，申金为用，更妙运走西北金水，助起官杀。乡榜出身，仕版连登，由县令而迁司马，位跻黄堂。

　官　　　　劫　杀
乙　戊　己　甲

卯　辰　巳　辰
官　财卩官　卩食财　财比官

乙 甲 癸 壬 辛 庚

亥 戌 酉 申 未 午

　　戊土生于巳月，日主未尝不旺，然地支两辰，木之余气亦足。喜其合杀留官，官星坐禄，更妙运途生化不悖。所以早登云路。掌典籍而知制诰，陪待从而应传宣也。

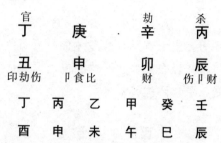

	官		劫		杀		
	丁	庚		辛		丙
	丑	申		卯		辰
	印劫伤	卩食比		财		伤卩财

丁　丙　乙　甲　癸　壬
酉　申　未　午　巳　辰

此造春金虽不当令，喜其坐禄逢印，弱中变旺。丙辛一合，丁火独清，不但去杀，而且去劫，财无劫夺，官有生扶。尤妙运走东南木火，所以早遂青钱之选，兆人镜之芙蓉，作春官之桃李也。

	官			杀		伤
	庚	乙		辛		丙
	辰	亥		卯		辰
	卩财比	劫印		比		卩财比

丁　丙　乙　甲　癸　壬
酉　申　未　午　巳　辰

乙亥日元，坐下逢生，又月令建禄归垣，足以用财。喜丙辛金弱，而去乙庚，木旺不从。乡榜出身，至丙申丁酉，火盖天干，未能显秩；究竟西方金地，亦足以琴堂解愠，花院征歌也。

	官			杀		劫
	己	壬		戊		癸
	酉	午		午		亥
	印	官财		官财		食比

壬　癸　甲　乙　丙　丁
子　丑　寅　卯　辰　巳

此造旺杀逢财，喜其合也。妙在癸水临旺，合而不化，则有情戊土，不抗壬水也。合而化，则无情化火，仍生土也。由此以推，运走东方木地，早遂青云之志；运走北方水地，去财护印，翔步天衢，置身日舍也。

五曰官杀混杂格

官		杀	杀
癸	丙	壬	壬
巳	寅	子	辰
食比财	食比卩	官	官食印

戊	丁	丙	乙	甲	癸
午	巳	辰	卯	寅	丑

　　此造壬癸当权，杀官重叠。最喜日坐长生，寅能纳水，化杀生身，时归禄旺，足以敌官；更妙无金，印星得用，煞势虽强，不足畏也。至丙运帮身，又逢己巳流年，去官之混，捷报南宫，出宰名区。

卩		杀	官
丁	己	乙	甲
卯	巳	亥	子
杀	劫印伤	官财	才

辛	庚	己	戊	丁	丙
巳	辰	卯	寅	丑	子

　　此造官遇长生，杀逢禄旺。巳亥虽冲破印，喜印木仍能生火；寅运合亥，化木生印，连登甲榜。庚辰辛巳制官服煞，朱幡皂盖，出守大邦，名利两优。

卩		官	杀
戊	庚	丁	丙
寅	午	酉	辰
卩杀才	印官	劫	伤卩财

癸	壬	辛	庚	己	戊
卯	寅	丑	子	亥	戌

　　此造杀逢生，官得禄。喜其秋金秉令，更妙辰土泄火生金，不失中和之象；尤喜运走北方水地。庚子运冲去官根，鹿鸣方宴饮，雁塔又题名；辛丑壬寅运，横琴而歌解愠，游刃而赋烹鲜。

印		官	杀
辛	壬	己	戊
亥	申	未	午
食比	杀比卩	财官伤	官财

乙	甲	癸	壬	辛	庚
丑	子	亥	戌	酉	申

此造官杀并旺当令。辛日坐长生，时逢禄旺，足以敌官挡杀。坐下印绶，引通财杀之气，运走西北金水之乡。所以少年科甲，裕经纶于管库，人推黼黻之功，秉抚宇于催科，世让文章之焕。

任氏曰：官杀混杂者，富贵甚多。总之杀官当令者，必要坐下印绶，则其杀官之气流通，生化有情。或气贯生时，亦足以扶身敌杀；若不气贯生时，又不坐下印绶，不贫亦贱。如杀官不当令者，不作此论也。

六曰制杀太过格

伤		食	财
己	丙	戊	辛
亥	辰	戌	卯
卩杀	官食卩	食劫财	印

壬	癸	甲	乙	丙	丁
辰	巳	午	未	申	酉

时逢独杀，四食相制。年支卯木被辛金盖头，况秋木本不足疏土，所赖亥中甲木卫杀，至乙未运暗会木局，捷报南宫，名高翰苑；甲午运木死于午，合己化土，丁外艰；己巳年又冲去亥水，不禄。

杀		食	财
壬	丙	戊	辛
辰	辰	戌	卯
官食印	官食印	食劫财	印

壬	癸	甲	乙	丙	丁
辰	巳	午	未	申	酉

此亦一杀逢四制，所不及前造者，无亥卯之会也。虽早采芹香，以致

蹭蹬秋闱。纳捐部属，仁路亦不能通达。喜时杀透露，行甲午运，无化土之患，然犹刑耗多端，而己身无咎。

<table>
<tr><td>杀</td><td>比</td><td>杀</td></tr>
<tr><td>壬</td><td>丙</td><td>丙</td><td>壬</td></tr>
<tr><td>辰</td><td>午</td><td>午</td><td>辰</td></tr>
<tr><td>官食印</td><td>伤劫</td><td>伤劫</td><td>官食印</td></tr>
</table>

壬 辛 庚 己 戊 丁
子 亥 戌 酉 申 未

　　此杀逢四制，柱中印虽不见，喜其杀透食藏，通根身库。总之夏火当权，水无金滋。至酉运，合去辰土，财星滋杀，发甲点中书；庚运仕版连登，入参军机；戌运，燥土冲动壬水之根，又逢戊辰年，戊土透出，紧制壬水，不禄。

<table>
<tr><td>比</td><td>杀</td><td>食</td></tr>
<tr><td>壬</td><td>壬</td><td>戊</td><td>甲</td></tr>
<tr><td>寅</td><td>辰</td><td>辰</td><td>寅</td></tr>
<tr><td>杀才食</td><td>劫杀伤</td><td>劫杀伤</td><td>杀才食</td></tr>
</table>

甲 癸 壬 辛 庚 己
戌 酉 申 未 午 巳

　　此造五杀逢五制，土虽当权，木亦雄壮，幸日主两坐库根，又得比肩匡扶。至壬申运，日主逢生，冲去寅木，名登桂籍，雁塔高标；接连癸酉二十年，由县令履黄堂。名利裕如。

<table>
<tr><td>食</td><td>比</td><td>食</td></tr>
<tr><td>庚</td><td>戊</td><td>戊</td><td>庚</td></tr>
<tr><td>申</td><td>寅</td><td>寅</td><td>申</td></tr>
<tr><td>比才</td><td>卩杀比</td><td>卩杀比</td><td>比才食</td></tr>
</table>

甲 癸 壬 辛 庚 己
申 未 午 巳 辰 卯

　　此两杀逢四制，幸春木得时乘令，克不尽绝。至午运，补上之不足，去金之有余，登科擢县令；至甲申运，又逢食制，死于军功。

　　任氏曰：与其制杀太过，不若官杀混杂之美也。何也？盖制杀太过，杀既伤残，再行制煞之运，九死一生。官杀混杂，只要日主坐旺，印绶不伤，运程安顿，未有不富贵者也。如日主休囚，财星坏印，即使独杀纯清，一官不混，往往忧多乐少，屈志难伸。学者宜审焉。

伤 官

伤官见官果难辨，可见不可见。

原注：身弱而伤官旺者，见印而可见官；身旺而伤官旺者，见财而不见官。伤官旺，财神轻，有比劫而可见官；日主旺，伤官轻，无印绶而可见官。伤官旺而无财，一遇官而有祸；伤官旺而身弱，一见官而有祸；伤官弱而财轻，一见官而有祸；伤官弱而见印，一见官而有祸。大率伤官有财，皆可见官；伤官无财，皆不可见官。又要看身强身弱，合财官，印绶、比肩不同方可，不必分金、木、水、火、土也。又曰伤官用印，无财不宜见财；伤官用财，无印不宜见印，须详辨之。

任氏曰：伤官者，窃命主之元神，既非善良；伤日干之贵气，更肆纵横。然善恶无常，但须驾驭，而英华发外，多主聪明。若见官之可否，须就原局权衡，其间作用，种种不同，不可执一而论也。有伤官用印，伤官用财，伤官用劫，伤官用伤，伤官用官。若伤官用财者，日主旺，伤官亦旺，宜用财；有比劫而可见官，无比劫有印绶，不可见官，日主弱，伤官旺，宜用印，可见官而不可见财；日主弱，伤官旺，无印绶，宜用比劫，喜见劫印，忌见财官；日主旺，无财官，宜用伤官，喜见财伤，忌见官印；日主旺，比劫多，财星衰，伤官轻，宜用官，喜见财官，忌见伤印。所谓"伤官见官，为祸百端"者，皆日主衰弱，用比劫帮身，见官则比劫受克，所以有祸。若局中有印，见官不但无祸，而且有福也。伤官用印，局内无财，运行印旺身旺之乡，未有不显贵者也。运行财旺伤旺之乡，未有不贫贱者也。伤官用财，财星得气，运逢财旺伤旺之乡，未有不富厚者也；运逢印旺劫旺之地，未有不贫乏者也。伤官用劫，运逢印旺必贵；伤官用官，运逢财旺必富；伤官用伤，运遇财乡，富而且贵，与用印用财者，不过官有高卑，财分厚薄耳。宜细推之。

一曰伤官用印格

<table>
<tr><td>伤</td><td></td><td>财</td><td>伤</td></tr>
<tr><td>己</td><td>丙</td><td>辛</td><td>己</td></tr>
<tr><td>丑</td><td>寅</td><td>未</td><td>丑</td></tr>
<tr><td>伤财官</td><td>食比卩</td><td>劫伤印</td><td>伤财官</td></tr>
</table>

乙　丙　丁　戊　己　庚
丑　寅　卯　辰　巳　午

火土伤官重叠。辛在季夏，火气有余，又日坐长生，寅中甲木为用。至丁卯运，克去辛金，破其丑土，所谓有病得药，腾身而登月殿，庆集琼林；接运丙寅，体用皆宜，仕至黄堂。

<table>
<tr><td>伤</td><td></td><td>印</td><td>伤</td></tr>
<tr><td>辛</td><td>戊</td><td>丁</td><td>辛</td></tr>
<tr><td>酉</td><td>午</td><td>酉</td><td>酉</td></tr>
<tr><td>伤</td><td>劫印</td><td>伤</td><td>伤</td></tr>
</table>

辛　壬　癸　甲　乙　丙
卯　辰　巳　午　未　申

此土金伤官重叠。喜其四柱无财，纯清气象。初运木火体用皆宜，所以壮岁首登龙虎榜，少年身到凤凰池。惜中运癸巳壬辰，金生火克，所以生平志节从何诉，半世勤劳只自怜。

<table>
<tr><td>印</td><td></td><td>食</td><td>食</td></tr>
<tr><td>己</td><td>庚</td><td>壬</td><td>壬</td></tr>
<tr><td>卯</td><td>辰</td><td>子</td><td>戌</td></tr>
<tr><td>财</td><td>伤卩财</td><td>伤</td><td>卩官劫</td></tr>
</table>

戊　丁　丙　乙　甲　癸
午　巳　辰　卯　寅　丑

此金水伤官当令，喜支藏暖土，足以砥定中流。因时财为病，兼之初运水木，以致书香不继。至三旬外，运逢火土，异路出身，仕至州牧；午运衰神冲旺。台省几时无谪宦，郊亭今日倍离愁。

伤　　　　　卩　　伤
丙　　乙　　癸　　丙
子　　丑　　巳　　辰
卩　　才杀卩　财伤官　卩财比

戊　丁　丙　乙　甲
戌　酉　申　未　午

此木火伤官，印绶通根禄支，格局未尝不美。虽嫌财星坏印，而丑辰皆湿土，能蓄水晦火。惜乎运途无水，以致一介寒儒，至申运火绝水生，名列泮宫，后九赴秋闱，不捷。

二曰伤官用财格

卩　　　　伤　　劫
乙　　丁　　戊　　丙
巳　　卯　　戌　　申
伤劫财　卩　伤比才　伤官财

甲　癸　壬　辛　庚　己
辰　卯　寅　丑　子　亥

此火土伤官，劫印重叠，旺可知矣，以申金财星为用。遗业本丰，辛丑壬运，经营获利，发财十余万；至寅运，金临绝地，劫遇长生，又寅申冲破，所谓"旺者冲衰衰者拔"，不禄宜矣。

伤　　　　　伤　　劫
乙　　壬　　乙　　癸
巳　　申　　卯　　亥
杀才卩　杀比卩　伤　食比

己　庚　辛　壬　癸　甲
酉　戌　亥　子　丑　寅

此水木伤官，日坐长生，年支禄旺，日主不弱，足以用巳火之财。嫌其中运金水，半生碌碌风霜，起倒万状。至戌运，紧制亥水之劫，合起卯木化财，骤然发财数万；至酉冲破伤官，生助劫印，不禄。

印		伤	比
丁	戊	辛	戊
巳	午	酉	子
比㔹食	劫印	伤	财

丁	丙	乙	甲	癸	壬
卯	寅	丑	子	亥	戌

此土金伤官，日主禄旺，劫印重逢，一点财星，秋水通源。子赖酉生，酉伏子护，遗业小康。甲子乙丑二十年，制化皆宜，自创数万；至丙寅运，生助火土，克泄金水，不禄。

劫		比	伤
庚	辛	辛	壬
寅	酉	亥	申
印官财	比	财伤	印伤劫

丁	丙	乙	甲	癸	壬
巳	辰	卯	寅	丑	子

此金水伤官，四柱比劫。虽用寅木之财，却喜亥水，泄金生木，使比劫无争夺之风，又得亥解申冲。若无亥水，一生起倒无宁，终成画饼。亥水者，生财之福神也。交甲寅乙卯，白手成家致富；后行火运，战克不静，财星泄气，无甚生色；至巳运，四孟冲，劫又逢生，不禄。

三伤官用劫格

劫		伤	财
己	戊	辛	癸
未	申	酉	亥
印劫官	比才食	伤	杀才

丁	丙	丁	戊	己	庚
卯	辰	巳	午	未	申

此土金伤官，财星太重，以致拂意芸窗。幸喜未时，劫财通根为用；更妙运途却佳，捐县佐出仕。至丁巳丙辰运，旺印用事，仕至州牧，宦资丰厚；乙卯冲克不静，罢职归田。

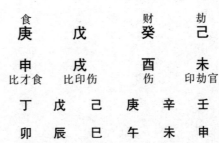

食		财	劫
庚	戊	癸	己
申	戌	酉	未
比才食	比印伤	伤	印劫官

丁　戊　己　庚　辛　壬
卯　辰　巳　午　未　申

　　此土金伤官，支类西方，金气太重，以劫为用。喜其当头克癸，故书香继志；更妙运走南方火地，拔贡出身，由县令而迁州牧，荐莅黄堂。一生逢凶化吉，宦海无波也。

伤		伤	比
甲	癸	甲	癸
寅	亥	寅	亥
官财伤	伤劫	官财伤	伤劫

戊　己　庚　辛　壬　癸
申　酉　戌　亥　子　丑

　　此水木伤官，喜其无财，故继志书香，嫌其地支寅亥化木，伤官太重，难遂青云。辛运入泮，亥运补廪，庚戌加捐出仕。己酉戊申二十年土金，生化不悖，仕至别驾，宦资丰厚。

伤		伤	食
己	丙	己	戊
丑	戌	未	申
伤财官	食劫财	劫伤印	食杀才

乙　甲　癸　壬　辛　庚
丑　子　亥　戌　酉　申

　　此四柱伤官，若生丑戌月，为从儿格，名利皆遂。生于未月，火有余气，必以未中丁火为用。惜运走西北金水之地，以致破败祖业；至癸亥运，贫乏无聊，削发为僧。

才		伤	劫
癸	己	庚	戊
酉	酉	申	辰
食	食	劫财伤	才劫杀

丙　乙　甲　癸　壬　辛

寅　丑　子　亥　戌　酉

此亦伤官用劫，嫌其辰为湿土，生金拱水，未足帮身；更嫌运走西北金水之地，以致一败如灰，不成家室。

以上五造，皆是用劫，何前三造名利两全，此两造一事无成？因运无帮助之故耳。由此推之，非人之无为，实运途困之耳。

四曰伤官用伤官格

	卩		官	卩
庚	壬	己	庚
子	辰	卯	辰
劫	劫杀伤	伤	劫杀伤

乙　甲　癸　壬　辛　庚

酉　申　未　午　巳　辰

壬水生于卯月，正水木伤官格。天干己土临绝，地支两辰，乃木之余气，一生金，一拱水，又透两庚，不但辰土不能制水，反生金助水，必以卯木为用，所谓一神得用，此象匪轻。初运庚辰辛巳，金之旺地，功名不遂；至壬午运，生财制金，名题雁塔；癸未生拱木神，甲申支全北方水局，木逢生助，仕版连登，由令尹而升司马，荐至黄堂，擢观察而履臬藩，入座封疆；一交酉，冲破卯木，讧误落职。所谓用神不可损伤，信斯言也。

比		官	食
癸	癸	戊	乙
丑	酉	寅	酉
杀卩比	卩	官财伤	卩

壬　癸　甲　乙　丙　丁

申　酉　戌　亥　子　丑

癸水生于寅月，正水木伤官。地支印星并旺，酉丑拱金，必以寅木为用，才能有余。乙亥运，木逢生旺，中乡榜；甲戌癸运，出仕县令；酉运支逢三酉，木嫩金多，讧误落职。前造与此造皆因少火，有病无药之故，若有火虽行金地，则无大患矣。

伤		杀	财
丁	甲	庚	己
卯	寅	午	卯
劫	才食比	财伤	劫

甲	乙	丙	丁	戊	己
子	丑	寅	卯	辰	巳

甲木生于午月，木火伤官。年月两干，土金无根，置之不用；地支两卯一寅，日元强旺，必以丁火为用，故人权谋异众。丁卯运，入泮登科，仕县令；丙寅运，克尽庚金，宦资大丰；乙丑合庚，晦火生金，落职。

		印	比
乙	丙	乙	丙
未	辰	未	子
劫伤印	官食印	劫伤印	官

辛	庚	乙	戊	丁	丙
丑	子	亥	戌	酉	申

丙日未月，火土伤官。四柱无金，子水暵干，未土为用。第嫌乙木并透根深，功名难遂。初运丁酉丙申，制化乙木，财喜称心；戊戌十年，熙熙攘攘，日炽日昌；己运，土无根，木回克，刑耗并见；一交亥运，木得生火，逢劫，得恶病而亡。

五曰伤官用官格

官		劫	才
乙	戊	己	壬
卯	戌	酉	戌
官	比印伤	伤	比印伤

乙	甲	癸	壬	辛	庚
卯	寅	丑	子	亥	戌

戊日酉月，土金伤官，地支两戌，燥而且厚，妙在年干壬水，润土泄金而生木，足以用官。亥运，财官皆得生扶，功名顺遂；壬子，早遂仕路之志；癸丑，支拱金局，服制重重；甲寅乙卯二十年，仕至侍郎。

官		官	卩
己	壬	己	庚
酉	申	卯	午
印	杀比卩	伤	官财

乙 甲 癸 壬 辛 庚

酉 申 未 午 巳 辰

　　壬水生于卯月，水木伤官。喜其官印通根，年支逢财，伤官有制有化，日元生旺，足以用官。巳运，官星临旺，采泮水之芹，折蟾宫之桂；壬午癸未，南方火地，出宰名区，莺迁州牧；甲申乙酉金得地，木临绝，虽退归，而安享琴书，其乐自如也。

官		印	印
己	壬	辛	辛
酉	辰	卯	未
印	劫杀伤	伤	财官伤

乙 丙 丁 戊 己 庚

酉 戌 亥 子 丑 寅

　　壬水生于卯月，水木伤官，天干两辛，支逢辰酉，益水之源，官之根固，伤之荫泄，必以己土官星为用。己丑运，采芹食廪；戊子虽然蹭蹬秋闱，而家业日增；丁运亦无大患；至亥运全会木局，伤官肆逞。刑耗并见而亡。

官		伤	官
癸	丙	己	癸
巳	午	未	酉
食比才	伤劫	劫伤印	财

癸 甲 乙 丙 丁 戊

丑 寅 卯 辰 巳 午

　　丙午日元，支类南方，未土秉令，己土透出，火土伤官，藏财受劫，无官则财无存，无财则官亦无根；况火炎土燥，官星并透，以官为用。运至火土，破耗刑丧；乙卯甲寅运，虽能生火，究竟制伤卫官，大获财利，纳粟出仕；癸丑壬子运，由佐贰而升县令，名利两全。

六曰假伤官格

卩		伤	伤
乙	丁	戊	戊
巳	巳	午	申
伤劫财	伤劫财	食比	伤官财

甲 癸 壬 辛 庚 己
子 亥 戌 酉 申 未

此火土伤官，日主旺极，喜其伤官发泄菁华，更妙财星得用。庚申辛酉运，少年创业，发财十余万；壬戌幸而水不通根，虽有刑耗而无大患；至癸亥运，激火之烈，泄财之气，不禄。

此造应载在伤官用格内。

劫		印	比
癸	壬	辛	壬
卯	子	亥	子
伤	劫	食比	劫

丁 丙 乙 甲 癸 壬
巳 辰 卯 寅 丑 子

六水乘权，其势泛溢，全赖卯木泄其精英。初交水运，仍得生助木神，平宁无咎；甲寅乙卯，正得用神之宜，采芹食禀，丁财并益；一交丙辰，群比争财，三子克二，夫妇皆亡。

劫		比	比
癸	壬	壬	壬
卯	子	子	辰
伤	劫	劫	劫杀伤

戊 丁 丙 乙 甲 癸
午 巳 辰 卯 寅 丑

此天干皆水，支逢旺刃，喜其支合卯辰，精英吐秀，所以书香早遂。但木之元神不透，未免蹭蹬秋闱；更嫌运逢火地，犹恐寿元不永。交丙运，庚午年，水火交战而亡。

伤		卩	比
辛	戊	丙	戊
酉	辰	辰	午
伤	财比官	财比官	劫印

癸	壬	辛	庚	己	戊	丁
亥	戌	酉	申	未	午	巳

此重重火土，最喜酉时，伤官透露，泄其菁华。三旬之前，运走火土，蹭蹬芸窗，一交庚申，云程直上。及辛酉壬戌癸亥四十载，体用合宜，由署郎出为巡使，从藩臬而转封疆，宦海无波。

卩		伤	官
丙	戊	辛	乙
辰	午	巳	酉
财比官	劫印	比卩食	伤

乙	丙	丁	戊	己	庚
亥	子	丑	寅	卯	辰

此火土当权，乙木无根，以辛金为用。辛丑年入泮，后因运程不合，屡困秋闱。至丑运暗拱金局，科甲连登；丙子乙亥，地支之水，本可去火，天干木火不合，所以仕途蹭蹬，未能显秩耳。

卩		官	印
丙	戊	乙	丁
辰	午	巳	酉
戊	劫印	比卩食	伤

己	庚	辛	壬	癸	甲
亥	子	丑	寅	卯	辰

此与前造只换一辛字，据八字不及前造，而运途却胜于前，亦以辛金为用，非官印论也。丁丑年湿土生金晦火，又全会金局，发甲入词林，盖运在辛丑，正岁运皆宜也。

食		印	卩
辛	己	丙	丁
未	酉	午	丑
卩比杀	食	比卩	比食才

$$庚\ 辛\ 壬\ 癸\ 甲\ 乙$$
$$子\ 丑\ 寅\ 卯\ 辰\ 巳$$

此造土荣夏令，金绝火生，四柱水木全无，最喜金透通根。惜乎运走东方，生火克金，不但功名蹭蹬，而且财源鲜聚。交辛丑运，年逢戊辰，晦火生金，食神喜劫地，秋闱得意，名利裕如。

清　气

一清到底有精神，管取生平富贵真。澄浊求清清得去，时来寒谷也回春。

原注：清者，不徒一气成局之谓也。如正官格，身旺有财，身弱有印，并无伤官七杀杂之，纵有比肩食神财煞印绶杂之，皆循序得所，有安顿，或作闲神，不来破局，乃为清奇。又要有精神，不为枯弱者佳。浊非五行并出之谓。如正官格，身弱混之以煞，混之以财，以食神杂之，不能伤我之官，反与官星不和；以印绶杂之，不能扶我之身，反与财星相戕，俱为浊。或得一神有力，或行运得所，以扫其浊气，冲其滞气，皆为澄浊以求清，皆富贵命矣。

任氏曰：命之最难辨者，清浊两字也。此章所重者，"澄浊求清"四字也。清而有气，则精神贯足；清而无气，则精神枯槁。精神枯即邪气入，邪气入则清气散，清气散则不贫即贱矣。夫清浊者，八字皆有也，非正官一端而论也。如正官格，身弱有印，忌财，财星不现，清可知矣。即使有财，不可便作浊论，须要看其情势。如财与官贴，官与印贴，印与日主贴，则财生官，官生印，印生身，印之源头更长矣，至行运再助其印绶，自然富贵矣。即使无财，不可便作清论，亦要看其情势，或印星无气，与官星不通，或印星太旺，日主枯弱，不受印星之生；或官星贴日，印星远隔，日主先受官克，印星不能生化，至行运再逢财官，不贫亦夭矣。如正官格，身旺喜财，所忌者印绶，伤官其次也。亦看情势，如伤官与财贴，财与官贴，官与比肩贴，不特官星无碍，抑且伤官化劫生财，财生官旺，官之源头更长，至行运再遇财官之地，名利两全矣。如伤官与财星远隔，反与官星紧贴，财不能为力，至行运再遇伤官之地，不贫亦贱矣。如伤官在天干，财星在地支，必须天干财运以解之；伤官在地支，财星在天干，必须地支财运以通之。或财官相贴，而财神被合神绊住，或被闲神劫占，亦须岁运冲其合神，制其闲神，皆为澄浊求清。虽举正官而论，八格皆同此论。总之喜神宜得地逢生，与日主紧贴者佳；忌神宜失势临绝。与日主远隔者美。日主喜印，印星贴身，或坐下印绶，此即日主之精神也；官星贴印，或坐下官星，此即印绶之精神。余可例推。

印		卩	官
乙	丙	甲	癸
未	寅	子	酉
劫伤印	食比卩	官	财

戊	己	庚	辛	壬	癸
午	未	申	酉	戌	亥

丙生子月，坐下长生，印透根深，弱中之旺。喜其官星当令，透而生财，所谓"一清到底有精神"也；更妙源流不悖，纯粹可观。金水运中，登科发甲，名高翰苑。惜中运火土，以致终老于词林。

食		印	官
辛	己	丙	甲
未	亥	寅	子
卩比杀	官财	劫印官	才

壬	辛	庚	己	戊	丁
申	未	午	巳	辰	卯

春土坐亥财官太旺，最喜独印逢生。财藏生官，财印绶之元神愈旺；气贯生时，而日主之气不薄；更妙连珠生化，尤羡运途不悖。所以恩分雕锦，宠锡金莲，地近清禁，职居津要。

劫		卩	官
丁	丙	甲	癸
酉	寅	子	未
财	食比卩	官	劫伤印

戊	己	庚	辛	壬	癸
午	未	申	酉	戌	亥

此与前癸酉者，大同小异。前则官坐财地，此则官坐伤地，兼之子未

相贴，不但天干之官受克，即地支之官亦伤。更嫌劫入财乡，所谓财劫官伤，纵使芹香早采，仍蹭蹬秋闱。辛酉庚申运，干支皆财，财如放梢春竹，利如蔓草生枝，家业丰裕。一交己未，伤妻克子，遭回禄，家业大破。可知穷通在运也。

浊　气

满盘浊气令人苦，一局清枯也苦人，半浊半清犹是可，多成多败度晨昏。

原注：柱中要寻他清气不出，行运又不能去其浊气，必是贫贱。若清，又要有精神为妙。如枯弱无气，行运又不遇发生之地，亦清苦之人。浊气又难去，清气又不真，行运又不遇清气，又不脱浊气者，虽然成败不一，亦了此生平矣。

任氏曰：浊者，四柱混杂之谓也。或正神失势，邪气乘权，此气之浊也；或提纲破损，另求别用，此格之浊也；或官衰喜印，财星坏印，此财之浊也；或官衰喜财，比劫争财，此比劫之浊也；或财旺喜劫，官星制劫，此官之浊也；或财轻喜食伤，印绶当权，此印之浊也；或身强杀浅，食伤得势，此食伤之浊也。分其所用，断其名利之得失、六亲之宜忌，无不验也。然浊与清枯二字酌之，宁使清中浊，不可清中枯。夫浊者，虽成败不一，多有险阻，倘遇行运得所，扫除浊气，亦有起发之机；如行运又无安顿之地，乃困苦矣。清枯者，不特日主无根之谓也，即日主有气，而用神无气者，亦是也。枯又非弱比也，枯者，无根而朽也，即遇滋助之乡，亦不能发生也。弱者，有根而嫩也，所以扶之即发，助之即旺，根在苗先之意也。凡命之日主枯者，非贫即夭；用神枯者，非贫即孤。所以清有精神终必发，偏枯无气断孤贫，满盘浊气须看运，抑浊扶清也可亨。试之验也。

印		食	官
丁	戊	庚	乙
巳	戌	辰	亥
比卩食	比印伤	财比官	杀才

甲	乙	丙	丁	戊	己
戌	亥	子	丑	寅	卯

戊戌日元，生于辰月巳时，木退气，土乘权，印绶重逢。用官则被庚金合坏，用食则官又不从化，而火又克金，无奈何而用财，又有巳时遥冲，又不当令；若邀庚金生助，贪合忘生，且遥隔无情，所以起倒不一，幸而财官尚有余气，至乙亥运，补起财官，遂成小康。

伤		伤	官
己	丙	己	癸
丑	午	未	亥
伤财官	伤劫	劫伤印	卩杀

癸	甲	乙	丙	丁	戊
丑	寅	卯	辰	巳	辰

火长夏令，原属旺论，然时在季夏，火气稍退。兼之重叠伤官泄气，丑乃湿土，能晦丙火之光，以旺变弱。浊气当权，清气失势，兼之先行三十年火土运，半生起倒多端。至乙卯甲寅，木疏厚土，扫除浊气，生扶日元，卫护官星，左图右史，财茂业成。

印		官	官
己	庚	丁	丁
卯	午	未	卯
财	印官	官印财	财

辛	壬	癸	甲	乙	丙
丑	寅	卯	辰	巳	午

此造大略观之，财生官，官生印，印生身，似乎清美，无如午未南方，火烈土焦，能脆金，不能生金；且木从火势，又坏印绶，无生化之情，非清枯而何？更嫌运走东南，一生未遂，所谓"明月清风谁与共，高山流水少知音"也。

真　神

令上寻其聚得真，假神休要乱真神。真神得用生平贵，用假络为碌碌人。

原注：如木火透者，生寅月，聚得真，不要金水乱之。真神得用，不为忌神所害，则贵。如参以金水猖狂，而用金水，是金水又不得令，徒与木火不和，乃为碌碌庸人矣。

任氏曰：真者，得时秉令之神也；假者，失时退气之神也。言日主所用之神，在提纲司令，又透出天干，谓聚得真，不为假神破损，生平富贵矣。纵有假神，安顿得好，不与真神紧贴，或被闲神合住，或遥隔无力，亦无害也。倘与真神紧贴，或相克相冲，或合真神，暗化忌神，终为碌碌庸人矣。如行运得助，抑假扶真，亦可功名小遂，而身获康宁。故喜神宜四生，忌神宜四绝，局内看真神，行运看解神。是先天而为地纪。所以测地，先看提纲以定格局；中天则为人纪，所以范人，次看人元司令而为用神；后天而为天纪，所以观天，后看天元发露，而辅格助用。是天地人之三式，合而用之，则造化之功成矣；造化功成，则富贵之机定矣；然后再定运程之宜忌，则穷通了然矣。后学者须究三元之正理，审其真假，察其喜忌，究冲合之爱憎，论岁运之宜否，斯为的当。故法度虽可言传，妙用由人心悟也。

	官		印	官
	甲	己	丙	甲
	子	丑	寅	子
	才	食比才	劫印官	才
	壬	辛	庚	己	戊	丁
	申	未	午	巳	辰	卯

山东刘中堂造，己土卑薄，生于春初，寒湿之体，其气虚弱，得甲丙并透，印正官清，聚得真也。柱中金不现而水得化，假神不乱；更喜运走东南印旺之地，仕至尚书，有尊君庇民之德，负经邦论道之才也。

	印		杀	杀
	乙	丙	壬	壬
	未	子	寅	申
	劫伤印	官	食比卩	食杀才
	戊	丁	丙	乙	甲	癸
	申	未	午	巳	辰	卯

铁制军造，杀逞财势，嫩木逢金，最喜寅木，真神当令，时干透出乙木元神。寅申之冲，谓之有病。运至南方火地，去申金之病，仕至封疆，声名赫弈。有润泽生民之德，怀任重致远之才也。

食 甲	壬	杀 戊	卩 庚
辰	子	寅	申
劫杀伤	劫	杀才食	杀比卩

甲	癸	壬	辛	庚	己
申	未	午	巳	辰	卯

此造日临旺地，会局帮身，不当弱论。喜其时干甲木，真神发露。所嫌者，年遇庚申，冲克甲寅，又逢戊土之助，谓假乱真。虽然早采芹香，屡困秋闱；至壬午运，制化庚金，秋桂高攀，加捐县令；申运冲寅，假神得助，不禄。

假　神

真假参差难辨论，不明不暗受迍邅。提纲不与真神照，暗处寻真也有真。

原注：真神得令，假神得局而党多；假神得令，真神得局而党多。不见真假之迹，或真假皆得令得助，不能辨其胜负而参差者，其人难无大祸，一生迍否而少安乐。寅月生人，不透木火，而透金为用神，是为提纲不照也；得己土暗邀，戊土转生，地支卯多酉冲，乙庚暗化，运转西方，亦为有真，亦或发福。以上特举真假一端言耳，其会局合神从化、用神、衰旺、情势象格、心迹才德、邪正缓急、生死进退之例，莫不有真假，最宜详辨之。

任氏曰：气有真假，真神失势，收神得局。法当以真为假，以假为真。气有先后，真气未到，假气先到，法当以真作假，以假作真。如寅月生人，不透甲木而透戊土，而年月日时支，有辰戌、丑未之类，亦可作用；如不透戊土，透之以金，即使木火司令，而年日时支，或得申字冲寅，或得酉丑拱金，或天干又有戊己生金，此谓真神失势，假神得局，亦可取用。若四柱真神不足，假气亦虚，而日主爱假憎真，必须岁运扶真抑假，亦可发福。若岁运助真损假，凶祸立至，此谓以实投虚，以虚乘实，是犹医者知参芪之能生人，而不知参芪之能害人也，知砒虻之能杀人，而不知砒虻之能救人也。有是病而服是药则生，无是病而服是药则死。且命之贵贱不一，邪正无常，动静之间，莫不有真假之迹。格局尚有真假，用神岂无真假乎？大凡安享荫庇现成之福者，真神得用居多；创业兴家，劳碌而少安逸者，假神得局者居多，或真神受伤者有之，薄承者厚创，多驳杂者，真神不足居多；一生起倒，世事崎岖者，假神不足居多。细究之，无不验也。

P　　　　　杀　　伤
庚　　壬　　戊　　乙

戊　　午　　寅　　酉
杀财印　官财　杀才食　印

壬　癸　甲　乙　丙　丁
申　酉　戌　亥　子　丑

壬水生于立春二十二日，正当甲木真神司令，而天干土金并透，地支通根戌酉，此谓真神失势，假神得局，用以庚金化煞，法当以假作真，纯粹可观。虽嫌支全火局。克金灼水，喜其火不透干，又得戊土生化更妙。运走西北，所以早登云路，甲第蜚声，仕至封疆，有利民济物之志，禀秀德真儒之器。总嫌火局为病，仕路未免起倒耳。

比　　　　　官　　印
癸　　癸　　戊　　庚

丑　　未　　寅　　戌
杀P比　才杀食　官财伤　官才P

乙　甲　癸　壬　辛　庚　己
酉　申　未　午　巳　辰　卯

癸水生于立春二十六日，正当甲木真神司令，而天干土金并透，地支丑戌通根。伤官虽当令，而官杀之势纵横，即使伤敌杀，而日主反泄，况未能敌乎？庚金虽是假神，无如日主爱假憎真，用以庚金，有两歧之妙：一则化杀官之强暴，二则生我之日元时干，比肩帮身，又能润土养金。第中运南方，生杀坏印，奔驰不遇；至甲申，运转西方，用神得地，得军功飞升知县：乙酉更佳，仁至州牧：一交丙，坏庚，不禄。

· 132 ·

	卩		卩		官
己		辛		己		丙
亥		酉		亥		子
财伤		比		财伤		食

乙	甲	癸	壬	辛	庚
巳	辰	卯	寅	丑	子

此造以俗论之，寒金喜火，金水伤官喜见官，且日主专禄，必用丙火无疑。不知水势猖狂，病窃去命主元神，不但不能用官，即或用官，而丙火全无根气，必须用己土之印，使其止水，生金卫火。丙入亥宫临绝，欲使丙火生土，而丙火先受水克，焉能生土？所以己土反被水伤，真神无情，假神虚脱。初运庚子辛丑。比劫帮身，叨荫之福，衣食颇丰；壬运丁艰；一交寅运，东方木地，虚土受伤，破荡祖业，刑妻克子，出外不知所终。

刚 柔

柔刚不一也，不可制者，引其性情而已矣。

原注：刚柔相济，不必言也。太刚者济之以柔，而不得其情，而反助其刚矣，譬之武士而得士卒，则成杀伐。如庚金生于七月，遇丁火而激其威，遇乙木而助其暴，遇己土而成其志，遇癸水而益其锐。不如柔之刚者，济之可也。壬水是也，盖壬水有正性，而能引通庚之情故也。若以刚之刚者激之，其祸何胜言哉？太柔者济之以刚，而不驭其情，而反益其柔也，譬之烈妇而遇恩威，则成淫贱。如乙木生于八月，遇甲、丙，壬而喜，则输情；遇戊、庚，盛而畏，则失身；不如刚之柔者，济之可也。丁火是也，盖丁火有正情，则能引动乙木之情故也。若以柔之柔者合之，其弊将何如哉！余皆例推。

任氏曰：刚柔之道，阴阳健顺而已矣。然刚之中未尝无柔，所以阳喻干，干生三女，是柔取乎刚；柔之中未尝无刚，所以阴喻坤，坤生三男，是刚取乎柔。夫春木、夏火、秋金、冬水、季土，得时当令，原局无克制之神，其势雄壮，其性刚健，不泄则不清，不清则不秀，不秀则为顽物矣。若以刚斩其柔，谓寡不敌众，反激其怒而更刚矣。春金、夏水、秋木、冬火、仲土，失时无气，原局无生助之神，其势柔软，其性至弱，不劫则不辟，不辟则不化，不化则为朽物矣。略以柔引其刚，谓虚不受补，反益其弱而更柔矣。是以泄者有生生之妙，克者有成就之功，引者有和悦之情，从者有变化之妙。克、泄、引、从四字，宜详审之，不可概定，必须以无入有，向实寻虚，斯为玄妙之旨。若庚金生于七月，必要壬水；乙木生于八月，必要丁火，虽得制化之义，亦死法也。设使庚金生于七月，原局先有木火，而壬水不见，又当如何？莫非弃明现之木火，反用暗藏之壬水乎？乙木生于八月，四柱先有劫印，而丁火不现，莫非弃现在之劫印，反求无形之丁火乎？大凡得时当令，四柱无克制之神，用食神顺其气势，泄其菁英，暗处生财，为以无入有；失时休囚，原局无劫印帮身，用食神制杀，杀得制则生印，为向实寻虚。宜活用，切勿执一而论也。

才　　　　　　　卩　　　食
甲　　庚　　戊　　壬

申　　辰　　申　　申
卩食比　伤卩财　卩食比　卩食比

甲　癸　壬　辛　庚　己
寅　丑　子　亥　戌　酉

庚金生于七月，地支三申，旺之极矣。时干甲木无根，用年干壬水，泄其刚杀之气。所嫌者，月干枭神夺食。初年运走土金，刑丧早见，祖业无恒；一交辛亥，运转北方，经营得意。及壬子癸丑三十年财发十余万。其幼年未尝读书，后竟知文墨，此亦运行水地，发泄菁华之意也。

杀　　　　　　　卩　　　食
丙　　庚　　戊　　壬

戌　　寅　　申　　戌
卩官劫　卩杀才　卩食比　卩官劫

乙　甲　癸　壬　辛　庚　己
卯　寅　丑　子　亥　戌　酉

庚金生于七月，支类土金，旺之极矣。壬水坐戌逢戌，枭神夺尽，时透丙火，支拱寅戌，必以丙火为用。惜运走四十载土金水地，所以五旬之前，一事无成；至甲寅运克制枭神，生起丙火。及乙卯二十年，财发巨万，所谓蒲柳望秋而凋，松柏经冬而茂也。

食		食	杀
丁	乙	丁	辛
丑	未	酉	酉
才杀卩	食才比	杀	杀

辛	壬	癸	甲	乙	丙
卯	辰	巳	午	未	申

乙木生于八月，木凋金锐，辛日主坐下库根，干透两丁，足以盘根制杀，祖业丰盈，芹香早采。但此造之病，不在杀旺，实在丑土；丑土之害，不特生金晦火，其害在丑未之冲也。天干木火，全赖未中一点微根，冲则被丑中金水暗伤，以致秋闱难捷。至癸巳运，全无金局，癸水克丁，遭水厄而亡。

劫		才	财
甲	乙	己	戊
申	亥	酉	辰
财官印	劫印	杀	卩财比

乙	甲	癸	壬	辛	庚
卯	寅	丑	子	亥	戌

乙木生于八月，财生官杀，弱之极矣。所喜者，坐下印绶引通官杀之气，更妙甲木透时，谓藤萝系甲。出身虽寒微，至亥运入泮，壬子联登甲第；及壬癸运，早遂仕路之光；丑运丁艰，甲寅克土扶身，不次升迁；乙卯仕至侍郎。此造之所喜者，亥水也，若无亥水，不过庸人耳。然亥水必要坐下，如在别支，不得生化之情，功名不过小就耳。

顺 逆

顺逆不齐也，不可逆者，顺其气势而已矣。

原注：刚柔之道，可顺而不可逆。昆仑之水，可顺而不可逆也；其势已成，可顺而不可逆也；权在一人，可顺而不可逆也；二人同心，可顺而不可逆也。

任氏曰：顺逆之机，时退不悖而已矣，不可逆者，当令得势之神，宜从其意向也。故四柱有顺逆其气自当有辨；五行有颠倒，作用各自有法。

是故气有乘本势而不顾他杂者，气有借他神而可以成局者，无有从旺神而不可克制者，无有依弱资扶者，所以制杀莫如乘旺，化杀正以扶身，从杀乃依权势，留杀正尔迎官。其气有阴有有阳，阳含阴生之兆，阴含阳化之妙；其势有清有浊，浊中清，贵之机；清中浊，贱之根。逆来顺去富之基，顺来逆去贫之意，此即顺逆之微妙，学者当深思之。书云"去其有余，补其不足"，虽是正理，然亦不究深浅之机，只是泛论耳。不知四柱之神，不拘财官、杀印、食伤之类，乘权得势，局中之神，又去助其强暴，谓二人同心。或日主得时秉令，四柱皆拱合之神，谓权在一人。只可顺其气势以引通之，则其流行而为福矣。若勉强得制，激怒其性，必罹凶咎。须详察之。

	比		比	比
庚	庚		庚	庚
辰	申		辰	辰
伤卩财	卩食比		伤卩财	伤卩财

丙 乙 甲 癸 壬 辛
戌 酉 申 未 午 巳

天干皆庚，又坐禄旺，印星当令，刚之极矣，谓权在一人。行伍出身，壬午癸未运，水盖天干地支之火，难以克金，故无害；一交甲申，西方金地及乙酉合化皆金，仕至总兵；丙运犯其旺神，死于军中。

	才		才	伤
甲	庚		甲	癸
申	辰		子	酉
卩食比	伤卩财		伤	劫

戊 己 庚 辛 壬 癸
午 未 申 酉 戌 亥

庚辰日元，支逢禄旺，水本当权，又会水局，天干枯木无根，置之不论，谓金水二人同心，必须顺其金水之性。故癸亥壬运，荫庇有余；戌运制水，还喜申酉戌全，虽见刑丧而无大患；辛运入泮，酉运补廪，庚运登科，申运大旺财源；一交己未，运转南方，刑妻克子，家业渐消。戊午触水之性，家业破尽而亡。

	伤		杀		印
丙	乙	辛	壬
子	亥	亥	子
卩	劫印	劫印	卩

丁	丙	乙	甲	癸	壬
巳	辰	卯	寅	丑	子

壬水乘权坐亥子，所谓昆仑之水，冲奔无情，丙火克绝，置之不论，遗业颇丰。乙卯甲寅，顺其流，纳其气，入学补廪，丁财并益，家道日隆。一交丙运，水火交战，刑妻克子，破耗异常；辰运蓄水无咎；丁巳运连遭回禄两次，家破身亡。

寒　暖

天道有寒暖，发育万物，人道得之，不可过也。

原注：阴支为寒，阳支为暖；西北为寒，东南为暖；金水为寒，木火为暖。得气之寒，遇暖而发；得气之暖，逢寒而成。寒之甚，暖之至，内有一二成象，必无好处。若五阳逢子月，则一阳之候，万物怀胎，阳乘阳位，可东可西；五阴逢午月，则一阴之候，万物收藏，阴乘阴位，可南可北。

任氏曰：寒暖者，生成万物之理也。不可专执西北金水为寒，东南木火为暖。考机之所由变，上升必变下降，收合必变开辟。然质之成，由于形之机，阳之生，必有阴之位。阳主生物，非阴无以成，形不成，亦虚生；阴主成物，非阳无以生，质不生，何由成？惟阴阳中和变化，乃能发育万物，若有一阳而无阴以成之，有一阴而无阳以生之，是谓鳏寡，无生成之意也。如此推详，不但阴阳配合，而寒暖亦不过矣。况四时之序，相生而成，岂可执定子月阳生，午月阴生而论哉？本文末句"不可过也"，适中而已矣。寒虽甚，要暖有气；暖虽至，要寒有根，则能生成万物。若寒甚而暖无气，暖至而寒无根，必无生成之妙也。是以过于寒者，反以无暖为美；过于暖者，反以无寒为宜也。盖寒极暖之机，暖极寒之兆也，所谓阴极则阳生，阳极则阴生，此天地自然之理也。

卩　　　　　　杀　　　　才
戊　　庚　　丙　　甲
寅　　辰　　子　　申
卩杀才　伤卩财　　　卩食比

壬　辛　庚　己　戊　丁
午　巳　辰　卯　寅　丑

此寒金冷水，木凋土寒，若非寅时，则年月木火无根，不能作用矣。所谓寒虽甚，要暖有气也。由引论之，所重者寅也，地气上升，木火绝处逢生，一阳解冻。然不动丙火亦不发，妙在寅申遥冲，谓之动，动则生火矣。凡四柱紧冲为克，遥冲为动，更喜运走东南，科甲出身，仕至黄堂，所谓"得气之寒，遇暖而发"，此之谓也。

才　　　　　　杀　　　　印
甲　　庚　　丙　　己
申　　辰　　子　　酉
卩食比　伤卩财　　伤　　劫

庚　辛　壬　癸　甲　乙
午　未　申　酉　戌　亥

此亦寒金冷水，土冻木凋，与前大同小异。前则有寅木，火有根，此则无寅木，火临绝，所谓寒甚而暖无气，反以无暖为美。所以初运乙亥，北主水地，有喜无忧；甲戌暗藏丁火，为丙火之根，刑丧破耗；壬运克去丙火，入申运食廪。癸酉财业日增，辛未运转南方，丙火得地生根，破耗多端。庚午运逢寅年，木火齐来，不禄。

杀　　　　　　比　　　　劫
壬　　丙　　丙　　丁
辰　　午　　午　　丑
官食印　伤劫　　伤劫　伤财官

庚　辛　壬　癸　甲　乙
子　丑　寅　卯　辰　巳

此火炎南离，重逢刃刃，暖之至矣。一点壬水，本不足以制猛烈之火，喜其坐辰，通根身库；更可爱者，年支丑土，丑乃北方湿土，能生金晦火而蓄水，所谓暖虽至而寒有根也。科甲出身，仕至封疆，微嫌运途欠畅，多于起伏也。

官		劫	官
癸	丙	丁	癸
巳	午	巳	未
食比才	伤劫	食比才	劫伤印

辛	壬	癸	甲	乙	丙
亥	子	丑	寅	卯	辰

此支类南方，又生巳时，暖之至矣。天干两癸，地支全无根气，所谓暖之至，寒无根，反以无寒为美。所以初运丙辰，叨荫庇之福；乙卯甲寅，泄水生火，家业增新；癸丑寒气通根，叹椿萱之并逝，嗟兰桂之摧残。壬子运，祝融之变，家破而亡。

燥 湿

地道有燥湿，生成品汇，人道得之，不可偏也。

原注：过于湿者，滞而无成；过于燥者，烈而有祸。水有金生，遇寒土而愈湿；火有木生，遇暖土而愈燥，皆偏枯也。如水火而成其燥者吉，木火伤官要湿也；土水而成其湿者吉，金水伤官要燥也。间有土湿而宜燥者，用土而后用火；金燥而宜湿者，用金而后用水。

任氏曰：燥湿者，水火相成之谓也。故主有主气，内不秘乎五行；局有局气，外必贯乎四柱，湿为阴气，当逢燥而成；燥为阳气，当遇湿而生。是以木生夏令，精华发泄，外有余而内实虚脱，必借壬癸以生之，丑辰湿土以培之，则火不烈，木不枯，土不燥，水不涸，而有生成之义矣。若见未戌燥土，反助火而不能晦火，纵有水，亦不能为力也。惟金百炼，不易其色，故金生冬令，虽然泄气休囚，竟可用丙丁火以敌寒，未戌燥土以除湿，则火不晦，水不狂，金正寒，土不冻，而有生发之气机矣。若见丑辰湿土，反助水而不能制水，纵有火，亦不能为力也。此地道生成之妙理也。

　　　　　杀　　　　　　　　　劫　　　　杀
　　　丙　　　庚　　　辛　　　丙
　　　子　　　辰　　　丑　　　辰
　　　伤　　　伤卩财　　印劫伤　　伤卩财

　　　丁　　丙　　乙　　甲　　癸　　壬
　　　未　　午　　巳　　辰　　卯　　寅

　　此造以俗论之，以为寒金喜火，干透两丙，独杀留清，推其木火运中，名利双全。不知支中重重湿土，年干丙火，合辛化水，时干丙火无根，只有寒湿之气，并无生发之意，只得用水，不能用火矣。所以初运壬寅癸卯，制土卫水，衣食颇丰；至丙午丁未二十年，妻子皆伤，家业破尽，削发为僧。

　　　　　杀　　　　　　　　　食　　　　官
　　　丙　　　庚　　　壬　　　丁
　　　戌　　　戌　　　子　　　未
　　　卩官劫　　卩官劫　　伤　　官印财

　　　丙　　丁　　戊　　己　　庚　　辛
　　　午　　未　　申　　酉　　戌　　亥

　　此造如以水势论之，此则仲冬水旺，所喜者，支中重重燥土，足以去其湿气。子未相克，使子不能助壬；丁壬一合，使壬不能克丙。中运土金，入部办事，运筹挫折，境遇违心；丁未南方火旺，议叙出仕；至丙午二十年，得奇遇，仕至州牧。

　　　　　杀　　　　　　　　　伤　　　　印
　　　庚　　　甲　　　丁　　　癸
　　　午　　　午　　　巳　　　未
　　　财伤　　财伤　　财食杀　伤财劫

　　　辛　　壬　　癸　　甲　　乙　　丙
　　　亥　　子　　丑　　寅　　卯　　辰

　　甲午日元，支全巳午未，燥烈极矣。天干金水无根，反激火之烈，只可顺火之气也。初运木火，顺其气势，财喜频增；至癸丑，叹刑丧，遭挫折，破耗多端；壬子冲激更甚，犯人命，遭回禄，破家而亡。

<pre>
  杀   　 伤   印
  庚   甲   丁   癸
  午   辰   巳   丑
 财伤   印才劫 才食杀 财官印

  辛   壬   癸   甲   乙   丙
  亥   子   丑   寅   卯   辰
</pre>

此与前造只换辰丑二字，丑乃北方湿土，晦火蓄水，癸水通根而载丑；辰亦湿土，又是木之余气，日元足盘根；庚金虽不能生水辅用，而癸水坐下余气，竟可作用。初运木旺，帮身护用，和平迪吉；至癸丑，北方水地；及壬子辛亥三十年，经营得意，事业称心。

隐　显

吉神太露，起争夺之风；凶物深藏，成养虎之患。

原注：局中所喜之神，透于天干；岁运不能不遇忌神，必至争夺，所以有暗用吉神为妙。局中所忌之神，伏藏于地支者，岁运扶之冲之，则其为患不小，所以忌神明透，制化得宜者吉。

任氏曰：吉神太露，起争夺之风者，天干气专，易于劫夺故也。如财物无关锁，人人得而用，假如天干以甲乙为财，岁运遇庚辛，则起争夺之风，必须天干先有丙丁官星回克，方无害；如无丙丁之官，或得壬癸之食伤合化亦可，故吉神宜深藏地支者吉。凶物深藏，成养虎之患者，地支气杂，难于制化故也。如家贼之难防，养成祸患。假如地支以寅中丙火为劫财，岁运逢申，冲申中庚金，虽能克木，终不能去其丙火；岁运遇亥子，仍生合寅木，反滋火之根苗，故凶物明透天干，易于制化。所以吉神深藏，终身之福；凶物深藏，始终为祸。总之吉神显露，通根当令者，露亦无害；凶物深藏，失时休囚者，藏亦无妨。鬼谷子曰，"阴阳之道，与日月合其明，与天地合其德，与四时合其序"，三命之理，诚本于此，若不慎思明辨，孰能得其要领乎？

财		财	伤
辛	丙	辛	己
卯	子	未	卯
印	官	劫伤印	印

己	丙	丁	戊	己	庚
丑	寅	卯	辰	巳	午

丙火生于未月，火气正盛，坐下官星，被未土伤尽，只得用天干辛金。所嫌者，未为燥土，不能生金，又暗藏劫刃；年干己土，本可生金，又坐下印地，所谓"吉神显露，凶物深藏"者也。初运己巳戊辰，土旺之地，财喜辐辏，事事称心；交丁卯，土金两伤，连遭回禄三次，又伤丁七人；丙寅妻子皆克，出外不知所终。

劫		卩	官
丙	丁	乙	壬
午	丑	巳	午
食比	卩才杀	食劫杀	食比

辛	庚	己	戊	丁	丙
亥	戌	酉	申	未	午

丁火生于孟夏，柱中劫旺逢枭，天干壬水无根，置之不用。最喜丑中一点财星，深藏归库，丑为湿土，能泄火气，不但无争夺之风，反有生生之谊。因初交丙午丁未，所以身出寒门，书香不继；喜中运三十载西土金地，化劫生财，财发十余万。所谓"吉神深藏，终身之福"也。

众 寡

强众而敌寡者，势在去其寡；强寡而敌众者，势在成乎众。

原注：强寡而敌众者，喜强而助强者吉；强众而敌寡者，恶敌而敌众者滞。

任氏曰：众寡之说，强弱之意也，须分日主四柱两端而论也。如以日主分众寡，如日主是火，生于寅、卯、巳、午月，官星是水，四柱无财，反有土之食伤，即使有财，财无根气，不能生官，此日主之党众，敌官星之寡，势在尽去其官，岁运宜扶众抑寡则吉。如以四柱分众寡，则分四柱之强弱，然又要与日主符合，弗反背为妙。假如水星是官星，休囚无气，土是伤官，当令得时，其势以去其官星，岁运亦宜制官为美；日主是火，亦要通根得气，则能生土，或有木而克土，则日主自能化木，转转相生，所谓日主符合者也。官星是水，虽不及时，却有财生助，或财星当令，或成财局，此官星虽寡，得财星扶则强，岁运宜扶寡而抑众者吉。虽举财官而论，其余皆同此论。

	伤		官	比
	辛	戊	乙	戊
	酉	戊	丑	辰
	伤	比印伤	劫伤财	财比官

辛	庚	己	戊	丁	丙
未	午	巳	辰	卯	寅

此造重重厚土，乙木无根，伤官又旺，其势足以敌官星之寡。故初交丙寅丁卯，官星得地，刑耗多端；戊辰得际遇，捐纳出仕；及己巳二十年，土生金旺，从佐贰而履琴堂。至未运破金，不禄。

	杀		官	伤
	癸	丁	壬	戊
	卯	卯	戊	午
	卩	卩	伤比才	食比

己	戊	丁	丙	乙	甲	癸
巳	辰	卯	寅	丑	子	亥

此伤官当令，印星并见，官煞虽透无根，势在去官。初年运走北方，官星得势，一事无成；丙寅丁卯，生助火土，经营发财巨万；戊辰己巳，去尽官煞，一子登科，晚景峥嵘。此造戊午拱火，日时逢印，日主旺极，莫作用印而推，亦不可作去官留杀论也。

	才		杀	官
	庚	丙	壬	癸
	寅	午	戊	丑
	食比卩	伤劫	食劫财	伤财官

丙	丁	戊	己	庚	辛
辰	巳	午	未	申	酉

　　丙火生于九月，日主本不及时，第坐阳刃会火局，谓之强寡。年月壬癸进气，癸水通根，余气丑土，泄其火局，庚金生助，壬癸为众也。势在成乎众，故交辛酉庚申，金生水旺，遗业丰盈，其乐自如；一交己未，火土并旺，父母双亡；及戊午二十年，破败家业，妻子皆伤，至丙辰流落外方而亡。

震　兑

　　震兑主仁义之真机，势不两立，而有相成者存。

　　原注：震在内，兑在外，月卯日亥或未，年丑或巳时酉是也。主之所喜者在震，以兑为敌国，必用火攻；主之所喜者在兑，以震为奸宄，备御之而已，不必尽去，不必兴兵也。兑在内，震在外，月酉日丑或巳，年未或亥时卯者是也。主之所喜者在兑，以震为游兵，易于灭而不可党震也；主之所喜者在震，以兑为内寇，难于灭而不可助兑也。以水为就客，相间于一下，或年酉月卯日丑时亥，年甲月庚、日甲时辛之例，亦论主之所喜所忌者何如，而论攻备之法。然金忌木，木不带火，木不伤土者，不必去木也。若木忌金，而金强者不可战，惟囚金而木茂，木终不能为金之害，反以成金之义；春木而金盛，金实足以制木之性，反以全木之义。其月是木，年日时皆金者，不必问主之所喜所忌，而亦宜成金之性。凡月是金，年日时皆是木者，不必问主之所喜所忌，而亦宜成金之性。

　　任氏曰：震阳也，先天之位在八白，阴固阴而阳亦阴矣；兑阴也，先天之位在四绿，阳固阳而阴亦阳矣。震为长男，雷从地起，一阳生于坤之初；兑为少女，山泽通气，故三阴生于乾之终。长男配少女，天地生成之妙用；若长女配少男，阳虽生而阴不能成矣。是故兑为万物之所悦，至哉言乎！是以震兑虽不两立，亦有相成之义也。余细究之，震兑之理有五，攻、成、润、从、暖也。春初之木，木嫩金坚，火以攻之；仲春之木，木旺金衰，土以成之；夏令之木，木泄金燥，水以润之；秋令之木，木凋金锐，土以从之；冬令之木，木衰金寒，火以暖之。则无两立之势，而有相成仁义之势矣。若内外之说，不过衰旺相敌之意也。当泄则泄，当制则制，须观其金木之竟向，不必拘执而分内外也。

劫		杀	食
乙	甲	庚	丙
丑	申	寅	寅
财官印	才卩杀	才食比	才食比

|丙|乙|甲|癸|壬|辛|
|申|未|午|巳|辰|卯|

甲木生于立春后四日，春初木嫩，天气寒凝，日主坐申，月透庚金。丑土贴生申金，木嫩金坚，用火以攻之。喜得年干透丙，三阳开泰，万象回春，何其妙也！初运辛卯壬辰，有伤丙火，蹭蹬芸牕；癸巳，运转南方，丙火禄旺，纳粟入监，运捷南宫；甲午乙未，宦海无波，申运不禄。

伤		财	杀
丁	甲	己	庚
卯	寅	卯	戌
劫	才食比	劫	才伤官

|乙|甲|癸|壬|辛|庚|
|酉|申|未|午|巳|辰|

甲木生于仲春，坐禄逢刃，木旺金衰，用土以成之，方能化土生金，斩削以成真。初游幕，获利纳捐，至癸未运出仕；甲申乙酉，木无根，金得地，从佐贰升知县而迁州牧。

伤		卩	杀
丁	甲	壬	庚
卯	辰	午	辰
劫	印才劫	财伤	印才劫

|戊|乙|丙|乙|甲|癸|
|子|亥|戌|酉|申|未|

甲木生于仲夏，时干丁火透出，用水以润之，然水亦赖金生，金亦赖水养。更妙支逢两辰，泄火生金蓄水，一气相生，五行俱足。是以早游泮水，科甲联登，仕至观察。一生惟丙戌运，金水两伤不利，其余皆顺境。

劫		比	杀
乙	甲	甲	庚
丑	戌	申	戌
财官印	才伤官	才卩杀	才伤官

庚	己	戊	丁	丙	乙
寅	丑	子	亥	戌	酉

甲木生于孟秋，财生杀旺，虽天干三透甲乙，而地支不载，木凋金锐，用土以从之也。格成从杀。戌运武甲出身；丁亥运生木克金，刑耗多端；戊子己丑，财生杀旺，仕至副将。

	食		杀	官
丙	甲	庚	辛
寅	子	子	酉
才食比	印	印	官

甲	乙	丙	丁	戊	己
午	未	申	酉	戌	亥

甲木生于仲冬，木衰金寒，用火以暖之，金亦得其制矣。况平时逢禄旺，一阳解冻，所谓"得气之寒，遇暖而发"。故寒木必得火以生之也。所以科甲联登，仕至侍郎。

右五造举甲木以为例，乙木亦同此论。

坎　离

坎离宰天地之中气，成不独成，而有相持者在。

原注：天干透壬癸，地支属离者，乃为既济，要天气下降；天干透丙丁，地支属坎者，乃为未济，要地气上升。天干皆水，地支皆火，为交媾，交媾身强则富贵；天干皆火，地支皆水，为交战，交战身弱，岂能富贵？坎外离内，谓之未济，主之所喜在离，要水竭，主之所喜在坎，则不详；离外坎内，谓之既济，主之所喜在坎，要离降，主之所喜在离，要木和。水火相见于天干，以火为主，而水盛者存；坎离相见于地支，喜坎而坎旺者昌。夫子、午、卯、酉专气也，其相制相持之势，宜悉辨之；若四生四库之神，皆所以党助子、午、卯、酉者，其理亦可推详。

任氏曰：坎阳也，先天位右七之数，故为阳也；离阴也，先天位左三之数，故为阴也。坎为中男，天道下济，故一阳生于北；离为中女，地道上行，故二阴生于南。离为日体，坎为月体，一润一暄，水火相济，男女媾精，万物化生矣。夫坎离为日月之正体，无消无灭，而宰天地之中气，是以不可独成，必要相持为妙也。相持之理有五，升、降、和、解、制也。升者，天干离衰，地支坎旺，必得地支有木，则地气上升；降者，天地干坎衰，地支离旺，必得天干有金，则天气下降；和者，天干皆火，地支皆水，必须有木运以和之；解者，天干皆水，地支皆火，必须有金运以解之；制者，水火交战于干支，必须岁运视其强者而制之。此五者，坎离之作用如此，则无独成之势，而有相持礼智之性矣。

	食		伤	比
	戊	丙	己	丙
	子	寅	亥	子
	官	食比卩	卩杀	官

乙 甲 癸 壬 辛 庚
巳 辰 卯 寅 丑 子

丙火生于孟冬，又逢两子，天干离衰，地支坎旺，用寅木以升之也。至壬寅，东方木地，采芹折桂；卯运出仕，一路运走东南，仕至观察。

	卩		比	比
	庚	壬	壬	壬
	戌	戌	寅	午
	杀财印	杀财印	杀才食	官财

戊 丁 丙 乙 甲 癸
申 未 午 巳 辰 卯

壬水生于孟春，支全火局，虽年月两透比肩，皆属无根。天干坎衰，地支离旺，用庚金以降之也。惜乎运途东南，在外奔驰四十年，一无成就；至五旬外，交戊申，庚逢生旺得际遇，发财巨万。娶妻三，年已六旬矣。连生三子，至戌运而终。

	比		比	比
	丙	丙	丙	丙
	申	子	申	子
	食杀才	官	食杀才	官

甲 癸 壬 辛 庚 己 戊 丁
寅 卯 寅 丑 子 亥 戌 酉

此造地支，两申两子，水逢生旺，金作水论。天干四丙，地支无根，离衰坎旺，须以木运和之也。惜乎五行不顺，五十年西北金水之地，故艰难险阻，刑伤颠沛；五旬外运走壬寅，东方木地，财进业兴，及癸卯甲寅，发财数万。

比　　　　　　比　　劫
壬　　壬　　壬　　癸

寅　　午　　戌　　巳
杀才食　　官财　　杀财印　　杀才卩

丙　丁　戊　己　庚　辛

辰　巳　午　未　申　酉

壬午日元，生于戌月，支会火局。年支坐巳，天干皆坎，地支皆离，必须金运以解之也。初交辛酉庚申，正得成其既济，解其财杀之势，叨化日之光，丰衣足食；一交己未，刑耗异常，戊午财杀并旺，出外遇盗丧身。

才　　　　　　才　　比
丙　　壬　　丙　　壬

午　　子　　午　　子
官财　　劫　　官财　　劫

壬　辛　庚　己　戊　丁

子　亥　戌　酉　申　未

此造水火交战于干支，火当令，水休囚，喜其无土，日主不克。初交丁未，年逢戊午，天克地冲，财杀两旺，父母双亡，流为乞丐；交申运逢际遇，己酉运发财数万，娶妻生子成家。

· 148 ·

秘授滴天髓阐微卷三　六亲论

夫　妻

夫妻因缘宿世来，喜神有意傍天财。

原注：妻与子一也，局中有喜神，一生富贵在于是，妻子在于是。大率依财看妻，如喜神即是财神，其妻美而且富贵。喜神与财神不相妒忌亦好，否则克妻，亦或不美，或欠和。然看财神，又须活法，如财神薄，须用助财；财旺身弱，又喜比劫；财神伤印者，要官星；财薄官多者，要伤官。财气未行，要冲者冲，泄者泄；财气流通，要合者合，库者库。若财神泄气太重，比劫透露，及身旺无财者，必非夫妇全美者也。至于财旺身强者，必富贵而多妻妾，看着当审辨轻重何如。

任氏曰：子平之法，以财为妻，财是我克。人以财来侍我，此理出于正论，又以财为父者，乃后人之谬也。若据此为确论，则翁妇同宗，岂不失伦常乎？虽分偏正之说，究竟勉强。财之偏正，无非阴阳之别，并不换他气，且世无犯上之理，宜辨而辟之。如果财为父，官为子，则人伦灭矣，不特翁妇同宗，而显然祖去生孙，有是理乎？是以六亲之法，今当更定。

生我者为父母，偏正印绶是也；我生者为子女，食神伤官是也。我克者为妇妾，偏正财星是也，克我者为官鬼，祖父是也；同我者为兄弟，比肩劫财是也。此理正名顺，乃不易之法。

夫财以妻论，财神清，则中馈贤能；财神浊，则河东狮吼。清者，喜神即是财星，不争不妒是也。浊者，生煞坏印，争妒无情是也。旧书不管日主之衰旺，总以阳刃劫财主克妻，究其理则实非。须分日主衰旺喜忌之别，四柱配合活看为是。

如财神轻而无官，比劫多，主克妻；财神重而身弱，无比劫，主克妻。官杀旺而用印，见财星，主妻陋而克；官杀轻而身旺，见财星，遇比劫，主妻美而克。劫刃重，财星轻，有食伤，逢枭印，主妻遭凶死；财星微，官杀旺，无食伤，有印绶，主妻有弱病。劫刃旺而无财，有食伤，妻贤必克，妻陋不伤。劫刃旺而财轻，有食伤，妻贤不克，妻陋必亡；官星弱，遇食伤，有财星，妻贤不克；官星轻，食伤重，有印绶，遇财星，妻陋不克。身强煞浅，财星滋杀，官轻伤重，财星化伤，印绶重叠，财星得气者，主妻贤而美，或得妻财致富；杀重身轻，财星党杀；官多用印，财星坏印，伤官佩印，财星得局者，主妻不贤而陋。或因妻招祸伤身。日主坐财，财为喜用者，必得妻财；日主喜财，财合闲神而化财者，必得妻力。日主喜财，财合闲神而化忌神者，主妻有外情；日主忌财，财合闲神而化财者，主琴瑟不和，皆以四柱情势日主喜忌而论。若财星浮泛，宜财库以收藏；财星深伏，宜冲动而引助。须细究之。

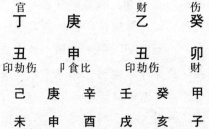

此造寒金坐禄，印绶当权，足以用火敌寒。所忌者，年干癸水克丁为病，全赖月干乙木通根，泄水生火，此喜神即是财星也。更喜财星逢合，谓财来就我，其妻贤淑勤能，生三子，皆就书香。

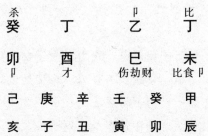

丁火生于孟夏，柱中枭劫当权，一点癸水，不足相制，最喜坐下酉金，冲去卯木，生起癸水。出身贫寒，癸运入学，又得妻财万仞；壬运登科，辛丑选知县，仕至郡守。此造若无酉金，不但无妻财，而且名亦不成矣。

杀		才	印
壬	丙	庚	乙
辰	申	辰	亥
官食印	食杀才	官食印	卩杀

甲	乙	丙	丁	戊	己
戌	亥	子	丑	寅	卯

丙火生于季春，印绶通根生旺，日主坐财。时干又透壬水，必以乙木为用。可嫌者，乙庚化金，生杀坏印，其妻不贤，妒悍异常，无子而绝。财之为害，可畏哉！

子　女

子女根枝一世传，喜神看与杀相连。

原注：大率依官看子。如喜神即是官星，其子贤俊，喜神与官星不相妒亦好，否则无子，或不肖，或有克。然看官星，又要活法，如官轻须要助官；杀重身轻，只要印比；无官星，只论财；若官星阻滞，要生扶冲发；官星泄气太重，须合助遥会；若杀重身轻而无制者，多女。

任氏曰：以官为子之说，细究之，终有犯上之嫌。夫官者，管也。朝廷设官，管治万民，则不敢妄为，循守规矩。家庭必以尊长为管，出入动作，皆遵祖父之训是也。不服官府之治者，则为贼寇；不遵祖父之训者，则为逆子。夫命者理也，岂可以官为子而犯上乎？莫非论命竟可无君无父乎？谚云，"父在子不得自专"，若以官为子，父反以子为管治，显见父不得自专矣，故俗以克父克母为是，有是理乎？今更定以食伤为子女。书云，"食神有寿妻多子，时逢七煞本无儿"，"食神有制定多儿"，此两说，可谓确据矣。然此亦死法，倘局中无食伤无官杀者，又作何论？故命理不可执一，总要变通为是，先将食伤认定，然后再看日主之衰旺，四柱之喜忌而用之。故"喜神看与杀相连"者，乃通变之至论也。如日主旺，无印绶，有食伤，子必多；日主旺，印绶重，食伤轻，子必少；日主旺，印绶重，食伤轻，有财星，子多而贤，日主旺，印绶多，无食伤，有财星，子多而能。日主弱，有印绶，无食伤，子必多；日主弱，印绶轻，食伤重，子必少。日主弱，印绶轻，有财星，子必无。日主弱，食伤重，印绶无，亦无子。日主弱，食伤轻，无比劫，有官星，子必无；日主弱，官杀重，印绶轻，微伏财，必多女，日主弱，七杀重，食伤轻，有比劫，女多子少；日主弱，官杀重，无印比，子必无；日主旺，食伤轻，逢印绶，遇财星，子少孙多；日主旺，印绶重，官杀轻，有财星，子虽克而有孙。日主弱，食伤旺，有印绶，遇财星，虽有若无。日主弱，官杀旺，有印绶，遇财星，有子必逆。又有日主旺，无印绶，食伤伏，有官杀，子必多者，又有日主旺，比劫多，无印绶，食伤伏，子必多者。盖母多灭子之意也。故木多火熄，金克木则生火；火多土焦，水克火则生土；土重金埋，木克土则生金；金多水渗，火克金则生水。水多木浮，土克水则生木。以官杀为子者，此之谓也。明虽以官杀为子，暗仍以食伤为子，此逆局反克相生之法，非竟以官杀为子也。大率身旺财为子，身衰印作儿，此皆余之试验者，故敢更定，仔细推之，无不应也。

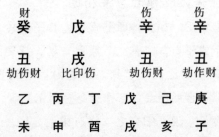

	财		戊	伤 辛	伤 辛
	癸				
	丑		戌	丑	丑
	劫伤财		比印伤	劫伤财	劫作财

乙　丙　丁　戊　己　庚
未　申　酉　戌　亥　子

此造日主旺，比劫多，年月伤官并透通根。丑为湿土，能生金蓄水；戌为火库，日主临之，不致寒冻也。是以家业富厚，更喜运走西方不悖，余虽断其多子，实不敢定其数目。询之云，自十六岁生子，每年得一子，连生十六子，并无损伤。此因命之美，印星不现，辛金明润不杂，木火之妙也。

	杀		印	杀
癸	丁	甲	癸	
卯	酉	子	亥	
卩	才	杀	印官	

戊　己　庚　辛　壬　癸
辛　未　申　酉　戌　亥

此造杀官当令，嫌其甲木透干，不能弃命从杀，只得杀重用印，则忌卯酉逢冲，去甲木之旺地。虽天干有情，家业颇丰，而地支不协，所以妻生八女，妾生八女，竟无子。所谓身衰印作儿，此财星坏印之故也。

印		伤	官
丁	戊	辛	乙
巳	戌	巳	未
比卩食	比印伤	比卩食	印劫官

乙　丙　丁　戊　己　庚

亥　子　丑　寅　卯　辰

戊土生于巳月，柱中火土本旺，辛金露而无根。兼之巳时，丁火独透克辛，局中全无湿气；更嫌年干乙木，助火之烈，所以克两妻，生十二子，刑过十子。现存二子。

食		劫	杀
甲	壬	癸	戊
辰	戌	亥	子
劫杀伤	杀财印	比食	劫

己　戊　丁　丙　乙　甲

巳　辰　卯　寅　丑　子

壬水生于孟冬，喜其无金，食神独透，所以书香小就。甲寅入泮，有十子皆育。其不刑妻者，无财之妙也；秋闱不利者，支无寅卯也。此造如戊土换之以木，青云得路矣。

比		官	劫
辛	辛	丙	庚
卯	亥	戌	寅
才	财伤	印杀比	印官财

壬　辛　庚　己　戊　丁

辰　卯　寅　丑　子　亥

辛金生于戌月，印星当令。又寅拱丙生天干，比劫不能下生亥水；又亥卯拱木，四柱皆成财官，二妻四妾，生三子皆克，生十二女又克其九。还喜秋金有气，家业丰隆。

印		印	印
丁	戊	丁	丁
巳	戌	未	酉
比卩食	比印伤	印劫官	伤

辛　壬　癸　甲　乙　丙

丑　寅　卯　辰　巳　午

土生夏令，重叠印绶，四柱全无水气，燥土不能泄火生金，克三妻五子。至丑运，湿土晦火生金，又会金局，得一子方育。

由此数造观之，食神伤官为子也明矣。凡子息之有无，命中有一定之理，命中子只有五数，水一火二木三金四土五也。当令者倍之，休囚者减半，除加减之外而多者，此秉赋之故也。

　　伤　　　　　　官　　　官
丁　　甲　　辛　　辛

卯　　辰　　卯　　卯
劫　　印才劫　　劫　　劫

乙　丙　丁　戊　己　庚

酉　戌　亥　子　丑　寅

此造春木雄壮，金透无根。喜其丁火透露，伤其辛金，所以己丑戊子运中，不但得子不育，而且财多破耗。丁亥支拱木而干透火，丁财并益，丙戌愈美，生五子，家业增新。由此观之，凡八字之用神即是子星，如用神是火，其子必在木火运得，或木火流年得；如不是木火运年得，必子息命中多木火，或木火日主，否则难招，或不肖，试之屡验。然命内用神，不特妻财子禄，而穷通寿夭，皆在用神一字定之，其可忽诸？

父　母

父母或隆与或替，岁月所关果非细。

原注：子平之法，以财为父，以印为母，以断其吉凶，十有九验，然看岁月为紧。岁气有益于月令者，及岁月不伤夫喜神者，父母必昌。岁月财气斩丧于时干者，先克父；岁月印气斩丧于时支者，先克母。又须活看其局中之大势，不可专论财印，中间有隐露其兴亡之机，而不必在于财印者。与财生印生之神，而损益舒配得所，及阴阳多寡之论，无有不验。

任氏曰：父母者，生身之根本，是以岁月所关，知其兴替之不一，可谓正理不易之法也。原注竟以财印分属父母，又论克父克母之说，茫无把握，仍惑于俗书之谬也。夫父母岂可以克字加之？当更定丧亲、刑妻、克子为至理。如年月官印相生，日时财伤不犯，则上叨荫庇，下受儿荣；年月官印相生，日时刑伤冲犯，则破荡祖业，败坏门风。年官月印，月官年印，祖上清高；日主喜官，时日逢财，日主喜印，时日逢官，必胜祖强宗。日主喜官，时日逢伤；日主喜印，时日逢财，必败祖辱宗。年财月印，日主喜印，时日逢官印者，知其帮父兴家；年伤月印，日主喜印，时日逢官者，知其父母创业。年印月财，日主喜印，时上遇官者，知其父母破败。时日逢印者，知其自创成家。年官月印，日主喜官，时日逢财，出身富贵，守成之造。年伤月劫，年印月劫，日主喜财，时日逢财或伤者，出身寒窘，创业之命。年劫月财，日主喜财，遗绪丰盈；日主喜劫，清高贫寒。年官月伤，日主喜官，时日逢官必跨灶龙，时日遇劫必破败。总之财官印绶，在于年月，为日主之喜，父母不贵亦富；为日主之忌，不贫亦贱，宜详察之。

此造官印透而得禄，财星藏而归库，格局未尝不美。所嫌者，丑时伤官肆逞，官星退气，日主衰弱，全赖乙木生火而卫官。年月官印相生，亦出身官家，至亥运入泮；壬戌水不通根，破耗异常，加捐出任，不守清规；至酉运，财星坏印，竟伏国刑。

戊土生于孟冬，财星临旺，官印双清坐禄。日元临旺逢生，四柱纯粹可观，五行生化有情，喜用皆有精神，所以行运不能破局。身出官家，连登科甲，生五子皆登仕籍，富贵福寿之造也。

比		伤	印
戊	戊	辛	丁
午	子	亥	巳
劫印	财	杀才	比卩食

乙	丙	丁	戊	己	庚
巳	午	未	申	酉	戌

此造柱中三火二土，似乎旺相。不知亥子当权，冲坏印绶，天干火土虚脱。其祖上大富，至父辈破败。兼之初运西方金地，生助旺水，半生颠连不遇。及交丁未，运转南方，接连丙午二十年，大遂经营之愿，发财十余万。

官		财	印
癸	丙	辛	乙
巳	辰	巳	亥
食比才	官食印	食比才	卩杀

乙	丙	丁	戊	己	庚
亥	子	丑	寅	卯	辰

此造支逢两禄乘权，年干印透通根。凡推命者，作旺论用，以财星断其名利收双，然丙火生于孟夏，火气方进，年干印绶，被月干财星所坏，巳亥逢冲，破禄去火，则金水反得生扶，木火失势矣。又坐下辰土，窃去命主元神，时干癸水盖头，巳火亦伤，必作弱推，用以巳火。初运东方木土，出身遗业丰厚；丙子火不通根，官星得地，定多破耗；丑运生金泄火，刑克异常，家业十去八九，夫妇皆亡。

兄　弟

兄弟谁废与谁兴，提用财神看重轻。

原注：败财比肩羊刃，皆兄弟也。要在提纲之神，与财神喜神较其重轻。财官弱，三者显其攘夺之迹，兄弟必强；财官旺，三者出其助主之功，兄弟必美；身与财官两平，而三者伏而不出，兄弟必贵；比肩重而伤官财杀亦旺者，兄弟必富。身弱而三者不显，有印而兄弟必多；身旺而三者又显，无官而兄弟必衰。

任氏曰：比肩为兄，败财为弟，禄刃亦同此论。如杀旺无食，杀重无印，得败财合杀，必得弟力；杀旺食轻，印弱逢财，得比肩敌杀，必得兄力；官轻伤重，比劫生伤，制杀大过；比劫助食，必遭兄弟之累；财轻劫重，印绶制伤，不免司马之忧；财官失势，劫刃肆逞，恐有周公之虑。财生杀党，比劫帮身，大被可以同眠；杀重无印，主衰伤伏，鸰原能无兴叹。杀旺印伏，比肩无气，弟虽敬而兄必衰；官旺印轻，财星得气，兄虽爱而弟无成。日主虽衰，印旺月提，兄弟成群；身旺逢枭，劫重无官，独自主持，财轻劫重，食伤化劫，可无斗粟尺布之谣；财轻遇劫。官星明显，不作煮豆燃萁之咏。枭比重逢，财轻杀伏，未免折翎之悲啼；主衰有印，财星逢劫，反许棠棣之竞秀。不论提纲之喜忌，全凭日主之爱憎，审察宜精，断无不验。

丙火生于春初，谓相火有焰，不作旺论。月干壬水通根，亥子杀旺无制，喜其丁壬寅亥合而化印，以难为恩。时支财星，生官坏印，又得丁火盖头，使其不能克木，所以同胞七人，皆就书香，而且兄爱弟敬。

此造羊刃当权，又逢生旺，更可嫌者，戊癸合而化火，财为众劫所夺，兄弟六人，皆不成器，遭累不堪。余造年月日皆同，换一壬辰时，弱杀不能相制，亦有六弟，得力者早亡，其余皆不肖，以致拖累破家。总之劫刃太旺，财官无气，兄弟反少，纵有，不如无也。然官杀太旺亦伤残，必须身财并旺，官印通根，可敦友爱之情。

何知章

何知其人富？财气通门户。

原注：财旺身强，官星卫财。忌印而财能坏印，喜印而财能生官，伤官重面财神流通，财神重而伤官有限，无财而暗成财局，财露而伤亦露者，此皆财气通门户，所以富也。夫论财与论妻之法，可相通也，然有妻贤而财薄者，亦有财富有妻伤者，看刑冲会合。但财神清而身旺者妻美，财神浊而身旺者家富。

任氏曰：财旺身弱无官者，必要有食伤；身旺财旺无食伤者，必须有官有杀。身旺印旺食伤轻者，财星得局；身旺官衰印绶重者，财星当令；身旺劫旺，无财印而有食伤者，身弱财重；无官印而有比劫者，皆财气通门户也。财即是妻，可以通论也。若清则妻美，浊则家富，其理虽正，尚未深论之也。如身旺有印，官星泄气，四柱不见食伤，得财星生官，无食伤则财星亦浅，主妻美而财薄也；身旺无印，官弱逢伤，得财星化伤生官，则亦通根，官亦得助，不特妻美，而且富厚；身旺官弱，食伤重见，财星不与官通，家虽富而妻必陋也；身旺无官，食伤有气，财星不与劫连，无印而妻财并美，有印则财旺妻伤。此四者宜细究之。

印		才	食
辛	壬	丙	甲
亥	寅	子	申
食比	杀才食	劫	杀比卩

壬	辛	庚	己	戊	丁
午	巳	辰	卯	寅	丑

壬水生于仲冬，羊刃当权，年月木火无根，日支食神冲破，似乎平常。然喜日寅时亥，乃木火生地。寅亥合，则木火之气愈贯；子申会，则食神反得生扶，所谓财气通门户也。富有百余万，凡巨富之命，财星不多，只要生化有情，即是财气通门户。若财临旺地，不宜见官，日主失令，必要比劫助之，斯为美也。

官		财	劫
戊	癸	丙	壬
午	亥	午	申
杀才	伤劫	杀才	官劫印

|壬|辛|庚|己|戊|丁|
|子|亥|戌|酉|申|未|

癸水生于仲夏，又逢午时，财官太旺。喜其日元得地，更妙年干劫坐长生，财星有气，尤羡五行无木，则水不泄而火无助，壬水可用。且运走西北，金水得地，遗绪不丰，自创四五十万，一妻四妾八子。

何知其人贵？官星有理会。

原注：官旺身旺，印绶卫官，忌劫而官能去劫，喜印而官能生印，财神旺而官星通达，官星旺而财神有气，无官而暗成官局，官星藏而财神亦藏者，此皆官星有理会，所以贵也。夫论官与论子之法，可相通也，然有子多而无官者，身显而无子者，亦看刑冲会合。但官星清而身旺者必贵；官星浊而身旺者必多子。至于得象、得气、得局、得格者，妻子富贵两全。

任氏曰：身旺官弱，财能生官；官旺身弱，官能生印；印旺官衰，财能坏印；印衰官旺，财星不现；劫重财轻，官能去劫；财星坏印，官能生印。用官，官藏财亦藏，用印，印露官亦露者，皆官星有理会，所以贵显也。如身旺官旺印亦旺，格局最清，而四柱食伤，一点不混，财星又不出现，官星之情，依乎印，印之情，依乎日主，只生得一个本身，所以有官无子也；纵使稍杂食伤，亦被印星所克，子亦艰难。如身旺官旺印弱，食伤暗藏，不伤官星，不受印星所克，自然贵而有子；必身旺官衰，食伤有气，有印而财能坏印，无才而暗成财局，不贵而子多必富；如身旺官衰，食伤旺而无财，有子必贫；如身弱官旺，食伤旺而无印，贫而无子，或有印逢财，亦同此论。

才		杀	杀
辛	丁	癸	癸
亥	卯	亥	卯
印官	卩	印官	卩

|丁|戊|己|庚|辛|壬|
|巳|午|未|申|酉|戌|

159

此造官杀乘权，原可畏也，然喜支拱印局，巧借栽培，流通水势，官星有理会也。第嫌初运庚申辛酉，生杀坏印，偃蹇功名；己未支全印局，干透食神，云程直上，仕至尚书。然有其命，必得其运，如不得其运，一介寒儒矣。

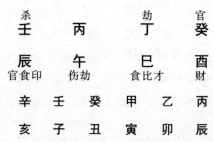

杀	劫		官
壬	丙	丁	癸
辰	午	巳	酉
官食印	伤劫	食比才	财

辛	壬	癸	甲	乙	丙
亥	子	丑	寅	卯	辰

丙火生于孟夏，坐禄临旺，喜其巳酉拱金，财生官，官制劫，更妙时透壬水，助起官星，以成既济。三旬外运走北方水地，登科发甲，名利双辉。勿以官杀混杂为嫌也，身旺者，必要官杀混杂而发也。

枭		官	财
巳	辛	丙	甲
丑	酉	寅	午
ㄗ比食	比	印官财	印杀

壬	辛	庚	己	戊	丁
申	未	午	巳	辰	卯

此造财临旺地，官遇长生，日主坐禄，印绶通根，天干四字，地支皆临禄旺，五行无水，清而纯粹。春金虽弱，喜其时印通根得用，庚运帮身。癸酉年登科；午运杀旺，病晦刑丧；辛运己卯年发甲入词林；后运金水帮身，仕路未可限量也。

才		劫	财
甲	庚	辛	乙
申	辰	巳	巳
ㄗ食比	伤ㄗ财	ㄗ杀比	ㄗ杀比

乙	丙	丁	戊	己	庚
亥	子	丑	寅	卯	辰

庚金生于立夏前五日，土当令，火未司权，庚金之生坐实，且辰支申时，生扶并旺，身强杀浅。嫌其财露无根逢劫，所以出身贫寒；一交丁

运，官星元神发露，戊寅己卯两年，财星得地，喜用齐来，科甲联登，又入词林。书云，"以杀化权，定显寒门贵客"，此之谓也。

何知其人贫？财神反不真。

原注：财神不真者，不但泄气被劫也，伤轻财重气浅，财轻官重财气泄，伤重印轻身弱，财重却轻身弱，皆为财神不真也。中有一味清气，则不贱。

任氏曰：财神不真者有九，如财重而食伤多者，一不真也；财轻喜食伤而印旺者，二不真也；财轻劫重，食伤不现，三不真也；财多喜劫，官星制劫，四不真也；喜印而财星坏印，五不真也；忌印而财星生官，六不真也；喜财而财合闲神而化者，七不真也；忌财而财合闲神化财者，八不真也；官杀旺而喜印，财星得局者，九不真也。此九者，财神不真之正理也。然贫者多而富者少，故贫有几等之贫，富有几等之富，不可概定。有贫而贵者，有贫而正者，有贫而贱者，宜分辨之。如财轻官衰，逢食伤而见印绶者，或喜印，财星坏印，得官星解者，此贵而贫也；官杀旺而身弱，财星生助官杀，有印则一衿易得，无印则老于儒冠，此清贫之格，所为皆正也。财多而心志必欲贪之，官旺而心事必欲求之，非合而合，不从而从，合之不化，从之不真，此等之命，见富贵而生谄容，遇财利而忘恩义，谓贫而贱也，即侥幸致富，亦不足贵也。凡败业破家之命，初看似乎佳美，非财官双美，即干支双清，非杀印相生，即财临旺地，不知财官虽可养命荣身，必先要日主旺相，方能任其财官，若太过不及，皆为不真，能散能耗则有之，终不能致富贵也。此等格局最多，难以枚举，宜细究之。

伤		比	才
辛	戊	戊	壬
酉	戌	申	子
伤	比印伤	比才食	财

甲	癸	壬	辛	庚	己
寅	丑	子	亥	戌	酉

戊土生于孟秋，支类西方，秀气流行，格局本佳，出身大富。所嫌者，年干壬水通根会局，则财星反不真矣。兼之运走西北金水之地，所以轻财重义，耗散异常，惟戌运入泮得子。辛亥壬子贫乏不堪。

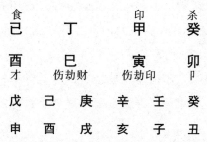

	食		印	杀
	己	丁	甲	癸
	酉	巳	寅	卯
	才	伤劫财	伤劫印	卩

戊	己	庚	辛	壬	癸
申	酉	戌	亥	子	丑

此造财藏杀露，杀印相生，又联珠相生，似乎贵格。所以祖业二十余万；不知年干之杀无根，其菁华尽被印绶窃去，不用癸水明矣，必用酉金之财，盖头覆之以土，似乎有情，但木旺土虚，相火逢生，则巳酉不会，财不真矣。一交壬子，泄金生木，一败如灰；至亥运，印遇长生，竟遭饿死。

	才		杀	才
	庚	丙	壬	庚
	寅	寅	午	午
	食比印	食比印	伤劫	伤劫

戊	丁	丙	乙	甲	癸
子	亥	戌	酉	申	未

此夏火逢金，财滋弱杀，两支不杂，杀刃神清，定然名利双辉。不知地支木火，不载金水，杯水车薪，不但不能制火，反泄财星之气，夏月庚金败绝，财之不真可知矣。早运癸未、甲申、乙酉土金之地，丰衣足食；一交丙戌，支全火局，刑妻克子，破耗异常，数万家业，尽付东流；丁亥合壬寅而化木，孤苦不堪而死。

	食		财	财
	壬	庚	乙	乙
	午	寅	酉	卯
	印官	卩杀才	劫	财

己	庚	辛	壬	癸	甲
卯	辰	巳	午	未	申

秋金乘令，财官并旺，食神吐秀，大象观之，富贵之命。第财星太重，官星拱局，日主反弱，不任其财官，全赖劫刃扶身，被卯冲午克，时干壬水，不能克火，反泄日元之气，则财星不真矣。初运甲申禄旺，早年

入泮，其后运走南方，贫乏不堪。

印　　　　　　　　　　財　　　　Ｐ
庚　　　癸　　　丙　　　辛

申　　　巳　　　申　　　丑
官劫印　官財印　官劫印　杀Ｐ比

庚　辛　壬　癸　甲　乙
寅　卯　辰　巳　午　未

此財星坐禄，一杀独清，似乎佳美。所嫌者，印星太重，丑土生金泄火，丙辛合而化水，以財为劫，申又合巳，则財更不真。初运乙未甲午，木火并旺，祖业颇丰；一交癸巳，皆从申合，一败如灰，竟为乞丐。

Ｐ　　　　　　　　　　Ｐ　　　　財
乙　　　丁　　　乙　　　庚

巳　　　丑　　　酉　　　辰
伤劫財　食才杀　　才　　杀伤Ｐ

辛　庚　己　戊　丁　丙
卯　寅　丑　子　亥　戌

丁火日元，时逢旺地，两印生身。火炎金叠，似乎富格。不知月干乙木，从庚而化，支会金局，四柱皆財，反不真矣。祖业亦丰，初运丙戌丁亥，比劫帮身，財喜如心；戊子已丑，生金晦火，財散人离，竟冻饿而死。

　何知其人贱？官星还不见。

原注：官星不见者，不但失令被伤也。身轻官重，官轻印重，財重无官，官重无印者，皆是官星不见也。中有一味浊財，则不贫。至于用神无力而忌神太过，敌而不受降，助旺欺弱，主从失宜，岁运不辅者，既贫且贱。

任氏曰：此段原注太略，然富贵之中，未尝无贱，贫贱之中，未尝无贵，所以贱之一字，不易知也。如身弱官旺，不用印绶化之，反以伤官强制；如身弱印轻，不以官星生印，反以財星坏印；如財重身轻，不以比劫帮身，反忌比劫夺財。合此格者，忘却圣贤明训，不思祖父积德，以致灾生不测，殃及子孙。如身弱印轻，官旺无財，或身旺官弱，財星不现。合此格者，处贫困不改其节，遇富贵不易其志，非礼不行，非义不取。故知贪財帛而恋金谷者，竟遭一时之显戮；乐箪瓢而甘敝缊者，终受千载之令名。是以有三等官星不见之理，如官轻印重而身旺，或官重印轻而身弱，或官印两平而日主休囚者，此上等官星不见也。如官轻劫重无财，或官杀重无印，或财轻劫重官伏者，此中等官星不见也。如官旺喜印，财星坏印；或官杀重无印，食伤强制；或官多忌财，财星得局；或喜官星，而官星合他神化伤者；或忌官星，他神合官星又化官者，此下等官星不见也。细究之，不但贵贱分明，而贤不肖亦了然矣。

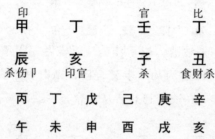

丁火生于仲冬，干透壬水，支全亥、子、丑北方，官星旺格；辰乃湿土，不能制水，反能晦火，日主虚弱，甲木凋枯，自顾不暇，且湿木不能生无焰之火，谓清枯之象，官星反不真也。喜其无金，气势纯清，其为人学问真醇，处世无苟，训蒙度日，苦守清贫，上等官星不见也。

杀　　　　才　　　比
壬　丙　庚　丙
辰　午　寅　辰
官食印　伤劫　食比卩　官财印
丙　乙　甲　癸　壬　辛
申　未　午　巳　辰　卯

此造财绝无根，官又无气，兼之运走东南之地，幼年丧父，依母转嫁他姓。数年母死，牧牛度日，少长则卖力佣工，后双目失明，不能佣作，求乞自活。

食　　　　财　　　杀
癸　辛　甲　丁
巳　亥　辰　卯
印官劫　财伤　食印才　才
戊　己　庚　辛　壬　癸
戌　亥　子　丑　寅　卯

此春金逢火，理宜用印化杀，财星坏印，癸水克丁，亥水冲巳，似乎制杀有情。不知春水休囚，木火并旺，不但不能克火，反去生木泄金；财官本可荣身，而日主不能胜任，虽心志必欲求之。亦何益哉？出身本属微贱，初习梨园，后因失音随官，人极伶俐，且极会趋逢，随任数年，发财背主，竟捐纳从九出仕，作威作福，无所不为；后因犯事革职，依然落魄。

何知其人吉？喜神为辅弼。

原注：柱中所喜之神，左右终始，皆得其力者必吉。然大势平顺，内体坚厚，主从得宜，纵有一二忌神，适来攻击，亦不为凶。譬之国内安和，不愁外寇。

任氏曰：喜神者，辅用助主之神也。凡八字先要有喜神，则用神有势，一生有吉无凶，故喜神乃吉神也。若柱中有用神而无喜神，岁运不逢忌神无害，一遇忌神必凶。如戊土生于寅月，以寅中甲木为用神，忌神必是庚辛申酉之金，日主元神厚者，以壬癸亥子为喜神，则金见水而贪生，不来克木矣；日主元神薄者，以丙丁巳午为喜神，则金见水而畏，亦不来克木矣。如身弱以寅中丙火为用神，喜天干透出，以水为忌神，以比劫为喜神，所以用官用印有别。用官者，身旺可以财为喜神，用印身弱有劫，而后用官为喜神，使其劫去财星，则印绶不伤，官星无助之意也。如原局有用神，无喜神，而用神得时秉令，气象雄壮，大势坚固，四柱安和，用神紧贴，不争不妒者，即遇忌神，亦不为凶。如原局无喜神，有忌神，或暗伏或出现，或与用神紧贴，或争或妒，或用神不当令，或岁运引出忌神，助起忌神，譬之国家有奸臣，私通外寇，两来夹攻，其凶立见。论土如此，余皆例推。

劫		卩	杀
己	戊	丙	甲
未	寅	寅	子
印劫官	比卩杀	比卩杀	财

甲	癸	壬	辛	庚	己	戊	丁
戌	酉	申	未	午	巳	辰	卯

春初土虚，杀旺逢财，以丙火为用，喜其财印相隔，生生不悖；更妙未时帮身为喜，四柱纯粹，主从得宜。所以早登甲第，一生有吉无凶，仕至观察，后退归优游林下，生六子皆登科第，夫妇齐眉，寿越八旬。

卩		印	杀
戊	庚	己	丙
寅	辰	亥	申
卩杀财	伤卩财	财食	卩食比

丁　丙　乙　甲　癸　壬　辛　庚

未　午　巳　辰　卯　寅　丑　子

此寒金喜火，得时支寅木之生，则火有焰，然用财杀，必先身旺。妙在年支坐禄，三印贴生更妙，亥水当权，申金含生忘冲。无火则土冻金寒，无木则水旺火虚，以火为用，以木为喜，木火两字，缺一不可。所以生平无凶无险，登科发甲，宦海无波，后裔济美，寿至八旬之外。

何知其人凶？忌神辗转攻。

原注：财官无气，用神无力，不过无所发达而已，亦无刑凶也。至于忌神太多，或刑或冲，岁运助之。辗转攻击，局内无备御之神，又无主从，不免刑伤破败，犯罪受难，到老不吉。

任氏曰：忌神者，损害体用之神也。故八字先要有喜神，则忌神无势。以忌神为病，以喜神为药，有病有药，则吉，有病无药，则凶。一生吉少凶多者，皆忌神得势之故耳。如寅月生人，不用甲木而用戊土，则甲木为当令之忌神，看日主之意向，或喜火以化之，或用金以制之，安顿得好，又逢岁运扶喜抑忌，亦可转凶为吉；岁运又不来扶喜抑忌，又不与忌神结党者，不过终身碌碌，无所发达而已；若无火之化、金之制，又遇水之生，岁运又党助忌神，伤我喜神，辗转相攻，凶祸多端，到老不吉。论木如此，余可例推。

卩		食	印
甲	丙	戊	乙
午	子	寅	亥
伤劫	官	食比卩	卩杀

壬　癸　甲　乙　丙　丁

申　酉　戌　亥　子　丑

丙火生于寅月，印星当令，时逢刃旺，甲乙并旺透，四柱无金；寅亥化木，子水冲破，官星无用，必以月干戊土为用。忌神即是甲木，亥子之水，反生旺木，所谓忌神辗转攻也。初交丁丑，生助用神，祖业十余万，其乐自如；一交丙子，火不通根，父母双亡，连遭回禄；乙亥水木并旺，又遭回禄，克三妻四子，赴水而亡。

伤　　　　才　　　财
己　丙　庚　辛

丑　辰　寅　巳
伤财官　官食印　食比卩　食比才

甲　乙　丙　丁　戊　己
申　酉　戌　亥　子　丑

丙火生寅，木嫩火相，未为旺也。生丑时，窃去命主元神，以寅木为用。所嫌庚金当头之忌，木嫩逢金，火虚见泄。初交己丑戊子，生金泄火，幼丧父母，孤苦不堪；丁亥丙戌，火在西北，不能去尽忌神，所以历尽风霜，稍成家业；一交乙酉，干支皆化忌神，刑妻克子，遭水厄而亡。

何知其人寿？性定元神厚

原注：静者寿，柱中无冲无合，无缺无贪，则性定矣。元神厚者，不特精气神气皆全之谓也，官星不绝，财神不灭，伤官有气，身弱印旺，提纲辅主，用神有力，时上生根，运无绝地，皆是元神厚处。细究之，大率甲乙寅卯之气，不遇冲战泄伤、偏旺浮泛，而安顿得所者必寿。木属仁，仁者寿，每每有验，故敢施之于笔。若贫贱之人而亦寿者，以其禀得一个身旺，或身弱而运行生地，小小与他食禄不缺故耳。

任氏曰：仁、静、宽、德、厚，此五者，皆寿征也。四柱得地，五行停匀，所合者皆闲神，所化者皆用神，冲去者皆忌神，留存者皆喜神，无缺无陷，不偏不枯，则性定矣。性定不生贪恋之私，不作苟且之事，为人宽厚和平，仁德兼资，未有不富贵福寿者也。元神厚者，官弱逢财，财轻遇食，身旺而食伤发秀，身弱而印绶当权，所喜者皆提纲之神，所忌者皆失令之物，提纲与时支有情，行运与喜用不悖，是皆元神厚处，宜细究之。清而纯粹者，必富贵而寿；浊而混杂者，必贫贱而寿。

食　　　　印　　　官
丙　甲　癸　辛

寅　子　巳　丑
才食比　印　财食杀　财官印

乙　丙　丁　戊　己　庚　辛　壬

酉　戌　亥　子　丑　寅　卯　辰

此从巳火起源头，生丑土，丑土生辛金，辛生癸，癸生甲，甲生丙火；甲禄居寅，癸禄居子，丙禄居巳，官坐财地，财逢食生。五行元神皆厚，四柱通根生旺，左右上下有情，为人刚柔相济。仁德兼资，贵至三品，富有百万，子十三人，寿至百岁，无疾而终。

食		印	伤
戊	**丙**	**乙**	**己**
子	寅	亥	酉
官	食比卩	卩杀	财

丁　戊　己　庚　辛　壬　癸　甲

卯　辰　巳　午　未　申　酉　戌

此以酉金为源头，生亥水，亥水合寅而生丙，丙火生戊土，元神皆厚。乡榜出身，仕至观察，为人宽厚端方，九子二十四孙，富有百余万，寿至百二十岁，无疾而终。

比		印	官
壬	**壬**	**辛**	**己**
寅	寅	未	酉
杀财食	杀财食	财官伤	印

癸　甲　乙　丙　丁　戊　己　庚

亥　子　丑　寅　卯　辰　巳　午

此以未土为源头，生辛金，辛金生壬水，壬水生寅木，四柱生化有情，元神厚而纯粹。所喜者，火喜其包藏不露。早登科甲，仕至三品；为人品行端方，谦和仁厚；八子十九孙，寿至九旬有六。

杀		比	官
丙	**庚**	**庚**	**丁**
子	辰	戌	未
伤	伤卩财	卩官劫	官印财

甲　乙　丙　丁　戊　己

辰　巳　午　未　申　酉

此以丁火为源头，生土，土生金，两藏财库，身旺用官。中年行运不背，所以早登乡榜，名利双辉。为人有刚明决断之本，无刻薄欺瞒之意。惜乎无木，火之元神不足，孙枝虽旺，子息未免多损之忧。

官		财	食
庚	乙	戊	乙
辰	卯	寅	未
卩财比	比	财伤劫	食财比

庚辛壬癸甲乙丙丁
午未申酉戌亥子丑

此支类东方，正曲直仁寿格，大势观之，财官有气，名利裕如。第五行火不出现，财之元神虚脱，寅卯东方木旺，官星之根亦薄。所以一生操劳剥削，资囊未满先倾，且平生仗义疏财；为人无骄谄，存古道，苦守清贫；生四子皆得力，寿至九十四岁。

食		杀	财
庚	戊	甲	癸
申	戌	寅	丑
比财食	比印伤	比卩杀	劫伤财

戊己庚辛壬癸
申酉戌亥子丑

戊戌日，逢庚申时，食神有力，杀旺无印，足以强制。生八九子，有三四子贵显而授一品之诰封者，土金有情之妙也。其为人贪恶两备者，不能化杀之故也，淫靡无礼者，火不现，水得地之故也。盖寅申冲，则丙火必坏，丑戌刑则丁火亦伤，兼之癸水透，则日主之心志必欲合，而求之不顾；寅戌支藏之火，暗中克尽，夫火司礼，为人岂可无礼？无礼则无所不为矣！设使年干癸水，换于丁火，未有不仁德者也。其富贵福寿，皆申时之力，亦祖德宗功所致也。后生落头疽而亡，由己积恶多端，而天诛之矣。

劫		伤	劫
戊	己	庚	戊
辰	卯	申	辰
财劫杀	杀	劫财伤	财劫伤

丙乙甲癸壬辛
寅丑子亥戌酉

此土金伤官，辰中癸水，正财归库，申中壬水，正财逢生，劫虽旺，而不能夺；且土气尽归于金，伤官化劫，暗处生财，兼之独杀为权，故为人权谋异众，地支皆阴湿之气，作事诡谲多端，一生所重者财，而少仁义。至四旬无子，娶两妾又无子。寿至九旬外，惜财如命，卒后家业四十余万，分夺而尽。细究之，皆因财星过于藏蓄，不得流行之故也。财不流行，秋金逢土而愈坚，生意遂绝耳，大凡财厚无子者，皆类此格。故无子之人，其性情必多鄙吝，不知财散则民聚，倘使富人无子能轻其财于亲族之中，分多润寡，何患无子哉？即如此造，金气太坚，水不露头，未得生生之妙，能散其财，则金自流行，子必招矣。然散亦有功过，散财于僧道，有过无功；散财于亲族，有功无过。修德获报，人事原可挽回；作善降祥，天心讵难感召。寿本五福之首，寿而无子，终于无益。与其富寿而无子，不若贫寿而有子也。

何知其人夭？气浊神枯了。

原注：气浊神枯之命，极易看。印绶太旺，日主无着落；财杀太旺，日主无依倚。忌神与喜神杂而战，四柱与用神反而绝，冲而不和，旺而无制，湿而滞，燥而郁，精流气泄，月悖时脱，此皆无寿之人也。

任氏曰：气浊神枯之命，易中之难看者，"气浊神枯"四字，可分言之。浊字作一弱字论，气浊者，日主失令，用神浅薄，忌神深重，提纲与时支不照，年支与日支不和，喜冲而不冲，忌合而反合，行运与喜用无情，反与忌神结党，虽不寿而有子。神枯者，身弱而印绶太重，身旺而克泄全无，然重用印，而财星坏印，身弱无印，而重叠食伤，或金寒水冷而土湿，或火炎土燥而木枯者，皆夭而无子也。

辛(财)	丙	乙(印)	乙(印)
卯(印)	辰(官食印)	酉(财)	丑(伤财官)

己	庚	辛	壬	癸	甲
卯	辰	巳	午	未	申

此造三印扶身，辰酉合而不冲，四柱无水，似乎中格。第支皆湿土，晦火生金，辰乃木之余气，与酉合财，木不能托根，与酉化金，则木反被其损。天干两乙，地支不载，凋可知矣。由此推之，日元虚弱，至午运，

破酉卫卯，得一子；辛巳全会金局坏印，则元气大伤，会财则财极必反，夫妇双亡。

印		印	
戊	辛	戊	己
戌	亥	辰	丑
印杀比	财伤	食印才	卩比食

壬	癸	甲	乙	丙	丁
戌	亥	子	丑	寅	卯

此重重厚土，埋藏脆嫩之金，五行无木，未得疏扬之利。一点亥水克绝，支藏甲乙，无从引助。然春土气虚，藏财可用，初运东方木地，庇荫有余；寅运得一子。乙丑运，土又通根而夭。

卩		卩	卩
壬	甲	壬	壬
申	寅	寅	寅
财卩杀	财食比	财食比	财食比

戊	丁	丙	乙	甲	癸
申	未	午	巳	辰	卯

春木重逢禄，支得申时，似乎时杀留清，不知木旺金缺，必要有火为佳。天干三壬，寅中丙火受克，神枯可知。至丙运，逢三壬回克，家业败尽，夭而无子。凡水木并旺无土者，最忌火运，即不伤身，刑耗异常。若俗论必用申金，丙火克金之故也。如丙火克金为害，则前之乙巳运，紧克申金，而且三刑，何反美乎？

比		卩	卩
癸	癸	辛	辛
丑	酉	丑	丑
杀卩比	卩	杀卩比	杀卩比

乙	丙	丁	戊	己	庚
未	申	酉	戌	亥	子

此重重湿土，叠叠寒金，癸水浊而且冻，所谓阴之甚，寒之至者也。毫无生发，气浊神枯，故其人愚昧不堪，一事无成。至戊戌运，生金克水而夭。以俗论之，两干不杂，金水双清，地支三朋，杀印相生之美，定为

贵格。前则春木带嫩金，斩削成大器，皆作名利两全之格也，不知夭命，皆类此格，学者宜深究之。

女命章

论夫论子要安祥，气静平和妇道章。三奇二德虚好语，咸池驿马半推详。

原注：局中官星明顺，夫贵而吉，理自然矣。若官星太旺，以伤官为夫；官星太微，以财为夫；比肩旺而无官，以伤官为夫；伤官旺而无财官，以印为夫。满局官星欺日主者，喜印绶而夫不克身也；满局印绶泄官星之气者，喜财而身不克夫也。大体与男命论子论贵之理相似。局中伤官清显，子贵而亲，不必言也。若伤官太旺，以印为子；伤官太微，以比肩为子，印绶旺而无伤官者，以财为子也；财神旺而泄食伤者，以比肩为子也。不必专执官星而论夫，专执伤食而论子。但以安祥顺静为贵，二德三奇不必论，咸池驿马纵有验，总之于理不长。其中究论，不可不详。

任氏曰：女命者，先观夫星之盛衰，则知其贵贱也。次察格局之清浊，则知其贤愚也。淫邪嫉妒，不离四柱之情；贞静端庄，总在五行之理。是以审察宜精，贞妇不遭谬妄；详究宜确，淫秽难逃正论。二德三奇，乃好事之妄造；咸池驿马，是后人之谬言。不孝翁姑，只为财轻劫重；不敬丈夫，皆因官弱身强。官星明显，夫主峥嵘；气静和平，妇道柔顺。若乃官星太旺，无比劫以印为夫；有比劫而无印绶者，以伤食为夫；官星太弱，有伤官，以财为夫，无财星而比劫旺者，亦以伤食为夫；满盘比劫而无印无官者，又以伤食为夫；满局印绶而无官无伤者，以财为夫；伤官旺，日主衰，以印为夫；日主旺，食伤多，以财为夫；官星轻。印绶重，亦以财为夫。

财乃夫之恩星，女命身旺无官，财星得令得局者，上格也。若论刑伤，又有生克之理存焉。官星微，无财星，日主强，伤官重，必克夫；官星微，无财星，比劫旺，必欺夫；官星微，无财星，日主旺，印绶重，必欺夫克夫；官星弱，印绶多，无财星，必克夫；比劫旺而无官，印旺无财，必克夫；官星旺，印绶轻，必克夫；比劫旺，无官星，有伤官，印绶重，必克夫；食神多，官星微，有印绶，遇财星，必克夫。

凡女命之夫星，即是用神，女命之子星，即是喜神，不可专论官星为夫、伤食为子。日主旺，伤官旺，无印绶，有财星，子多而贵；日主旺，伤官旺，无财印，子多而强；日主旺，伤官轻，有印绶，财得局，子多而富；日主旺，无食伤，官得局，子多而贤；日主旺，无食伤，有财星，无官杀，子多而能。日主弱，食伤重，有印绶，无财星，必有子；日主弱，食伤轻，无财星，必有子；日主弱，财星轻，官印旺，必有子；日主弱，官星旺，无财星，有印绶，必有子；日主弱，无官星，有伤劫，必有子；日主旺，有印绶，无财星，子必少；日主旺，比肩多，无官星，有印绶，子必少；日主旺，印绶重，无财星，必无子；日主弱，伤官重，印绶轻，必无子；日主弱，财星重，逢印绶，必无子；日主弱，官杀旺，必无子；日主弱，食伤旺，无印绶，必无子。

火炎土燥无子，土金湿滞无子，水泛木浮无子，金寒水冷无子，重叠印绶无子，财官太旺无子，满局食伤无子。以上无子者，有子必克夫，不克夫亦夭。

至于淫邪之说，亦究四柱之神。日主旺，官星微，无财星，日主足以敌之者；日主旺，官星微，伤食重，无财星，日主足以欺之者；日主旺，官星弱，日主之气，生助他神而去之者；日主旺，官星弱，官星之气，合日主而化者；日主旺，官星弱，官星之气，依日主之势者；日主弱，无财星，有食伤，逢印绶，日主自专其主者；日主旺，无财星，官星轻，食伤重，官星无依倚者；日主旺，官无根，日主不顾官星，合财星而去者；日主弱，伤食重，印绶轻者；日主弱，食伤重，无印绶，有财星者；食伤当令，财官失势者；官无财滋，比劫生食伤者；满局伤官无财者；满局官星无印者；满局比劫无食伤者；满局印绶无财者，皆淫贱之命也。总之，伤官不宜重，重必轻佻美貌而多淫也；伤官身弱有印，身旺有财者，必聪明美貌而贞洁也。凡观女命，关系匪小，不可轻断淫邪，以渎神怒。然亦不可一例言命，或由祖宗遗孽。或由家门气数，或由丈夫不肖，或由母姑不良，幼失闺训；或由气习不善，无谨饬闺门，任其恣性越礼，入寺烧香，游玩看戏听词，男女混杂，初则阶下敷陈，久则内堂演说，始而或言贤孝节义之故事，继而渐及淫邪苟合之秽词，保无触念动心乎？所以居家第一件事，在严肃闺门。闺帏之内，不出戏言，则刑于之化行矣；房帏之中，不闻戏笑之声，则相敬之风著矣。主家者不可不慎之。

<table>
<tr><td>财</td><td></td><td>食</td><td>杀</td></tr>
<tr><td>丁</td><td>壬</td><td>甲</td><td>戊</td></tr>
<tr><td>未</td><td>寅</td><td>寅</td><td>申</td></tr>
<tr><td>财官</td><td>杀才食</td><td>杀财食</td><td>杀比卩</td></tr>
</table>

丙　丁　戊　己　庚　辛　壬　癸
午　未　申　酉　戌　亥　子　丑

　　壬水生于孟春，土虚木盛。制杀太过。寅申逢冲，本是克木，不知木旺金缺。金反被伤，则戊土无根依抚，而日主之壬水，可任性而行，见其财星有势，自然从财而去，以致伤夫败业，弃子从人也。

<table>
<tr><td>伤</td><td></td><td>劫</td><td>伤</td></tr>
<tr><td>丁</td><td>甲</td><td>乙</td><td>丁</td></tr>
<tr><td>卯</td><td>午</td><td>巳</td><td>未</td></tr>
<tr><td>劫</td><td>财伤</td><td>财食杀</td><td>伤财劫</td></tr>
</table>

癸　壬　辛　庚　己　戊　丁　丙
丑　子　亥　戌　酉　申　未　午

　　甲午日元，生于巳月，支类南方，干透两丁。火势猛烈，泄气太过，局中无水，只可用劫。初运又走火地，是以早刑夫主。人极聪明美貌，而轻佻异常，不能守节。至戊申运，与木火争战，不堪言矣。

<table>
<tr><td>食</td><td></td><td>伤</td><td>食</td></tr>
<tr><td>戊</td><td>丙</td><td>己</td><td>戊</td></tr>
<tr><td>戌</td><td>辰</td><td>未</td><td>戌</td></tr>
<tr><td>食劫财</td><td>官食印</td><td>劫伤印</td><td>食劫财</td></tr>
</table>

辛　壬　癸　甲　乙　丙　丁　戊
亥　子　丑　寅　卯　辰　巳　午

　　满局伤官，五行无木，印星不现，格成顺局，故其人聪明美貌。第四柱无金，土过燥厚，辛金夫星投墓于戌，是以淫乱不堪。夫遭凶死，又随人走，不二三年又克，至乙卯运，犯土之旺，自缢而死。

<table>
<tr><td>卩</td><td></td><td>官</td><td>比</td></tr>
<tr><td>丙</td><td>戊</td><td>乙</td><td>戊</td></tr>
<tr><td>辰</td><td>戌</td><td>丑</td><td>午</td></tr>
<tr><td>财比官</td><td>比印伤</td><td>劫伤财</td><td>劫印</td></tr>
</table>

丁 戊 己 庚 辛 壬 癸 甲

巳 午 未 申 酉 戌 亥 子

戊土生于丑月，土王用事，木正凋枯。且丑乃金库，辛金伏藏，不能托根；更兼辰戌冲去藏官，又逢印绶生身，日主足以欺官，置夫主于度外，且中运西方金地，淫贱不堪。

财		劫	食
庚	**丁**	**丙**	**己**
戌	**亥**	**寅**	**亥**
伤比财	印官	伤劫印	印官

甲 癸 壬 辛 庚 己 癸 丁

戌 酉 申 未 午 巳 辰 卯

丁火生于寅月，木正当权，火逢相旺，必以亥水官星为夫明矣。年支亥水合寅化木，而日支亥水，必要生扶为是。时干庚金隔绝，无生扶之意，又逢戌土紧克之，则日主之情，必向庚金矣。所以淫贱之至也。

官		伤	官
丁	**庚**	**癸**	**丁**
亥	**子**	**丑**	**未**
财食	伤	印劫伤	官印财

辛 庚 己 戊 丁 丙 乙 甲

酉 申 未 午 巳 辰 卯 寅

寒金喜火，嫌其支全亥子丑。北方水旺，又月干癸克丁丑，未冲去丁火余气，五行无木，未得生化之情。时干之丁，虚脱无根，焉能管伏庚金？而日主之情，不顾丁火可知，所以水性杨花也。

财		伤	官
乙	**庚**	**癸**	**丁**
酉	**子**	**丑**	**丑**
劫	伤	印劫伤	印劫伤

辛 庚 己 戊 丁 丙 乙 甲

酉 申 未 午 巳 辰 卯 寅

庚金生于季冬，不但寒金喜火，而且时逢阳刃，印绶当权，足以用火敌寒。月干癸水，通根禄支，克绝丁火，其意足以欺官。时逢乙木，喜而合之，其情必向财矣。所以背夫而去，淫秽不堪也。

官		伤	杀
丙	辛	壬	丁
申	巳	子	丑
印伤劫	印官劫	食	卩比食

庚　己　戊　丁　丙　乙　甲　癸

申　未　午　巳　辰　卯　寅　丑

壬水合去丁火之杀，丙火官星得禄于日支，似乎佳美，所以出身旧家，因其貌美而菁媚，群以赛杨妃称之。四五岁时，眉目秀丽，及十三四益娇冶，成为画中人。年十八，归士人妻，士素醇谨好学，惑而昵爱之，逾年而学废，竟以痨瘵而死。从此淫秽不堪，后身败名裂。无所依托，自缢而死。此造因多合之故耳。夫十干之合，惟丙辛合，以官化伤官，谓贪合忘官，且巳申合亦化伤官，丁壬合则暗化财星，其意中将丙火置之度外明矣。其情必向丁壬一边，况乎干支皆合，无往不是意中人也？

官		官	官
戊	癸	戊	戊
午	酉	午	子
杀财	卩	杀财	比

庚　辛　壬　癸　甲　乙　丙　丁

戌　亥　子　丑　寅　卯　辰　巳

癸水生于午月，财官并旺，坐下印绶，年支坐禄，未尝不中和。天干三透戊土，争合癸水，则日主之情，竟无定见；地支两午坏酉，而财官之势，不分强弱，日主之情，自然依财势而去。只有年干正夫无财势。其力量不敌月时两干之官，故将正夫置之不顾矣。运至乙卯，木生火旺，月时两土，仍得生扶，年干之土无化而受克，所以夫得疾而死，后淫秽异常。尤物祸人，信哉！

伤		杀	比
丙	乙	辛	乙
戌	亥	巳	未
财食杀	劫印	财伤官	食财比

己　戊　丁　丙　乙　甲　癸　壬

丑　子　亥　戌　酉　申　未　午

年月日六字观之，乙木生于巳月，伤官当令，最喜坐下亥印，冲巳制伤。不特日主喜其滋扶，抑且辛金得其卫养，正所谓伤官用印，独杀留清，不但貌美，而且才高，书画皆精。所嫌戌时紧克亥水，暴阳一透，辛金受伤，既不利于夫子之宫，兼损坏乎生平之性矣。

食		官	财
乙	癸	戊	丁
卯	丑	申	巳
食	杀卩比	官劫印	官财印

丙 乙 甲 癸 壬 辛 庚 己

辰 卯 寅 丑 子 亥 戌 酉

此造官星食神坐禄。印绶当令逢生，财生官旺，不伤印绶，印绶当令，足以扶身，食神得地，一气相生，五行停匀，安详纯粹。夫荣子贵，受两代一品之封。

食		印	财
丙	甲	癸	己
寅	辰	酉	亥
财食比	印财劫	官	比卩

辛 庚 己 戊 丁 丙 乙 甲

巳 辰 卯 寅 丑 子 亥 戌

八月官星财星助金，生于寅时，年时两支逢生得禄，火水干透，无相克之势，有生化之情。财星得地，四柱通根，五行不悖，气静和平，纯粹生化有情。夫荣子贵，受一品之封。

印		官	财
甲	癸	戊	辛
辰	丑	申	酉
杀伤卩	杀卩比	官劫印	财

庚 己 戊 丁 丙 乙 甲 癸

子 亥 戌 酉 申 未 午 巳

伤官虽旺，合酉化金，则官星之元神愈厚矣。巳火拱金，辰土引之，则财之元神更固矣。时透印绶，助日主之光辉，制辰土之伤官，所谓木不枯，火不烈，水不涸，土不燥，金不脆，气静和平之象。夫荣子贵，受一品封。

食		劫	官
甲	壬	癸	己
辰	辰	酉	巳
劫杀伤	劫杀伤	印	杀财卩

辛 庚 己 戊 丁 丙 乙 甲
巳 辰 卯 寅 丑 子 亥 戌

秋水通源，印星秉令，官杀虽旺，制化合宜。更妙时透甲木，制杀吐秀，一派纯粹之气，所以人品端庄，精于诗书。喜运途无火。官不助，印不伤，夫星贵显，子嗣秀美，诰封二品之荣。

卩		印	官
癸	乙	壬	庚
未	亥	午	辰
财食比	劫印	财食	卩财比

甲 乙 丙 丁 戊 己 庚 辛
戌 亥 子 丑 寅 卯 辰 巳

木生午月，火势猛而金柔脆之时，喜壬癸通根制火，辰土泄火生金，则火土不烈燥，水木不枯涸，接续相生，清而纯粹。为女中才子，生三子，夫任京官，家道清寒。在家教子读书，二子登科，一子发甲，夫官郎中，子官御史，受二代之封。

印		财	官
壬	乙	戊	庚
午	酉	寅	辰
财食	杀	财伤劫	卩财比

庚 辛 壬 癸 甲 乙 丙 丁
午 未 申 酉 戌 亥 子 丑

乙木生于春初，木嫩金坚，最喜午时制杀卫身，寒木向阳，官印双清，财星生官，不坏印绶，纯粹安和。夫官二品，五子二十三孙，一生无疾，夫妇齐眉，寿至八旬外，无疾而终，后裔皆显贵。

以上皆官星为夫矣。

178

印		杀	劫
甲	丁	癸	丙
辰	壬	巳	辰
杀伤卩	食财杀	伤劫财	杀伤卩

乙 丙 丁 戊 己 庚 辛 壬

酉 戌 亥 子 丑 寅 卯 辰

丁火生于巳月，癸水夫星清透，时干甲木，印绶独清，是以品格端庄，持身贞洁。惜丙火太旺，生助伤官，以致镜破钗分。然喜巳丑拱金，财星得用，身旺以财为子，教子成名，两子皆贵，受三品之封。

官		卩	财
戊	癸	辛	丙
午	酉	卯	寅
杀才	卩	食	官财伤

癸 甲 乙 丙 丁 戊 己 庚

未 申 酉 戌 亥 子 丑 寅

癸水生于仲春，泄气之地，兼之财官并旺，日元柔弱，以印为夫，清而得用，是以秉性端庄，勤俭纺织。至丑运，泄火拱金，连生二子；戊子运，冲去午火，不伤酉金，夫主登科发甲；一交丁亥，西归矣。此造之病，实在财旺耳。天干之辛，丙火合之；地支之酉，午火破之。更兼寅卯当权生火，丁亥运合寅化木，助起旺神，又丁火紧克辛金，不禄宜矣。

官		财	财
癸	丙	辛	辛
巳	子	卯	丑
食比才	官	印	伤财官

己 戊 丁 丙 乙 甲 癸 壬

亥 戌 酉 申 未 午 巳 辰

丙火生于仲春，火相木旺之时，正得中和之象。年月两透财星，地支巳丑拱金，财旺生官，官星得禄，以印为夫，谓真神得用。秉性勤俭，纺绩佐读，奉甘旨得舅姑之欢心。至甲午运，帮身卫印，夫主运登甲榜，诰封宜人；寿至酉运，会金冲卯不禄。

　　　比　　　　官　　　劫
　　丙　　　丙　　癸　　丁

　　申　　　辰　　卯　　酉
　食杀才　官食印　印　　财

辛　庚　己　戊　丁　丙　乙　甲
亥　戌　酉　申　未　午　巳　辰

　　丙火生于仲春，官透财藏，印星秉令，比劫帮身，似乎旺相。第嫌卯酉逢冲，癸丁相克，木火损而金水存，虽赖时干丙火之助，但丙临申位，亦自顾不暇。幸辰中蓄藏余气，一点微苗，尚存春令，犹能辅用。较之前造更弱，亦以印星为夫，为人端庄幽娴，知书达理。丙午运，破其酉金，夫主登科，生二子，诰封四品；至四旬外，运走戊申，泄火生金不禄。

　　　劫　　　　食　　　财
　　己　　　戊　　庚　　癸

　　未　　　午　　申　　丑
　印劫官　　劫印　比才食　劫伤财

戊　丁　丙　乙　甲　癸　壬　辛
辰　卯　寅　丑　子　亥　戌　酉

　　戊土生于孟秋，柱中劫印重重。得食神秉令为夫，泄其菁英，更喜癸水润土养金，秀气流行。是以人品端庄，知大义，虽出农家，安贫纺绩佐夫，孝事舅姑。至癸亥，夫举于乡，旋登甲榜，仕至黄堂。虽夫贵，未尝以贵妇自矜，在家仍布衣操作。生四子，皆美秀，寿至丙运，夺食不禄。

　　　劫　　　　食　　　财
　　己　　　戊　　庚　　癸

　　未　　　戌　　申　　未
　印劫官　　比印伤　比财食　印劫官

戊　丁　丙　乙　甲　癸　壬　辛
辰　卯　寅　丑　子　亥　戌　酉

　　此与前造，只换未戌二支，其余皆同。未丑皆土，午换以戌，用金去火为宜。大势观之，胜于前造，今反不及者何也？夫丑乃北方湿土，能生金晦火，又能蓄水；未乃南方燥土，能脆金助火，又能暵水。午虽火，遇丑土而贪生；戌虽土，藏火而愈燥。幸秋金用事，所以贵也。虽出身贫寒，而人品端谨，持家勤俭。夫中乡榜。仕县令，生二子。

财		伤	劫
壬	戊	辛	己
戌	辰	未	酉
比印伤	财比官	印劫官	伤

己 戊 丁 丙 乙 甲 癸 壬
卯 寅 丑 子 亥 戌 酉 申

土荣夏令，逢金吐秀，更喜无木，富贵之造也。所以身出宦家，通诗书，达礼教。至酉运，夫星禄旺，生一子，夫主登科。甲戌运，刑冲出丁火，闺中雪舞，而家道日落，青年守节，苦志教子成名。至子运，子登科，仕至郡守，受紫诰之封，寿至寅运金绝之地。

伤		劫	财
甲	癸	壬	丁
寅	丑	丁	亥
官财伤	杀卩比	比	伤劫

庚 己 戊 丁 丙 乙 甲 癸
申 未 午 巳 辰 卯 寅 丑

癸水生于仲冬，支全亥子丑，北方一气，其势泛滥，一点丁火无根，最喜寅时，纳水而泄其菁华。甲木夫星坐禄，故为人聪明貌美，端庄幽娴。更喜运走东南木火之地，夫荣子秀，福泽有余。

食		伤	比
丁	乙	丙	乙
亥	卯	戌	卯
劫印	比	财食杀	比

甲 癸 壬 辛 庚 己 戊 丁
午 巳 辰 卯 寅 丑 子 亥

乙木生于季秋，柱中两坐禄旺，亥卯又拱木局，四柱无金，日元旺矣。喜其丙丁并透，泄木生土。财星为夫，为人端庄和顺，夫中乡榜，出仕琴堂。生三子，寿至壬运。

财		印	伤
辛	丁	甲	戊
丑	未	寅	寅
食财杀	比食卩	伤劫印	伤劫印

丙　丁　戊　己　庚　辛　壬　癸

午　未　申　酉　戌　亥　子　丑

丁火生于春令，印绶太重，最喜丑时。坐下财库，冲去未中比印，生起财星，必以辛金为夫，丑土为子也。初运北方水地，泄金生木，出身寒微；至庚戌、己酉、戊申，三十载土金之地，裕夫发财，生三子皆贵，诰封恭人。所谓弃印就财，且夫得子助，故后嗣荣发也。

食		卩	伤
癸	辛	己	壬
巳	丑	酉	辰
印官劫	卩比食	比	食印财

辛　壬　癸　甲　乙　丙　丁　戊

丑　寅　卯　辰　巳　午　未　申

辛金生于仲秋，支全金局，五行无木，火已成金，必无用官之理。喜其壬癸并透，泄其精英，为人聪明端谨，颇知诗礼。所惜者，十九岁运走丁未，南方火旺，生土逼水，流年庚戌，支全克水，无子而夭。

财		伤	劫
己	乙	丙	甲
卯	卯	寅	午
比	比	财伤劫	财食

戊　己　庚　辛　壬　癸　甲　乙

午　未　申　酉　戌　亥　子　丑

旺木逢火，通明之象，妙在金水全无，纯清不杂，为人端庄。以丙火为夫，惜运走北方水地，寿亦不永，生三子留一。至壬运，克丙火而阻矣。设使两造运皆顺行，不特寿长，若男造名利两全，女造则夫荣子贵也。

<table>
<tr><td>才</td><td></td><td>印</td><td>食</td></tr>
<tr><td>己</td><td>己</td><td>壬</td><td>丁</td></tr>
<tr><td>卯</td><td>卯</td><td>寅</td><td>未</td></tr>
<tr><td>比</td><td>比</td><td>财伤劫</td><td>食财比</td></tr>
</table>

庚	己	戊	丁	丙	乙	甲	癸
戌	酉	申	未	午	巳	辰	卯

春木森森，旺之极矣。时干己土无根，以丁火为夫。丁壬之合，去水却妙，化木不宜，所以出身贫寒。喜其运走南方火地，不但帮夫兴家，而且子息亦多，寿至申运，壬水逢生而阻。此与前造论之，不及前造，此造则行运不背，故胜之。然则命好不如运好，男女皆然也。

小 儿

论财论杀论精神，四柱和平易养成，气势攸长无斩丧，杀关虽有不伤身。

原注：财神不党七杀，主旺精神贯足，干支安顿和平。又要看气势，如气势在日主，而日主雄壮者；气势在财官，而财官不叛日主；气势在东南，而五七岁之前，不行西北；气势在西北，而五七岁之前，不行东南。行运不逢斩丧，此为气势攸长，虽有关杀，亦不伤身。

任氏曰：小儿之命，每见清奇可爱者难养，混浊可憎者易成，虽关家门之气数，亦看根源之浅深。且小儿之命，是犹果苗之初出，宜乎培植得好，固不待言。然未生之前，父母不禁房事，毒受胎中；既生之后，过于爱惜，或饮食无忌，或寒暖不调，因之疾病多端，每至无成。尚有积恶之家，而无余庆，虽小儿之命，清奇纯粹者，所以难养也。有等关于坟墓阴阳之忌，迁改损坏，以致夭亡。故小儿之命，不易看也。除此数端之外，然后论命，必须四柱和平，不偏不枯，无冲无克，根通月支，气贯生时，杀旺有印，印弱有官，官衰有财，财轻有食伤，生化有情，流通不悖。或一神得用，始终相托；或两意情通，互相庇护。未交运而流年平顺，既交运而运途安祥，此谓气势攸长，自然易养成人，反此则难养矣。其余关杀多端，尽皆谬妄，欲以何等惑人，则造何等神杀，必宜一切扫除，以绝将来之谬。

劫		官	財
丁	丙	癸	辛
酉	子	巳	丑
财	官	食比财	伤财官

丁	戊	己	庚	辛	壬
亥	子	丑	寅	卯	辰

丙火生于巳月，虽云建禄，五行无木生助。天干既透财官，地支不宜再见酉子，更不宜再会金局，则巳火之禄，非日干有也。虽丁火可以帮身，癸水伤之，谓财多身弱，兼之官星又旺，日主虚弱极矣。且初交壬运逢杀，辛亥年，天干逢壬癸克丙丁，地支亥冲巳火破禄，运根拔尽，得痎疾而亡。

財		伤	官
辛	丙	己	癸
卯	寅	未	丑
印	食比卩	劫伤印	伤财官

癸	甲	乙	丙	丁	戊
丑	寅	卯	辰	巳	午

前造因财官太旺，以致夭亡。此则日坐长生，又生夏令，财官为用，伤官为喜，伤生财，财又生官，似乎生化有情。殊不知前则财多身弱，以官作杀，此则财绝官休，恐难厚享。癸水官星生未月，火土燥干，余气在丑，蓄水藏金，然己土当头，伤癸，丑未冲去金水根源，时上辛又临绝，虽有若无，焉能生远隔之水？则己土亦不能生隔绝之金。且运走东南木火之地，断非守业之人也。

伤		杀	财
己	丙	壬	庚
亥	寅	午	戌
卩杀	食比卩	伤劫	食劫财

戊	丁	丙	乙	甲	癸
子	亥	戌	酉	申	未

丙用壬杀，身强杀浅，以杀化权。更喜财滋弱杀，定然名利双全。惜支全火局，寅亥又化木而生火，年月之庚壬无根，而少生扶。至丁巳年，

巳亥冲去壬水之禄，丁火合去壬水之用，死于瘄症。

	杀		杀	比
	戊	壬	戊	壬
	申	申	申	申
	杀比卩	杀比卩	杀比卩	杀比卩
甲	癸	壬	辛	庚	己
寅	丑	子	亥	戌	酉

　　壬水生于秋令，地支皆坐长生，天干两戊两壬，大势观之，支全一气，两干不杂，且杀印相生，为大贵之格。不知金多水浊，母多子病，四柱无火克金，金反不能生水，戊土之精华尽泄于金，谓偏枯之象，必然难养，名利皆虚，果死于三岁甲戌年。

	杀		食	比
	戊	壬	甲	壬
	申	申	辰	申
	杀比卩	杀比卩	劫杀伤	杀比卩
庚	己	戊	丁	丙	乙
戌	酉	申	未	午	巳

　　壬水生于季春，似乎杀印相生，地支三遇长生，食神制杀为权，定为贵格。不知春土气虚，月透甲木，不但辰土受制，而时干之戊，亦受其克。五行无火，未得生生之妙，亦母多子病，偏枯之象，必然难养也。后死于痘症。

	官		官	杀
	壬	丁	壬	癸
	寅	亥	戌	丑
	伤劫印	印官	伤比财	食财杀
丙	丁	戊	己	庚	辛
辰	巳	午	未	申	酉

　　此造以丁火阴柔，生于深秋，杀官重叠，必不能养。殊不知官杀虽旺，妙在戌月，通根身库，足以制水；更好无金，时支寅木不伤，气贯生时，足以纳水，不但易养成人，可遂书香之志。然官杀一类，勿以官为喜，杀为憎，身弱者官皆是杀，身旺者杀皆是官，只要无财有印，便为佳

造。如云丁火死寅，谬之极矣。寅中甲木，乃丁之嫡母，何以为死？凡阴干以生地为死，死地为生，非正论也。果幼年无疾，聪慧过人，至甲戌年入泮后。运走南方火土，制杀扶身，未可限量也。

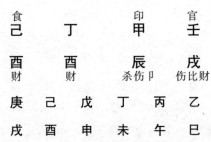

此造概云木透月干，春木足以生火，年干壬水生木，日时两坐长生，皆作旺论。惜地支土金太重，天干水木之根必浅，水木无气，则丁火之荫不固。夫甲木生于季春，退气之神也，辰酉合而化金，则甲木之余气已绝；戌土隔之，使金不能生水，戌土足以制之，壬水受克，不能生木；辰酉化金，必能克木，日主根源不固可知，如谓酉是丁火长生，五行颠倒矣。酉中纯辛，无他气所杂，金生水，无生火之理。火到酉位，死绝之地；更嫌时干己土，窃去命主元神，生金泄火，而水木火三字皆虚矣。后果夭于癸酉年。由此论之，小儿之命，不易看也。

才 德

德胜才者，局合君子之风；才胜德者，用显多能之象。

原注：清和平顺，主辅得宜，所合者皆正神，所用者皆正气，不必节外生枝，不必弄假成真，财官喜神，皆足以了其生平。不生贪恋之心，度量宽宏，施为必正，皆君子之风也。财薄而力量足以贪之，官轻而心志必欲求之，混浊被害，主弱辅强，争合邪神，三四用神，皆心事奸贪，作事侥幸，皆为多能之象。大率阳在内，阴在外，不激不亢者，为德胜才，如丙寅戊辰月日，己卯癸卯年时者是；阳在外，阴在内，畏势趋利者，为才胜德，如己卯己巳月日，丙寅戊寅年时者是。

任氏曰：善恶邪正，不外五行之理；君子小人，不离四柱之情。阳气动辟，光亨之义可观；阴气静翕，包含之理斯奥。和平纯粹，格正局清，不争不妒，合去者皆偏气，化出者皆正神，喜官而财能生官，喜财而官能制劫，忌印而财能坏印，喜印而官能生印，阳盛阴衰，阳气当权，所用者皆阳气，所喜者皆阳类，无骄谄于上下，皆君子之风也。偏气杂乱，舍弱用强，多争多合，合去者皆正气，化出者皆邪神。喜官而临劫地，喜财而居印位，忌印而官星生印，喜印而财星坏印，阴盛阳衰，阴气当权，所用者皆阴气，所喜者皆阴类，趋势财于左右，皆多能之象也。然得气势和平，用神分明，施为亦必正矣。

官		卩	伤
丁	庚	戊	癸
丑	寅	午	酉
印劫伤	卩杀才	印官	劫

壬	癸	甲	乙	丙	丁
子	丑	寅	卯	辰	巳

庚金生于仲夏，正官得禄，年时酉丑通根，正得中和之气。寅午财官拱合，财不坏印，官能生印，财官印三字，生化不悖，癸从戊合，去其阴浊之气，所以品行端方，恒存古道。早游泮水，训蒙自守。丁酉登科，后挑知县不赴，情愿就教，安贫乐道。人有言其小就者，彼曰：功名者，非掇巍科登高位而为功名也，功成名自著，况吾无经济材，就教职不愁衣食不敷，吾行吾志，不负君父之恩足矣！

官		伤	印
甲	己	庚	丙
戌	亥	子	寅
劫卩食	官财	才	劫印官

丙	乙	甲	癸	壬	辛
午	巳	辰	卯	寅	丑

己土生于仲冬，寒湿之体，水冷木凋，庚金又克木生水，似乎混浊。妙在年干透丙，一阳解冻，冬日可爱，去庚金之浊，不特己土喜其和暖，而甲木亦喜其发荣；更妙戌时燥土，砥定泛浊之水，培其凋枯之木，而日主根元亦固。况甲己为中和之合，故处世端方，恒存古道，谦恭和厚，有古君子之风。微嫌水势太旺，功名不过廪贡。

<pre>
官   食   印
甲   己   辛   丙
子   卯   丑   戌
才   杀   比食才 劫卩食

丁   丙   乙   甲   癸   壬
未   午   巳   辰   卯   寅
</pre>

此造水冷金寒，土冻木凋，得年干透丙，一阳解冻，似乎佳美。第丙辛合而化水，以阳变阴，反增寒湿之气。阳正之象，反为阴邪之类，故其为人贪婪无厌，奸谋百出，趋财奉势，见富贵而生谄容，势利骄矜。所谓多能之象也。

奋 郁

局中显奋发之机者，神舒意畅；象内多沉埋之气者，心郁志灰。

原注：阳明用事，用神得力，天地交泰，神显精通，必多奋发；阴晦用事，情多恋私，主弱臣强，神藏精泄，人多困郁。若纯阳之势，身旺而财官旺者必奋；纯阴之局，身弱而官杀多者多困。

任氏曰：无抑郁而舒畅者，局中不太过，不缺陷，所用者皆得气，所喜者皆得力，所忌者皆失时失势。闲神不党忌物，反有益于喜用，忌其合而遇冲，忌其冲而遇合，体阴用阳，故一阳生于北，阴生则阳成，如亥中之甲木是也。岁运又要辅格助用，必多奋发。少舒畅而多抑郁者，局中或太过，或缺陷，所用者皆失令，所喜者皆无力，所忌者皆得时得势。闲神劫占，喜神反党助忌神，喜其合而遇冲，忌其合而遇合，体阳用阴，故二阴生于南，阳生则阴成，如午中之己土是也。岁运又不能补喜去忌，必多郁困。然局虽阴晦，而运途配合阳明，亦能舒畅；象虽阳明，而运途配其阴晦，亦主困郁，故运途更宜审察。如用亥中甲木，天干有壬癸，则运宜戊寅己卯；天干有庚辛，则运宜丙寅丁卯；天干有丙丁，则运宜壬寅癸卯；天干有戊己，则运宜甲寅乙卯。如用午中己土，天干有壬癸，则运宜戊午己未，天干有庚辛，则运宜丙午丁未天干有甲乙，则运宜庚午辛未。此从藏神而论，明支亦同此论。如用天干之木，地支水旺，则运宜丙寅丁卯；天干有水，则运宜戊寅己卯；地支金多，则运宜甲戌乙亥；天干有金，则运宜壬寅癸卯地支土多，则运宜甲寅乙卯，天干有土，则运宜甲子乙丑；地之火多，则运宜甲辰乙巳；天干有火，则运宜壬子癸丑。如此配合，庶无争战之患，而有制化之情，反此则不美矣。细究之，自有深机也。

印		食	杀
辛	壬	甲	戊
亥	子	子	辰
食比	劫	劫	劫杀伤

庚	己	戊	丁	丙	乙
午	巳	辰	卯	寅	丑

　　壬水生于仲冬，三逢禄旺，所谓昆仑之水，可顺而不可逆也。喜其子辰拱水，则戊土之根不固，月干甲木为用，泄其泛滥之水，此即局中显奋发之机也。运至丙寅丁卯，寒木得火以发荣，去阴寒之金土，是以早登甲第，翰苑名高。至戊辰运，逆水之性，以致阻寿。

比		财	伤
癸	癸	丙	甲
亥	亥	子	申
伤劫	伤劫	比	官劫印

壬	辛	庚	己	戊	丁
午	巳	辰	卯	寅	丑

　　癸水生于仲冬，三逢旺支，其势汪洋。喜其甲丙并透，支中绝处逢生，木土互相护卫，金得流行，水得温和，木得发荣，火得生扶，用神必是甲木，为奋发之机。一交戊寅，云程直上，己卯早遂仕路之光；庚辰辛巳虽有制化之情，却无生扶之意，以致蹭蹬仕途，未能显秩也。

官		财	印
壬	丁	庚	甲
寅	亥	午	申
伤劫印	印官	食比	伤官财

丙	乙	甲	癸	壬	辛
子	亥	戌	酉	申	未

此造天干四字，地支皆坐禄旺，惟日主坐当令之禄，足以任其财官。清而且厚，精足神旺，所以东西南北之运，皆无咎也。出身遗业百余万，早登科甲，仕至方伯，六旬外退归林下。一妻四妾，十三子，优游晚景，寿越九旬。

比　　　比　　　食　　　比
癸　　　癸　　　乙　　　癸
丑　　　丑　　　丑　　　丑
杀卩比　杀卩比　杀卩比　杀卩比

己　庚　辛　壬　癸　甲
未　申　酉　戌　亥　子

此天干三癸，地支一气，食神清透，杀印相生，皆云名利两全之格。予云：癸水至阴，又生季冬，支皆湿土，土湿水弱，沟渠之谓也；且水土冰冻，阴晦湿滞，无生发之气，名利皆虚。凡富贵之造，寒暖适中，精神奋发，未有阴寒湿滞，偏枯之象，而能富贵者也。至壬申年，父母皆亡，读书又不能通，又无恒业可守，人又阴弱，一无作为，竟为乞丐。

恩　怨

　　两意情通中有媒，虽然遥立意寻追；有情却被人离间，怨起恩中死不灰。

　　原注：喜神合神，两情相通，又有人引用生化，如有媒矣。虽是隔远分立，其情自相和好，则有恩而无怨。合神喜神虽有情，而忌神离间，求合不得，终身多怨。至于可憎之神，远之为妙；可爱之神，近之尤切。又有一般邂逅相逢者，得之不胜其乐；私情偷合者，去之亦足为奇。

　　任氏曰：恩怨者，喜忌也。日主所喜之神远，得合神化而近之也。所谓两意情通，如中有媒矣；喜神远隔，得旁神引通而相和好，则有恩而无怨矣。只有闲神忌神而无喜神，得闲神忌神合化喜神，所谓邂逅相逢也。喜神远隔，与日主虽有情，被闲神忌神隔绝，日主与喜神各不能顾，得闲神忌神合会，化作喜神，谓私情牵合也。更为有情，喜神与日主紧贴，可谓有情，遇合化为忌神；喜神与日主虽不紧贴，却有情于日主，中有忌神隔占；或喜神与闲神合助忌神，如被人离间，以恩为怨，死不灰心。如日主喜丙火在时干，月透壬水为忌，如年干丁火合壬化木，不特去其忌神，而反生助喜神；如日主喜庚金在年干，虽有情而远立，月干乙木合庚金而近之，此闲神化为喜神，如中有媒矣。日主喜火，局内无火，反有癸水之忌，得戊土，合癸水，化其为喜神，谓解近相逢也。日主喜金，惟年支坐酉，与日主远隔，日主坐巳，忌神紧贴，得丑支会局，以成金之喜神，谓私情牵合也。余可例推。

比		杀	印
戊	戊	甲	丁
午	戌	辰	酉
劫印	比印伤	财比官	伤

戊	己	庚	辛	壬	癸
戌	亥	子	丑	寅	卯

此重重厚土，甲木退气，不能疏土，则土情必在年支酉金，发泄菁华。金逢火，盖其意亦欲日主之生，虽然远隔，两意情通，喜辰酉合而近之，如中有媒矣。初运癸卯壬寅，离间喜神，功名蹭蹬。困苦刑伤；辛丑运中，晦火会金入泮，连登科甲；庚子己亥戊戌，酉北土金之地，仕至尚书。

劫		卩	比
丙	丁	乙	丁
午	丑	巳	酉
食比	食才杀	伤劫财	才

己	庚	辛	壬	癸	甲
亥	子	丑	寅	卯	辰

丁火生于巳月午时，比劫并旺，又逢木助，其势猛烈。年支酉金，本日主之所喜，遥隔远列，又被丁火盖之，巳火劫之，似乎无情。最喜坐下丑土，烈火逢湿土，则成生育慈爱之心，邀己酉合成金局，归之库内，其情似相和好，不特财来就我，又能泄火吐秀，故能发甲，仕至藩臬，名利双全。

卩		食	官
甲	丙	戊	癸
午	辰	午	酉
伤劫	官食印	伤劫	财

壬	癸	甲	乙	丙	丁
子	丑	寅	卯	辰	巳

丙火生于午月午时，旺可知矣。一点癸水，本不相浊，戊土合之，又助火之烈；年支酉金，本有情与辰合，又被午火离间，求合不得，所谓怨起恩中也。兼之运走东南火木之地，一生只有刑伤破耗，并无财喜之事。克三妻七子，遭回禄四次，至寅运而亡。

闲　神

一二闲神用去么，不用何妨莫动他；半局闲神任闲着，要紧之场作自家。

原注：喜神不必多也，一喜而十备矣；忌神不必多也，一忌而十害矣。自喜忌之外，不足以为喜，不足以为忌，皆闲神也。如以天干为用，成气成合，而地支之神，虚脱无气，冲合自适，升降无情；如以地支为用，成助成合，而天干之神，游散浮泛，不碍日主。主阳辅阳，而阴气停泊，不冲不动，不合不助；主阴辅阳，而阳气停泊，不冲不动，不合不助。日月有情，年时不顾，日主无害，日主无气无情；日时得所，年月不顾，日主无害，日主无冲无合，虽有闲神，只不去动他，但要紧之地，自结营寨。至于运道，只行自家边界，亦足为奇。

任氏曰：有用神必有喜神，喜神者，辅格助用之神也。然有喜神，亦必有忌神，忌神者，破格损用之神也。自用神、喜神、忌神之外，皆闲神也。惟闲神居多，故有一二半局之称，闲神不伤体用，不碍喜神，可不必动他也。任其闲着，至岁运遇破格损用之时，而喜神不能辅格护用之际，谓要紧之场，得闲神制化岁运之凶神忌物，匡扶格局喜用；或得闲神合岁运之神，化为喜用而辅格助用，为我一家人也。此章本文，所重者在末句"要紧之场作自家"也，原注未免有误。至云虽有闲神，只不去动他，要紧之场，自结营寨，至于运道，只行自家边界，诚如是论，不但不作自家，反作贼鬼提防矣。此非一定之理也。如用木，木有余，以火为喜神，以金为忌神，以水为仇神，以土为闲神；木不足，以水为喜神，以土为忌神，以金为仇神，以火为闲神，是以用神必得喜神之佐，闲神之助，则用神有势，不怕忌神矣。木论如此，余者可知。

食		才	杀
丙	甲	戊	庚
寅	寅	子	寅
才食比	才食比	印	才食比

乙 甲 癸 壬 辛 庚 己
未 午 巳 辰 卯 寅 丑

甲木生于子月，两阳进气，旺印生身，支坐三寅，松柏之体，旺而且坚。一点庚金临绝，不能克木，反为忌神。寒木向阳，时干丙火清透，敌其寒凝，泄其菁英，而为用神冬火本虚。以寅木为喜神，月干戊土能制水，又能生金，故为闲神；以水为仇神，喜其丙火清纯。至卯运泄水生火，早登科甲；壬辰癸巳，得闲神制合，官途平坦；甲午乙未，火旺之地，仕至尚书。

杀		伤	比
庚	甲	丁	甲
午	寅	卯	子
财伤	才食比	劫	印

癸 壬 辛 庚 己 戊
酉 申 未 午 巳 辰

甲木生于仲春，支逢禄刃，干透比肩，旺之极矣。时上庚金，无根为忌，月干丁火为用，通辉之气。所以早登之路，仕至观察。惜无土之闲神，运至壬申，金水并伤体用，故不能免祸耳。

　　出门要向天涯游，何事裙钗恣意留。

　　原注：本欲奋发有为者也，而日主有合，不顾用神，用神有合，不顾日主。不欲贵而遇贵，不欲禄而遇禄，不欲合而遇合，不欲生而遇生，皆有情而反无情，如裙钗之留不去也。

　　任氏曰：此乃贪合不化之意也。既合宜化之，化之喜者，名利自如；化之忌者，灾咎必至。合而不化，谓伴住留连，贪彼忌此，而无大志有为也。日主有合，不顾用神之辅我，而忌其大志也；用神有合，不顾日主之有为，不佐其成功也；又有合神真，本可化者，反助其从合之神而不化也；又有日主休囚，本可从者，反逢合神之助而不从也。此皆有情而反无情，如禄钗之恣意留也。

193

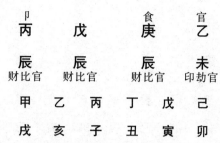

<pre>
     卩   食   官
丙   戊   庚   乙
辰   辰   辰   未
财比官   财比官   财比官   印劫官
甲   乙   丙   丁   戊   己
戌   亥   子   丑   寅   卯
</pre>

戊土生于季春，乙木官星透露，盘根在未，余气在辰，本可为用。嫌其合庚，谓贪合忌克，不顾日主之喜我，合而不化。庚金亦可作用，又有丙火当头，至二十一岁，因小试不利，即弃诗书，不事生产，以酒为事；且曰：高车大纛吾不为荣，连陌度阡，吾不为富，惟此怡悦性情，适吾口体，以终吾身，足矣！

<pre>
     财   官   劫
辛   丙   印   丁
卯   戌   卯   丑
印   食劫财   印   伤财官
丁   戊   己   庚   辛   壬
酉   戌   亥   子   丑   寅
</pre>

丙火生于仲春，印正官清，日元生旺，足以用官。所嫌丙辛一合，不顾用神之辅我，辛金柔软，丙火逢之而怯，柔能制刚，恋恋不舍，忌有为之志；更嫌卯戌合而化劫，所以幼年过目成诵，后因恋酒色，废学亡资，竟为酒色丧身，一事无成。

不管白雪与明月，任君策马朝天阙。

原注：日主乘用神而驰骤，无私意牵制也；用神随日主而驰骤，无私情羁绊也。足以成其大志，是无情而有情也。

任氏曰：此乃逢冲得用之意也，冲则动也，动则驰也。局中除用神喜神之外，而日主与他神有所贪恋者，得用神喜神冲而去之，则日主无私意牵制，乘喜神之势而驰骤矣。局中用神喜神与他神有所贪恋者，日主能冲克他神而去之，则喜神无私之羁绊，随日主而驰骤矣。此无情而反有情，如丈夫之志，不恋私情而大志有为也。

比		财	劫
丙	丙	辛	丁
申	寅	亥	卯
食杀才	食比卩	卩杀	印

乙　丙　丁　戊　己　庚

巳　午　未　申　酉　戌

此造杀虽秉令，而印绶亦旺，兼之比劫并透，身旺足以用杀。用杀不宜合杀，合则不显，加以辛金贴身，而日主之情，必贪恋羁绊。喜其丁火劫去辛金，使日主无贪恋之私，申金冲动寅木，使日主无牵制之意。更妙申金滋杀，日主依喜用而驰骤矣。至戊申运，登科发甲，大志有为也。

卩		才	印
庚	壬	丙	辛
戌	寅	申	巳
杀财印	杀才食	杀比卩	杀才卩

庚　辛　壬　癸　甲　乙

寅　卯　辰　巳　午　未

壬水生于申月，虽秋水通源，而财杀并旺，以申金为用。第天干丙辛、地支申巳皆合，合之能化，亦可帮身，合之不化，反为羁绊，不顾日主，喜我为用也。且金当令，火通根，只有食恋之私，而无化合之意。妙在日主自克丙火，使丙火无暇合辛，寅去冲动申金，使其克木、则丙火之根反拔。而日主之壬，固无牵制之私，用神随日主而驰骤矣。至癸巳运，连登甲第，仕至观察，而成其大志也。

从　象

从得真者只论从，从神又有吉和凶。

原注：日主孤立无气，无地人元，绝无一毫生扶之意，财官强甚，乃为真从也。既从矣，当论所从之神。如从财，只以财为主；财神是木而旺，又看意向，或要火、要土、要金。而行运得所者吉，否则凶，余皆仿此。金不可克木，克木财衰矣。

任氏曰：从象不一，非专论财官而已也。日主孤立无气，四柱无生扶之意，满局官星，谓之从官，满局财星，谓之从财。如日主是金，财神是木，生于春令，又有水生，谓之太过，喜火以行之；生于夏令，火旺泄气，喜水以生之；生于冬令，水多木泛，喜土以培之。火以暖之则吉，反是必凶，所谓从神又有吉和凶也。尚有从旺、从强、从气、从势之理，比从财官，更难推算，尤当审察，此四从，诸书所未载，余之立说，试验确实，非虚言也。

从旺者，四柱皆比劫，无官杀之制，有印绶之生，旺之极者，从其旺神也。要行比劫印绶制则吉，如局中印轻，行伤食亦佳；官杀运，谓之犯旺，凶祸立至；遇财星，群劫相争，九死一生。

从强者，四柱印绶重重，比劫叠叠，日主又当令。绝无一毫财星官杀之气，谓二人同心，强之极矣，可顺而不可逆也。财纯行比劫运财吉，印绶运亦佳，食伤运，有印绶冲克必凶，财官运，为触怒强神，大凶。

从气者，不论财官、印绶、食伤之类，如气势在木火，要行木火运，气势在金水，要行金水运，反此必凶。

从势者，日主无根，四柱财官食伤并旺，不分强弱。又无劫印生扶日主，又不能从一神而去，惟有和解之可也。视其财官食伤之中，何者独旺，则从旺者之势。如三者均停，不分强弱，须行财运以和之，引通食伤之气，助其财官之势，则吉；行官杀运次之，行食伤运又次之；如行比劫印绶，必凶无疑。试之屡验。

伤		伤	财
丙	**乙**	**丙**	**戊**
戌	**未**	**辰**	**戌**
财食杀	食才比	卩财比	财食杀

壬	辛	庚	己	戊	丁
戌	**酉**	**申**	**未**	**午**	**巳**

乙木生于季春，蟠根在未，余气在辰，似乎财多身弱，但四柱皆财，其势必从。春土气虚，得丙火以实之，且火乃木之秀气，土乃火之秀气，三者为全，无金以泄之，无水以靡之。更喜运走南方火地，秀气流行，所以第发丹墀，鸿笔奏三千之绩，名题金榜，鳌头冠五百之仙也。

卩		食	食
戊	**庚**	**壬**	**壬**
寅	**寅**	**寅**	**寅**
卩杀才	卩杀才	卩杀才	卩杀才

戊	丁	丙	乙	甲	癸
申	未	午	巳	辰	卯

庚金生于孟春，四支皆寅，戊土虽生犹死。喜其两壬透于年月，引通庚金，生扶嫩木而从财也。亦是秀气流行，更喜运走东南不悖，木亦得其敷荣，所以早登甲第，仕至黄堂。

伤			卩		才
乙		壬		庚	丙
巳		午		寅	寅
才杀卩		官财		杀才食	杀才食

丙	乙	甲	癸	壬	辛
申	未	午	巳	辰	卯

壬水生于孟春，木当令，而火逢生，一点庚金临绝，丙火力能锻之，从财格真。水生木，木生火，秀气流行，登科发甲，仕至侍郎。

凡从财格，必要食伤吐秀，不但功名显达，而且一生无大起倒凶灾。盖从财最忌比劫运，柱中有食伤，能化比劫生财之妙也。若无食伤吐秀，书香难遂，一逢比劫，无生化之情，必有起倒刑伤也。

杀		食		官
丙		庚	壬	丁
戌		午	寅	卯
卩官劫		印官	卩杀才	财

丙	丁	戊	己	庚	辛
申	酉	戌	亥	子	丑

庚生寅月，支全火局，财生杀旺，绝无一毫生扶之意。月干壬水，丁壬合而化木，又从火势，皆成杀党。从象斯真，中乡榜，挑知县，酉运丁艰，丙运仕版连登，申运迕误落职。

比		杀		杀
乙		乙	辛	辛
酉		酉	丑	巳
杀		杀	才杀卩	财伤官

乙	丙	丁	戊	己	庚
未	申	酉	戌	亥	子

　　乙木生于季冬，支全金局，干透两辛，从杀斯真。戊戌运连登甲第，置身翰苑；丁酉丙申，火截脚而金得地，仕版连登；乙未运，冲破金局，木得蟠根，不禄。

劫　　　　　　　劫　　　印

乙　　甲　　乙　　癸

亥　　寅　　卯　　卯

比卩　才食比　　劫　　　劫

己　庚　辛　壬　癸　甲

酉　戌　亥　子　丑　寅

　　甲木生于仲春，支逢两卯之旺，寅之禄，亥之生，干有乙之助，癸之印旺之极矣，从其旺神。初行甲运，早采芹香；癸丑北方湿土，亦作水论，登科发甲；壬子印星照临，辛亥金不通根，支逢生旺，仕至黄堂；一交庚戌，土金并旺，触其旺神，故不能免咎也。

卩　　　　　　　卩　　比

甲　　丙　　甲　　丙

午　　午　　午　　午

财劫　　伤劫　　　伤劫　　伤劫

庚　己　戊　丁　丙　乙

子　亥　戌　酉　申　未

　　丙生仲夏，四柱皆刃，天干并透甲丙，强旺极矣，可顺而不可逆也。初运乙未，早游泮水，丙运登科，申运大病危险，丁运发甲，酉运丁艰，戊戌己运，仕途坦平，亥运犯其旺神，死于军前。

官　　　　　　　伤　　伤

丁　　庚　　癸　　癸

亥　　申　　亥　　酉

才食　　卩食比　　才食　　劫

丁　戊　己　庚　辛　壬

巳　午　未　申　酉　戌

　　庚金生于孟冬，水势当权，金逢禄旺，时干丁火无根，局中气势金水，亦是从金水而论，丁反为病。初交癸亥，去其丁火，其乐自如；壬戌运入泮，而丧服重重，因戌土之制水也；辛酉庚申，癸科发甲，出仕琴堂；己未，运转南方，火土齐来，讹误落职；戊午，更多破耗而亡。

伤		劫	财
甲	**癸**	**壬**	**丙**
寅	**巳**	**辰**	**戌**
官财伤	官财印	比官食	官才卩

戊	丁	丙	乙	甲	癸
戌	酉	申	未	午	巳

癸水生于季春，柱中财、官、伤三者并旺，印星伏而无气，日主休囚无根，惟官星当令，须从官星之势。所喜坐下财星，引通伤官之气，至甲午运，会成火局生官，云程直上；乙未出仕，申酉运有丙丁盖头，仕途平坦，戊戌运仕至观察；至亥运帮身，冲去巳火，不禄。所谓弱之极者不可益也。

比		印	官
丙	**丙**	**乙**	**癸**
申	**申**	**丑**	**酉**
食杀才	食杀才	伤财官	财

己	庚	辛	壬	癸	甲
未	申	酉	戌	亥	子

丙火生丑临申，衰绝无烟，酉丑拱金，月干乙木凋枯无根，官星坐财，伤逢财化，以成金水之势。癸亥运中，入泮登科；辛酉庚申，去印生官，由县令而迁州牧，宦囊丰厚；己未南方燥土，伤官助劫，不禄。

化　象

化得真者只论化，化神还有几般话。

原注：如甲日主生于四季，单遇一位己土，在月时上合之不遇壬、癸、甲、乙、戊，而有一辰字，乃为化得真。又如丙辛生于冬月，戊癸生于夏月，乙庚生于秋月，丁壬生于春月，独自相合，又得龙以运之，此为真化矣。既化矣，又论化神。如甲己化土，土阴寒，要火气昌旺；土太旺，又要取水为财，木为官，金为食伤。随其所向，论其喜忌，再见甲乙，亦不作争合妒合论。盖真化矣，如烈女不更二夫，岁运遇之，皆闲神也。

任氏曰：合化之原，昔黄帝祀天于圜邱，天降十干，爰命大挠作十二支以配之。故日干曰天干，其所由合，即天一、地二、天三、地四、天五、地六、天七、地八、天九、地十之义。依数推之，则甲一、乙二、丙三、丁四、戊五、己六、庚七、辛八、壬九、癸十也。如"洛书"以五居中，一得五为六，故甲与己合；二得五为七，故乙与庚合；三得五为八，故丙与辛合；四得五为九，故丁与壬合；五得五为十，故戊与癸合。合则化，化亦必得五土而后成，五土者辰也。辰土居春，时在三阳，生物之体，气辟而动，动则变，变则化矣。且十干之合，而至五辰之位，则化气之元神发露。故甲己起甲子，至五位逢戊辰而化土；乙庚起丙子，至五位逢庚辰而化金；丙辛起戊子，至五位逢壬辰而化水；丁壬起庚子，至五位逢甲辰而化木；戊癸起壬子，至五位逢丙辰而化火。此相合、相化之真源，近世得传者少，只知逢龙而化，不知逢五而化，辰龙之说，供引之意，如果辰为真龙。则辰年生人为龙，可行雨，而寅年生人为虎，必伤人矣。至于化象作用，亦有喜忌配合之理，所以"化神还有几般话"也。非化斯神，喜见斯神，执一而论也。是化象亦要究其衰旺，审其虚实，察其喜忌，则吉凶有验，否泰了然矣。如化神旺而有余，宜泄化神之神为用；化神衰而不足，宜生助化神之神为用。如甲己化土，生于未戌月，土燥而旺，干透丙丁，支藏巳午。谓之有余，再行火土之运，必太过而不吉也。须从其意向，柱中有水，要行金运；柱中有金，要行水运；无金无水，土势太旺，必要金以泄之；火土过燥，要带水之金运以润之。生于丑辰月，土湿为弱，火虽有而虚，水木无而实，或干支杂其金水，谓之不足，亦须从其意向。柱中有金，要行火运；柱中有水，要行土运；金水并见，过于虚湿，要带火之土运以实之，助起化神为吉也。至于争合妒合之说，乃谬论也，既合而化，如贞妇配义夫，从一而终，不生二心。见戊己是彼之同类，遇甲乙是我之本气，有相让之谊。合而不化，勉强之意，必非佳偶。见戊己多而起争妒之风，遇甲乙众而更强弱之性。甲己之合如此，余可例推。

财		比	劫
己	甲	甲	乙
巳	辰	申	丑
才食杀	印才劫	才卩杀	财官印

戊	己	庚	辛	壬	癸
寅	卯	辰	巳	午	未

年月两干之甲乙，得当令之申金、丑内之辛金制定，不起争妒之风。时干己土临旺，与日主亲切而合，合神真实，乃谓真化。但秋金当令，化神泄气不足。至午运，助化神，中乡榜；辛巳金火土并旺，癸黄甲，宴琼林，入翰苑，仕黄堂，庚辰合乙制化比劫，仕至藩臬。

财　　　　　卩　　　才
己　　甲　　壬　　戊

巳　　辰　　戌　　辰
才食杀　印才劫　才伤官　印才劫

戊　丁　丙　乙　甲　癸
辰　卯　寅　丑　子　亥

甲木生于季秋，土旺乘权，克去壬水，又无比劫，合神更真，化气有余。惜运走东北水木之地，功名仕路，不及前造，至丑运丁酉年，暗会金局，泄化神而吐秀，登科；戊戌年发甲，仕至州牧。

食　　　　　财　　　官
甲　　壬　　丁　　己

辰　　午　　卯　　卯
劫杀伤　官财　　伤　　　伤

辛　壬　癸　甲　乙　丙
酉　戌　亥　子　丑　寅

壬水生于仲春，化象斯真。最喜甲木元神透露，化气有余。余则宜泄，斯化神吐秀，喜其坐下午，午生辰土，秀气流行。少年科甲，翰苑名高，惜乎中运水旺之地，未能显秩，终于县宰。

劫　　　　　财　　　官
癸　　壬　　丁　　己

卯　　午　　卯　　卯
伤　　官财　　伤　　　伤

辛　壬　癸　甲　乙　丙
酉　戌　亥　子　丑　寅

此与前造只换一卯字，化象更真，化神更有余。嫌其癸劫争财，年干己土，透隔无根，不能去其癸水。午火未能流行。此癸水，真乃夺标之客也。虽中乡榜，终不能出仕。

劫		官	财
壬	癸	戊	丙
戌	巳	戌	戌
官才卩	官才印	官才卩	官才卩

甲	癸	壬	辛	庚	己
辰	卯	寅	丑	子	亥

癸水生于季秋，丙火透而通根，化火斯真。嫌其时透壬水克丙，只中乡榜，直至卯运，壬水绝地，挑知县，历三任而不升，亦壬水夺财之故也。

假　从

真从之象有几人，假从亦可发其身。

原注：日主弱矣，财官强矣，不能不从；中有比劫暗生，从之不真。至于岁运财官得地，虽是假从，亦可取富贵，但其人不能免祸，或心术不端耳。

任氏曰：假从者，如人之根浅力薄，不能自立。局中虽有劫印，亦自顾不暇，而日主亦难依靠，只得投从于人也。其象不一，非专论财官而已也。与真从大同小异。四柱财官得时当令，日主虚弱无气，虽有比劫印绶生扶，而柱中食神生财，财仍破印；或有官星制劫，则日主无从依靠，只得依财官之势，财之势旺，则从财，官之势旺，则从官。从财行食伤财旺之地，从官行财官之乡，亦能兴发，看其意向，配其行运为是。然假从之象，只要行运安顿，假行真运，亦可取富贵。何谓真运？如从财有比劫分争，行官杀运必贵，行食伤运必富。有印绶暗生，要行财运；有官杀泄财之气，要行食伤运。如从官杀，有比劫帮身，逢官运而名高；有食伤破官，行财运而禄重。有印绶泄官，要财运以破印，谓假行真运，不贵亦富，反此者凶，或趋势忌义，心术不端耳。若能岁运不悖，抑假扶真，纵使身出寒微，亦能崛起家声，所为亦必正矣。此乃源浊流清之象，宜深究之。

才		杀	才
癸	己	乙	癸
酉	亥	卯	巳
食	官财	杀	劫印伤

己	庚	辛	壬	癸	甲
酉	戌	亥	子	丑	寅

春土虚脱，杀势当权，财遇旺支，喜其巳亥逢冲破印，格成弃命从杀。第卯酉冲杀，巳酉半会金局，不作真从而论。所以出身寒微。妙在中隔亥水，谓源浊流清，故能崛起家声，出类拔萃，早游泮水。壬子运中，连登科甲，以中书而履黄堂，擢观察；辛亥运金虚水实，相生不悖，仕途平坦；将来庚戌，土金并旺，水木两伤，恐不免意外风波耳。

	杀		杀		劫
	壬		丙		壬	丁

辰	申	寅	丑
官食印	食杀才	食比卩	伤财官

丙	丁	戊	己	庚	辛
申	酉	戌	亥	子	丑

丙火生于初春，火虚木嫩，嫩木逢金，紧贴相冲，连根拔尽。申金又得辰土生扶，杀势愈旺，格成从杀，用财更妙。年支丑土，生金晦火，故身出官家，早登科甲；运走西北金水，仕至观察，虽逢土运，仍得金以化之，所以无险阻也。

	财		劫		官
	癸		戊		己	乙

亥	辰	卯	卯
杀财	财比官	官	官

癸	甲	乙	丙	丁	戊
酉	戌	亥	子	丑	寅

戊土生于仲春，木正当权，坐下辰土，蓄水养木，四柱绝无金气。又得亥时，水旺生木，又无火以生化之，格取从官，非身衰论也。虽非科甲出身，运走丙子乙亥，连登仕版，位至封疆；至癸酉运，落职而亡。

	劫		官		杀
	庚		辛		丙	丁

寅	亥	寅	卯
印官财	财伤	印官财	才

庚	辛	壬	癸	甲	乙
申	酉	戌	亥	子	丑

辛金生于孟春，天干丙丁庚辛，阴阳相克。且金绝火生，地支寅木当

令，日时寅亥化木，格取从杀。运走水地，生木助火，一无凶处，连登甲榜，由县宰至郡守，生三子，皆秀发。

<table>
<tr><td>卩</td><td>　</td><td>杀</td><td>才</td></tr>
<tr><td>丁</td><td>己</td><td>乙</td><td>癸</td></tr>
<tr><td>卯</td><td>未</td><td>卯</td><td>亥</td></tr>
<tr><td>杀</td><td>卩比杀</td><td>杀</td><td>官财</td></tr>
</table>

己　庚　辛　壬　癸　甲

酉　戌　亥　子　丑　寅

己土生于仲春，春木当令会局，时干丁火，被年上癸水克去，未土又会木局，不得不从杀矣。科甲出身，仕至观察。

假　化

假化之人亦多贵，孤儿异姓能出类。

原注：日主孤弱而遇合神真，不能不化，但暗扶日主，合神又虚弱，及无龙以运之，则不真化。至于岁运扶起合神，制伏忌神，虽为假化，亦可取富贵，虽是异姓孤儿，亦可出类拔萃。但其人多执滞偏拗，作事违遭，骨肉欠遂。

任氏曰：假化之局，其象不一，有合神真而日主孤弱者，有化神有余而日带根苗者，有合神不真而日主无根者，有化神不足而日主无气者，有既合化神而日主得劫印生扶者，有既合化而闲神来伤化气者，故假化比真化尤难，更宜细究，庶得假化之机。如甲己之合，生于丑戌月，合神虽真，而日主孤弱无助，不能不化，但秋冬气翕而寒，又有金气暗泄，岁运必须逢火，去其寒湿之气，则中气和暖矣。生于辰未之月，化神虽有余，而辰乃木之余气，未是通根身库，木未尝无根，但春夏气辟而暖，又有水木藏根，岁运必须土金之地，去其木之根苗，则无分争矣。如乙庚之合，日主是木，生于夏令，合神虽不真，而日主泄气无根，土燥又不能生金，岁运必须带水之土，则能泄火养金矣。生于冬令，金逢泄气而不足，木不纳水而无气，纵有土而冻，不能生金止水，岁运必须带火之土，则解冻而气和，金得生而不寒矣。如丁壬之合，日主是丁，生于春令，壬水无根，必从丁合，不知木旺自能生火，则丁火反不从壬化木，或有比劫之助，岁运必须逢水，则火受制而木得成矣。如丙辛之合，日主是火，生于冬令，重重金水，既合且化，嫌其柱中有土，暗来损我化神，湿土虽不能止水，而水究竟混浊不清，岁运必须逢金土，则气流行而生水，化神自真矣。如是配合，以假成真，亦能名利双全，光前裕后也。总之格象非真，未免幼遭孤苦，早见蹭蹬，否则其人执傲迟疑。倘岁运不能抑假扶真，一生作事迍邅，名利无成也。

财	比		财
己	甲	甲	己
巳	子	戌	卯
才食杀	印	才伤官	劫

戊	己	庚	辛	壬	癸
辰	巳	午	未	申	酉

天干两甲逢两己，各自相合，地支卯戌合，虽不能化火生土，却无争妒之意，虽是假化，却有情而不悖。未运破其子水，中乡榜；庚午己巳，生助化神，出仕琴堂。

财	食		比
己	甲	丙	甲
巳	申	子	子
才食杀	才卩杀	印	印

壬	辛	庚	己	戊	丁
午	巳	辰	卯	寅	丑

甲木生于仲冬，印绶当权，本是杀印相生，无如坐下绝地，虚极不受水生，见己土贪合，合神虽真而失令，必赖丙火之生，解其寒凝之气。嫌其旺水秉令，则火亦虚脱，不能生扶，化神假而不清，因之人品不端，至庚辰运，甲午年，克木生土，中乡榜而不仕。

财	伤		比
己	甲	丁	甲
巳	戌	丑	寅
才食杀	才伤官	财官印	才食比

癸	壬	辛	庚	己	戊
未	午	巳	辰	卯	寅

　　甲木生于丑月，己土通根临旺，年之禄比，见丁火有相生之谊，无争炉之势。虽是假化，却有情而不悖。至庚辰运，科甲连登；辛巳壬午，南方火地，生助化神，仕至黄堂。

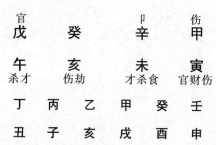

官　　　　　　　卩　　伤
戊　　癸　　辛　　甲
午　　亥　　未　　寅
杀才　　伤劫　　才杀食　官财伤

丁　丙　乙　甲　癸　壬
丑　子　亥　戌　酉　申

　　癸水生于季夏，木火并旺，月干辛金无气，不能生水，日主虽临旺地，仍受火土两逼，时干戊土，合神真而且旺，日主不能从合矣。初运壬申癸酉，金水并旺，孤苦不堪；至甲戌运，支会火局，出外大得际遇；乙亥水逢木泄，支得会局，名成异路，财帛丰盈；一交丙子，火不通根，违误落职，至壬子年不禄。

印　　　　　　　财　　食
辛　　壬　　丁　　甲
亥　　辰　　卯　　辰
食比　　劫杀伤　伤　　劫杀伤

癸　壬　辛　庚　己　戊
酉　申　未　午　巳　辰

　　壬水生于仲春，虽时逢禄印，而化神当令，又年干元神透出，时干辛金无根临绝，丁火合神，足以克之。辛金不能生水，则亥水非壬之禄旺，乃甲之长生，日干不得不从合而化矣。运走南方火地，采芹食廪，战胜棘闱；至壬申癸酉，金水破局，不但不能出仕，而且刑伤破耗。此等假化最多著作身弱用印则误矣。

秘授滴天髓阐微卷四　六亲论

顺　局

一出门来只见儿，吾儿成气构门间。从儿不管身强弱，只要吾儿又得儿。

原注：此与成象、从象、伤官不同，只取我生者为儿。如木遇火，成气象，如戊己日遇申酉戌，成西方气，或巳酉丑全会金局，不论日主强弱，而又看金能生水气，转成生育之意。此为流通，必然富贵。

任氏曰：顺者，我生之也；只见儿者，食伤多也；构门间者，月建逢食伤也，月为门户，必要食伤在提纲也。不论身强弱者，四柱虽有比劫，仍去生助食伤也。吾儿又得儿者，必要局中有财，以成生育之意也。如己身碌碌庸庸，无作无为，得子孙昌盛，振起家声，又要运行财地，儿又生孙，可享儿孙之荣矣，故为顺局。从儿与从财官不同也。然食伤生财，转成生育，秀气流行，名利皆遂。故以食伤为子，财即是孙，孙不能克祖，可以安享荣华。如见官星，谓孙又生儿，则曾祖必受其伤，故见官杀必为己害。如见印绶，是我之父，父能生我，我自有为，焉能容子？子必遭殃。无生育之意，其祸立至，是以从儿格最忌印运，次忌官运。官能泄财，又能克日，而食伤又与官星不睦，忘生育之意，起争战之风，不伤人丁，则散财矣。

财		劫	才
丙	癸	壬	丁
辰	卯	寅	卯
比官食	食	官财伤	食

丙	丁	戊	己	庚	辛
申	酉	戌	亥	子	丑

癸水生于孟春，支全寅、卯、辰东方一气，格成水木从儿，以时干丙

火为用，所谓儿又生儿。只嫌月干壬水为病，喜丁火合壬化木，反生丙火，转成生育之意，所以早登科甲，置身翰苑，仕至封疆；申运木火绝地，不禄。

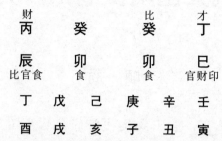

财	比		才
丙	癸	癸	丁
辰	卯	卯	巳
比官食	食	食	官财印

丁　戊　己　庚　辛　壬

酉　戌　亥　子　丑　寅

癸水生于仲春，木旺乘权，四柱无金，亦水木从儿。寅运支类东方，甲戌年入泮，丙子年中乡榜。其不及前造者，月干癸水争财，无制合之美也。喜其财星有势，仕路定可亨通。

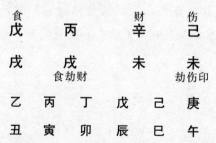

食		劫	伤
戊	丙	丁	己
戌	戌	丑	未
食劫财	食劫财	伤财官	劫伤印

辛　壬　癸　甲　乙　丙

未　申　酉　戌　亥　子

丙火生于季冬，满局皆土，格成火土从儿，丑中辛财为用，谓"一个玄机暗里存"也。所嫌丁火盖头，通根未戌，忌神深重，未能显秩。妙在中运走癸酉壬申，喜用齐来，宦途顺遂。

食		财	伤
戊	丙	辛	己
戌	戌	未	未
	食劫财		劫伤印

乙　丙　丁　戊　己　庚

丑　寅　卯　辰　巳　午

丙火生于季夏，满局皆土，格取从儿，月干辛金独发，所谓从儿又见儿也。大象观之，胜于前造，其功名富贵反不及者，何也？前造金虽不现，而丑内蓄藏三冬湿土，能晦火养金，此辛金显露，而九夏熔金，根气不固，未戌丁火当权，所谓"凶物深藏"也。兼之运走东南木火之地，虽中乡榜，一教终身。

食		伤	比
丙	甲	丁	甲
寅	午	丑	午
才食比	财伤	财官印	财伤

癸	壬	辛	庚	己	戊
未	午	巳	辰	卯	寅

甲木生于季冬，火虚而幸通根有焰，格取从儿。木虽进气，又逢禄比帮身，所谓从儿不论身强弱，非身弱论也。前造过于燥烈。此则湿土逢燥，地润天和，生育不悖。联登甲第，仕至侍郎。

才		伤	伤
壬	戊	辛	辛
子	申	丑	丑
财	比才食	劫伤财	

乙	丙	丁	戊	己	庚
未	申	酉	戌	亥	子

戊土生于季冬，辛金并透通根，坐下申金壬水，旺而逢生，纯粹可观。早游泮水，至亥运，类聚北方，高攀秋桂；交戊戌通根燥土，夺去壬水，至丙寅年冲去申金壬水之根，体用两伤，不禄。

伤		食	食
辛	戊	庚	庚
酉	申	辰	子
伤	比才食	财比官	财

丙	乙	甲	癸	壬	辛
戌	酉	申	未	午	巳

此造戊生季春，局中层叠庚辛，格取从儿。喜其支会财局，生育有情，与前大同小异，此因中年，运走土金，生助财星，所以甲第联登，仕至郡守；前造之不禄不仕，实运之背也。

<table>
<tr><td>伤</td><td></td><td>比</td><td>伤</td></tr>
<tr><td>壬</td><td>辛</td><td>辛</td><td>壬</td></tr>
<tr><td>辰</td><td>亥</td><td>亥</td><td>寅</td></tr>
<tr><td>食印才</td><td>财伤</td><td></td><td>印官财</td></tr>
</table>

丁　丙　乙　甲　癸　壬
巳　辰　卯　寅　丑　子

辛金生于孟冬，壬水当权，财逢生旺，金水两涵，格取从儿。读书一目数行，至甲寅运，登科发甲；乙卯运，由署郎出守黄堂；一交丙辰，官印齐来。又逢戊戌年冲动印绶，破其伤官，不禄。

<table>
<tr><td>比</td><td></td><td>比</td><td>伤</td></tr>
<tr><td>辛</td><td>辛</td><td>辛</td><td>壬</td></tr>
<tr><td>卯</td><td>卯</td><td>亥</td><td>子</td></tr>
<tr><td>才</td><td>才</td><td>财伤</td><td>食</td></tr>
</table>

丁　丙　乙　甲　癸　壬
巳　辰　卯　寅　丑　子

辛金生于孟冬，水势当权，虽天干三透辛金，而地支临绝，格取从儿。读书过目成诵，早年入泮，甲寅拨贡出仕县宰，乙卯运，仕路顺遂，丙辰迕误，至戌年旺土克水，而殁。

凡从儿格，行运不背逢财者，未有不富贵者也。且透气流行，人必聪明出类，学问精醇。

反　局

君赖臣生理最微，儿能救母泄天机。母慈灭子关头异，夫健何为又怕妻。

原注：木君也，土臣也。水泛木浮，土止水则生木，木旺火炽，金伐木则生火，火旺土焦，水克火则生土；土重金埋，木克土则生金，金旺水浊，火克金则生水，皆君赖臣生也，其理最妙。

任氏曰：君赖臣生者，印绶太旺之意也。此就日主而论，如日主是木为君，局中之土为臣，四柱重逢壬癸亥子，水势泛滥，木气反虚，不但不能生木，抑且木亦不能纳受其水，木必浮泛矣；必须用土止水，则木可托根，而水方能生木，木亦受其水矣，破其印而就其财，犯上之意，故为反局也。虽就日主而论，四柱亦同此论，如水是官星，木是印绶，水势太旺，亦能浮木，亦须见土而能受水，以成反生之妙，所以理最微也。火土金水，皆同此论。

才　　甲　　卩　　卩

戊　　甲　　壬　　壬

辰　　寅　　子　　辰

印劫才　才食比　印　印劫才

戊　丁　丙　乙　甲　癸

午　巳　辰　卯　寅　丑

甲木生于仲冬，虽日坐禄支，不致浮泛，而水势太旺；辰土虽能蓄水，喜其戊土透露，辰乃木余气。足以止水托根，谓君赖臣生也。所以早登科甲，翰苑名高；更妙南方一路火土之运，禄位未可限量也。

才　　甲　　卩　　卩

戊　　甲　　壬　　壬

辰　　子　　子　　戊

印才劫　印　印　才伤官

戊　丁　丙　乙　甲　癸

午　巳　辰　卯　寅　丑

甲木生于仲冬，前造坐寅而实，此则坐子而虚，所喜年支带火之戊土，较辰土力量大过矣。盖戊土之根固，足以补日主之虚，行运亦同，功名亦同，仕至尚书。

卩　　辛　　戊　　己

己　　辛　　戊　　己

亥　　酉　　辰　　巳

财伤　比　食印才　印官劫

壬　癸　甲　乙　丙　丁

戌　亥　子　丑　寅　卯

陈提督造，辛生辰月，土虽重叠，春土究属气辟而松。木有余气，亥中甲木逢生，辰酉辗转相生，反助木之根源，遥冲巳火，使其不生戊己之土，亦君赖臣生也。其不就书香者，木之元神不透也，然喜生化不悖，又运走东北水木之地，故能武职超群。

伤　　　　　卩　　劫

庚　　己　　丁　　戊

午　　卯　　巳　　午

比卩　　杀　　劫印伤　　比卩

癸　壬　辛　庚　己　戊

亥　戌　酉　申　未　午

己土生于孟夏，局中印星当令，火旺土焦，又能焚木。至庚子年春闱奏捷，带金之水足以制火之烈，润土之燥也。其不能显秩，仕路蹭蹬者，局中无水之故也。

原注：木为母，火为子。木被金伤，火克金则生木；火遭水克，土克水则生火；土遇木伤，金克木则生土；金逢火炼，水克火则生金；水因土塞，木克土则生水，皆儿能生母之意。此意能夺天机。

任氏曰：儿能生母之理，须分时候而论也。如木生冬令，寒而且凋，逢金水必冻，不特金能克木，而水亦能克木也；必须火以克金，解水之冻，木得阳和而发生矣。火遭水克，生于春初冬尽，木嫩火虚，非但火忌水，而木亦忌水，必须土来止水，培木之精神，则火得生，而木亦荣矣。土遇木伤，生于冬末春初，木坚土虚，纵有火，不能生湿土，必须用金伐木，则火有焰而土得生矣。金逢火炼，生于春末夏初，木旺火盛，必须水来克火，又能湿木润土，而金得生矣。水因土塞，生于秋冬，金多水弱，土入坤方，而能塞水，必须木以疏土，则水势通达而无阻隔矣，成母子相依之情。若木生夏秋，火生秋冬，金生冬春，水生春夏，乃休囚之位，自无余气，焉能用生我之神，以制克我之神哉？虽就日主而论，四柱之神，皆同此论。

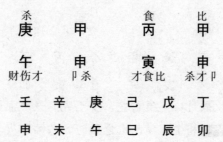

杀　　　　　食　　比

庚　　甲　　丙　　甲

午　　申　　寅　　申

财伤才　卩杀　才食比　杀才卩

壬　辛　庚　己　戊　丁

申　未　午　巳　辰　卯

春初木嫩，双冲寅禄，又时透庚金，木嫩金坚，金赖丙火逢生临旺。

尤妙五行无水，谓儿能救母，使庚申之金，不伤甲木。至巳运，丙火禄地，中乡榜，庚午运发甲，辛未运仕县宰。总嫌庚金盖头，不能升迁，壬申运不但仕路蹭蹬，亦恐不禄。

伤		伤	劫
丙	乙	丙	甲
戌	酉	子	申
财食杀	杀	卩	财印官

壬	辛	庚	己	戊	丁
午	巳	辰	卯	寅	丑

乙木生于仲冬，虽逢相位，究竟冬凋不茂，又支类西方，财杀肆逞，喜其丙火并透，则金不寒，水不冻，寒木向阳，儿能救母。为人性情慷慨。虽在经营，规模出俗，创业十余万。其不利于书香者，由戌土生杀坏印之故也。

食		伤	才
甲	壬	乙	丙
辰	辰	未	辰
		财官伤	劫杀伤

癸	壬	辛	庚	己	戊	丁	丙
卯	寅	丑	子	亥	戌	酉	申

壬水生于季夏，休囚之地，喜其三逢辰支，通根身库，辰土能蓄水养木，甲乙并透，通根制土，儿能生母。微嫌丙火泄木生土，功名不过一衿；妙在中晚运走东北水木之地，捐纳出仕，位至藩臬，富有百余万。

食		杀	才
辛	己	乙	癸
未	卯	卯	卯
卩比杀		杀	

己	庚	辛	壬	癸	甲
酉	戌	亥	子	丑	寅

己土生于仲春，四杀当令，日元虚脱极矣。还喜湿土能生木，不愁木盛，若戊土必不支矣。更妙未土，通根有余，足以用辛金制杀，儿能生母。至癸酉年，辛金得禄，中乡榜，庚戌出仕县令。所嫌者，年干癸水，

生木泄金，仕路不显，宦囊如洗。为官清介，人品端方。

原注：木母也，火子也，太旺谓之慈母，反使火炽而焚灭，是谓灭子。火土金水亦如之。

任氏曰：母慈灭子之理，与君赖臣生之意相似也，细究之，均是印旺，其关头异者，君赖臣生。局中印绶虽旺，柱中财星有气，可以用财破印也。母慈灭子。纵有财星无气，未可以财星破印也。只得顺母之性，助其子也。岁运仍行比劫之地，庶母慈而子安；一见财星食伤之类，逆母之性，无生育之意，灾咎必不免矣。

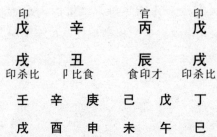

印　　　　印　　　杀
甲　　丁　　甲　　癸
辰　　卯　　寅　　卯
杀伤卩　　卩　　伤劫印　　卩

丙　丁　戊　己　庚　辛　壬　癸
午　未　申　酉　戌　亥　子　丑

此造俗谓杀印相生，身强杀浅，金水运名利双收。不知癸水之气，尽归甲木，地支寅、卯、辰全，木多火熄，母慈灭子。初运癸丑壬子，生木克火，刑伤破耗；辛亥、庚戌、己酉、戊申，土生金旺，触犯木之旺神，颠沛异常，无存身之地，是以六旬以前，一事无成。丁未运助起日元，顺母之性，得际遇，娶妾连生两子。及丙午二十年，发财数万，寿至九旬外。

印　　　　官　　　印
戊　　辛　　丙　　戊
戌　　丑　　辰　　戌
印杀比　　卩比食　　食印才　　印杀比

壬　辛　庚　己　戊　丁
戌　酉　申　未　午　巳

辛金生于季春，四柱皆土，丙火官星，元神泄尽，土重金埋，母多灭子。初运火土，刑丧破败，荡焉无存；一交庚申，助起日元，顺母之性，大得际遇；及辛酉，拱合辰丑，捐纳出仕；壬戌运，土又得地，诖误落职。

印　　　　　印　　官
戊　　辛　　戊　　丙

戊　　丑　　戊　　戊
印杀比　卩比食　印杀比　印杀比

甲　癸　壬　辛　庚　己

辰　卯　寅　丑　子　亥

此与前只换一戊字，因初运己亥、庚子、辛丑金水，丑土养金，出身富贵，辛运加捐；一交壬运，水木齐来，犯母之性，彼以土重逢木必佳，强为出仕，犯事落职。

卩　　　　　卩　　　卩
壬　　甲　　壬　　壬

申　　子　　寅　　子
才卩杀　印　　才食比　印

戊　丁　丙　乙　甲　癸

申　未　午　巳　申　卯

此俗论木生孟春，时杀独清。许其名高禄重，不知春初嫩木，气又寒凝，不能纳水；时支申金，乃壬水生地，又子申拱水，乃母多灭子也。惜运无木助，逢火运与水战，犹恐名利无成也。初行癸卯甲辰。东方木地，顺母助子，荫庇大好；一交乙巳，运转南方，父母并亡。财散人离；丙午水火交战，家业破尽而逝。

原注：木是夫也，土是妻也。木虽旺，土能生金而克木，是谓夫健而怕妻。火土金水如之，其有水逢烈火而生土，火逢寒金而生水。水生金者，润地之燥；火生木者，解天之冻。火焚木而水竭，土渗水而木枯，皆反局，学者细须详其元妙。

任氏曰：木是夫也，土是妻也。木旺土多，无金不怕，一见庚申辛酉字，土生金，金克木，是谓夫健而怕妻也。岁运逢金，亦同此论。如甲寅乙卯日元，是谓夫健，四柱多土，局内又有金，或甲日寅月，乙日卯月，年时土多，干透庚辛之金。所谓夫健怕妻，如木无气而土重，即不见金。夫衰妻旺，亦是怕妻，五行皆同此论。其有水生土者，制火之烈；火生水者，敌金之寒；水生金者，润土之燥；火生木者，解水之冻。火旺逢燥土而水竭，火能克水矣；土燥遇金重而水渗，土能克水矣；金重见水泛而木

215

枯，金能克木矣；水狂得木盛而火熄，水能克土矣；木众逢火烈而土焦，木能克金矣。此皆五行颠倒之深机，故谓反局。学者宜细详元妙之理。命学之微奥，其尽泄于此矣。

<table>
<tr><td>官</td><td></td><td>才</td><td>财</td></tr>
<tr><td>辛</td><td>甲</td><td>戊</td><td>己</td></tr>
<tr><td>未</td><td>子</td><td>辰</td><td>巳</td></tr>
<tr><td>伤财劫</td><td>印</td><td>印才劫</td><td>才食杀</td></tr>
</table>

壬 癸 甲 乙 丙 丁
戌 亥 子 丑 寅 卯

甲寅日元，生于季春。四柱土多，时透辛金，土生金，金克木谓夫健怕妻。初运木火，去其土金，早游泮水，连登科甲；甲子癸亥，印旺逢生，日元足以任其财官，仕路超腾。

<table>
<tr><td>官</td><td></td><td>才</td><td>财</td></tr>
<tr><td>辛</td><td>甲</td><td>戊</td><td>己</td></tr>
<tr><td>未</td><td>子</td><td>辰</td><td>巳</td></tr>
<tr><td>伤财劫</td><td>印</td><td>印才劫</td><td>才食杀</td></tr>
</table>

壬 癸 甲 乙 丙 丁
戌 亥 子 丑 寅 卯

甲木生于季春，木有余气，坐下印绶，中和之象。财星重叠当令，时透官星，土旺生金，夫健怕妻。初运木火，去其土金，早年入泮，科甲连登。仕路不能显秩者，只因土之病也。前造有亥，又坐禄，支更健于此，此则子未相穿坏印，彼则寅能制土，护印也。

<table>
<tr><td>财</td><td></td><td>才</td><td>卩</td></tr>
<tr><td>庚</td><td>丁</td><td>辛</td><td>乙</td></tr>
<tr><td>戌</td><td>巳</td><td>巳</td><td>亥</td></tr>
<tr><td>伤比才</td><td></td><td>伤劫财</td><td>印官</td></tr>
</table>

乙 丙 丁 戊 己 庚
亥 子 丑 寅 卯 辰

戴尚书造。丁巳日元，生于孟夏，月时两透庚辛，地支又逢生助，巳亥逢冲，去火存金，夫健怕妻。喜其运走东方木地，助印扶身，大魁天下，宦海无波；一交子运，两巳受制，不禄。

<pre>
    财   杀   财
癸   戊   甲   癸
丑   戌   子   亥
劫伤财 比印伤   财   杀才

戊 己 庚 辛 壬 癸
午 未 申 酉 戌 亥
</pre>

戊戌日元，生于子月亥年，月透甲木逢生。水生木，木克土，夫健怕妻。最喜坐下戌之燥土，中藏丁火印绶，财虽旺，不能破印，所谓"玄机暗里存也"。第嫌支类北方，财势太旺，物极必反，虽位至方伯，宦资不丰。

<pre>
 杀   财
甲   戊   癸   癸
寅   午   亥   亥
比卩杀   劫印   杀才

丁 戊 己 庚 辛 壬
巳 午 未 申 酉 戌
</pre>

仓提督造，戊午日元，生于亥月亥年。时逢甲寅杀旺，财杀肆逞，夫健怕妻，惜乎印星显露，财星足以破印，以致难就书香。幸而寅拱午印，克处逢生，以杀化印，所以武职超群。

任氏曰：予观夫健怕妻之命，颇多贵显者。少究其理，重在一"健"字之妙也。如日主不健，为财多身弱，终身困苦矣。夫健怕妻，怕而不怕，倡随之理然也。运遇生旺扶身之地，自然出人头地。若夫不健而怕妻，妻必恣性越理。男牵欲而失其刚，妇妞①悦而忘其顺，岂能富贵乎？妞音耗爱而不释也。

战　局

天战犹自可，地战急如火。

原注：干头遇甲庚乙辛，谓之天战，而得地支顺静者无害；地支寅申

---

① 妞音耗，爱而不释也。

卯酉，谓之地战，则天干不能为力。其势速凶，盖天主动，地主静故也，庚申甲寅乙卯辛酉之类是也。皆见谓之天地交战，必凶无疑，遇岁运合之会之，视其胜负，亦有可存可发者。其有一冲两冲者，只得一个合神有力，或无神库神贵神，以收其动气，息其争气，亦有佳者。至于喜神伏藏死绝者，又要冲动引用生发之气。

任氏曰：天干气专，而得地支安静，易于制化，故"天战犹自可"也；地支气杂，天干虽顺静，难于制化，故"地战急如火"也。且天干宜动不宜静，动则有用，静则愈专；地支宜静不宜动，静则有用，动则根拔。必得合神有力，会神成局，息其动气，或库神收其动神，安其静神，谓动中助静，以凶化吉。如甲寅、庚申、乙卯、辛酉、丙寅、壬申、丁卯、癸酉之类，天地交战，虽有合神会神，亦不息其动气，其势速凶。如谓两不冲一，此谬言也。两寅一申，冲去一寅，存一寅也；如两申逢一寅，纵使不冲，金多木少，亦能克尽矣。故天干论克。地支言冲，冲即克也，显然之理，又何疑耶？至于用神伏藏，或用神被合，柱中无引用之神，反宜冲而动之，方能发用。故合有宜不宜，冲亦有宜不宜也，须深究之。

才		卩	杀
辛	丁	乙	癸
亥	未	卯	酉
印官	比食卩	卩	才

己	庚	辛	壬	癸	甲
酉	戌	亥	子	丑	寅

李都司造，丁火生于仲春，支全木局，癸坐酉支。似乎财滋弱杀，杀印相生。不知卯酉逢冲，破其印局；天干乙辛交战，又伤印之元神，则财杀肆逞。至辛运壬子年，又逢财杀，犯法遭刑。

才		杀	卩
己	乙	辛	癸
卯	卯	酉	酉
比	比		杀

乙	丙	丁	戊	己	庚
卯	辰	巳	午	未	申

天干乙辛己癸，地支两卯两酉，金锐木凋，天地交战。金当令，反有己土之生，木休囚，癸水不能生扶。中运南方，火运制杀，异路出身，升知县，至辰运生金助煞，遂罹国法。

<table>
<tr><td>食</td><td></td><td>比</td><td>比</td></tr>
<tr><td>甲</td><td>壬</td><td>壬</td><td>壬</td></tr>
<tr><td>辰</td><td>午</td><td>寅</td><td>申</td></tr>
<tr><td>劫杀伤</td><td>官财</td><td>杀才食</td><td>杀比卩</td></tr>
</table>

戊	丁	丙	乙	甲	癸
申	未	午	巳	辰	卯

壬水生于寅月，年月两透比肩，坐申逢生，水势通源。且春初木嫩，逢冲似乎不美，喜其坐下午火，能解春寒，木得发生，金亦有制。更妙时干甲木，元神发露，天干之水，亦有所归，运行大地，有生化之情，无争战之患矣。是以棘闱奏捷，出宰名区，至申运，两冲寅木，不禄。

<table>
<tr><td>印</td><td></td><td>比</td><td>比</td></tr>
<tr><td>辛</td><td>壬</td><td>壬</td><td>壬</td></tr>
<tr><td>丑</td><td>申</td><td>寅</td><td>申</td></tr>
<tr><td>官印劫</td><td>杀比卩</td><td>杀才食</td><td>杀比卩</td></tr>
</table>

戊	丁	丙	乙	甲	癸
申	未	午	巳	辰	卯

天干三壬，地支两申。春初木嫩，难当两申夹冲，五行无火，少制化之情，更嫌丑时湿土生金，谓气浊神枯之象。初运癸卯甲辰，助其木之不足，荫庇有余；乙巳刑冲并见，刑丧破败；丙午群比争财，天干无木之化，家破身亡。

<table>
<tr><td>杀</td><td></td><td>伤</td><td>官</td></tr>
<tr><td>甲</td><td>戊</td><td>辛</td><td>乙</td></tr>
<tr><td>寅</td><td>申</td><td>巳</td><td>亥</td></tr>
<tr><td>比卩杀</td><td>比才食</td><td>比卩食</td><td>杀才</td></tr>
</table>

乙	丙	丁	戊	己	庚
亥	子	丑	寅	卯	辰

天干乙辛甲戊，地支寅申巳亥，天地交战，似乎不美。然喜天干乙辛，去官星之混杀，地支寅申，制杀之肆逞。巳亥逢冲，坏印本属不喜，

喜在立夏后十天，戊土司令，则亥水受制，而巳火不伤。中年运途，木火助印扶身，联登甲第，仕至郡守；至子运，扶起亥水，生煞坏印，不禄。

<table>
<tr><td>杀</td><td></td><td>官</td><td>劫</td></tr>
<tr><td>庚</td><td>甲</td><td>辛</td><td>乙</td></tr>
<tr><td>庚</td><td>子</td><td>巳</td><td>亥</td></tr>
<tr><td>财伤</td><td>印</td><td>才食杀</td><td>比卩</td></tr>
</table>

乙　丙　丁　戊　己　庚

亥　子　丑　寅　卯　辰

天干甲乙庚辛，地支巳亥子午。天地交战，局中火旺水衰，印绶未尝不喜官杀之生。不知庚辛在巳午之上，与亥子茫无关切，正谓克泄交加；兼之运途不逢水地，刑耗异常，克三妻四子。至丁丑运合去子水，晦火生金，一事无成而亡。

合　局

　　合有宜不宜，合多不为奇。

　　原注：喜神有能合而助之者，如以庚为喜神，得乙合而助金；凶神有能合而去之者，如以甲为凶神，得己合而去之；动局有能合而静者，如子午相冲，得丑合而静；生局有能合而成者，如甲生于亥，得寅合而成，皆是也。若助起凶神之合，如己为凶神，甲合之则助土，羁绊喜神之合；如乙是喜神，庚合之则羁绊，掩蔽动局之合；丑未喜神，子午合之则闭，助其生局之合；不喜甲木，寅亥合之则助木，皆不宜也。大率多合则不流通，不奋发，虽有秀气，亦不为奇矣。

　　任氏曰：合固美事，然喜合而合之最美，若忌合而合之，比冲愈凶也。何也？冲得合而静之则易，合得冲而静之则难，故喜神有能合而助之者为美。如庚为喜神，得乙合而助之者是也。凶神有能合而去之者更美，如甲为凶神，得巳合而去之者是也。闲神凶神有能合而化喜者，如癸为凶神，戊为闲神，戊癸合而化火为喜神是也；闲神忌神有能合而化喜者，如壬为闲神，丁为忌神，丁壬合而化木为喜神是也。如子午逢冲，喜神在午，得丑合之；寅申逢冲，喜神在寅，得亥合之，皆是宜也。如忌神得合而助之者，己以为忌神，甲合之，则为助忌之合；以乙为喜神，庚合之，则为恋凶之合；有喜神闲神合化忌神者，以丙为喜神，辛为闲神，丙辛合化水为忌神是也；有闲神忌神合化凶神者，以壬为闲神，丁为忌神，丁壬合化木为凶神是也。如卯酉逢冲，喜神在卯，得辰合之，化金仍克木者，巳亥逢冲，喜神在巳，得申合之；化水仍克火者，皆是不宜也。大率忌神合而化去之，喜神合而化来之。若忌神合而不去，不足为喜；喜神合而不来，不足为美，反为羁绊贪恋而无用矣。来与不来，即化与不化也，宜审察之。

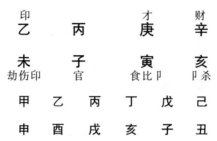

	印		才	财
	乙	丙	庚	辛
	未	子	寅	亥
	劫伤印	官	食比卩	卩杀

甲	乙	丙	丁	戊	己
申	酉	戌	亥	子	丑

朱中堂造，丙子日元，生于春初，火虚木嫩，用神在木，忌神在金。最喜亥水流通金性，合寅生木为宜。时支未土，又得乙木盘根之制，去浊留清，中和纯粹。为人宽厚和平，一生宦途安稳。

	印		卩	杀
	辛	壬	庚	戊
	丑	寅	申	子
	官印劫	杀才食	杀比卩	劫

丙	乙	甲	癸	壬	辛
寅	丑	子	亥	戌	酉

壬寅日元，生于孟秋，秋水通源，重重印绶。戊丑之土，能生金，不能制水，置之不用，只得顺水之性，以寅木为用。至癸运，泄金生木入泮；亥运支类北方，去其丑土湿滞之病，又生合寅木，科甲连登，名高翰苑。所嫌者，寅申逢冲，秀气有伤，降知县。甲子水木齐来，仕路平安，乙运合庚助虐，罢职回家；丑运生金，不禄。

	劫		杀	劫
	丁	丙	壬	丁
	酉	午	寅	亥
	财	伤劫	食比卩	卩杀

$$\begin{array}{cccccc} 丙 & 丁 & 戊 & 己 & 庚 & 辛 \\ 申 & 酉 & 戌 & 亥 & 子 & 丑 \end{array}$$

丙午日元，生于寅月，天干两透丁火，可知矣。壬水通根亥支，正杀印相生。所嫌者丁壬寅亥，化木为忌，以致劫刃肆逞，群劫争财。初交北方金水，遗业丰盛；戊戌运又会火局，克尽金水，家破身亡。

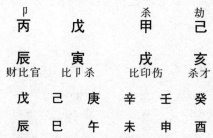

$$\begin{array}{cccc} \overset{刃}{丙} & 戊 & \overset{杀}{甲} & \overset{劫}{己} \\ 辰 & 寅 & 戌 & 亥 \\ 财比官 & 比刃杀 & 比印伤 & 杀才 \end{array}$$

$$\begin{array}{cccccc} 戊 & 己 & 庚 & 辛 & 壬 & 癸 \\ 辰 & 巳 & 午 & 未 & 申 & 酉 \end{array}$$

谢侍郎造，戊生季秋，土司令，劫印并透，日主未尝不旺。但甲木进气，支得长生禄旺，又辰为木之余气，泄火养木，无金以制之，杀势旺矣。喜其甲己合之为宜，则日主不受其克；更妙中年运走土金，制化合宜，名高禄重。

$$\begin{array}{cccc} \overset{刃}{丙} & 戊 & \overset{杀}{甲} & \overset{劫}{己} \\ 辰 & 寅 & 戌 & 巳 \\ 财比官 & 比刃杀 & 比印伤 & 比刃食 \end{array}$$

$$\begin{array}{cccccc} 戊 & 己 & 庚 & 辛 & 壬 & 癸 \\ 辰 & 巳 & 午 & 未 & 申 & 酉 \end{array}$$

此与前造只换一亥字，则土无水润，不能养木，甲己之合为不宜，杀无气势，劫肆逞矣。壬申运生化，虽得一衿而不第；中运又逢土金，刑妻克子，家业潜消；至巳运而卒。毫厘千里之隔也。

$$\begin{array}{cccc} \overset{食}{丙} & 甲 & \overset{刃}{壬} & \overset{伤}{丁} \\ 寅 & 子 & 寅 & 未 \\ 才食比 & 印 & 才食比 & 伤财劫 \end{array}$$

$$\begin{array}{cccccc} 丙 & 丁 & 戊 & 己 & 庚 & 辛 \\ 申 & 酉 & 戌 & 亥 & 子 & 丑 \end{array}$$

甲木生于寅月寅时，木嫩气虚，以丙火解冻敌寒为用，以壬水克丙为忌，最喜丁壬之合化木，反生丙火。癸酉年本属不吉，喜其大运在己，能克癸水，棘闱奏捷。戊运卯年发甲，惜限于地，未能大用。

<table>
<tr><td>比</td><td></td><td>卩</td><td>伤</td></tr>
<tr><td>甲</td><td>甲</td><td>壬</td><td>丁</td></tr>
<tr><td>子</td><td>戌</td><td>寅</td><td>亥</td></tr>
<tr><td>印</td><td>才伤官</td><td>才食比</td><td>比卩</td></tr>
</table>

丙　丁　戊　己　庚　辛

申　酉　戌　亥　子　丑

甲生寅月，得时当令，如用丁火，壬水合去，如用戌土，寅亥生合克戌，一生成败不一，刑耗多端。还喜中运不背，温饱而已。所以合之宜者，名利裕如；合之不宜者，刑伤破败。

君　象

君不可抗也。贵乎损上以益下。

原注：日主为君，财神为臣。如甲乙日主，满局皆木，内有一二土气，是君盛臣，其势要多方以助臣。火生之，土实之，金卫之，庶下全而上安。

任氏曰：君不可抗者，无犯上之理也。损上者，泄上也，非克制也，上泄则下受益矣。如以甲乙日主为君，满局皆木，内只有一二土气，君旺盛而臣极衰矣，其势何如哉？惟有顺君之性，火以行之，火行则木泄，土得生扶，为损上以益下，则上不亢君，下得安臣矣。若以金卫之，则抗君矣。且木盛能令金自缺，君仍不能抗，反触其怒，而臣更泄气，不但无益，而有害也，岂能上安而下全乎？

<table>
<tr><td>劫</td><td></td><td>食</td><td>比</td></tr>
<tr><td>乙</td><td>甲</td><td>丙</td><td>甲</td></tr>
<tr><td>亥</td><td>戌</td><td>寅</td><td>戌</td></tr>
<tr><td>比卩</td><td>才伤官</td><td>才食比</td><td>才伤官</td></tr>
</table>

壬　辛　庚　己　戊　丁

申　未　午　巳　辰　卯

甲生于寅月，又得亥之生，比劫之助。年日两支之戌土虚弱，谓君盛臣衰，最喜月透丙火，顺君之性，戌土得生拱之情，则上安而下全。己巳运，火土并旺，科甲连登；庚午辛未，火得地，金无根，又有丙火回光，庚辛不能抗君，午未足以益臣，仕至藩臬；壬申冲寅，克丙，逆君之性，不禄。

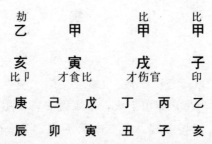

劫	比		比
乙	甲	甲	甲
亥	寅	戌	子
比卩	才食比	才伤官	印

庚	己	戊	丁	丙	乙
辰	卯	寅	丑	子	亥

甲寅日元，生于季秋，土王用事，不比春时虚土，所以此一戌，足以抵彼之两戌。生亥时，又天干皆木，君盛臣衰，所嫌者，局中无火以行之，群比争财，无以益臣，则上不安而下难全矣。初运北方水旺，助君之势，刑丧破耗，祖业不保；丁丑运，火土齐来，稍成家业；戊寅己卯土无根，木临旺，回禄三次，起倒异常，刑妻克子，至卯而亡。

臣　象

臣不可过也，贵乎损下而益上。

原注：日主为臣，官星为君。如甲乙日主，满盘皆木，内有一二金气，是臣盛君衰，其势要多方以助金。用带土之火，以泄木气；用带火之土，以生金神，庶君安臣全。若木火又盛，无可奈何，则当存君之子，少用水气，一路行火地，方得发福。

任氏曰：臣不可过，须化之以德也，庶臣顺而君安矣。如甲乙日主，满局皆木，内只一二金气，臣盛而君衰极矣。若金运制臣，是衰势而行威令，必有抗上之意，必须带火之土运，木见火而相生，臣心顺矣；金逢土而得益，君心安矣。若水木并旺，不见火土，当存君之子，一路行水木之运，亦可安君。若木火并旺，则宜顺臣之心，一路行火运，亦可安君。所谓臣盛而性顺，君衰而仁慈，亦上安而下全。若纯用土金以激之，非安上全下之意也。

杀		比	才
庚	甲	甲	戊
午	寅	寅	寅
财伤			才食比

庚	己	戊	丁	丙	乙
申	未	午	巳	辰	卯

甲寅日元，年月皆寅，满盘皆木，时上庚金无根，臣盛君衰极矣。喜其午时流通木性，则戊土弱而有根，臣心顺矣。又逢丙辰、丁巳、戊午、己未，带土之火，生化不悖，臣顺君安，早登科甲，仕至侍郎；庚申运，不能用臣，不禄。

官		劫	印
辛	甲	乙	癸
未	寅	卯	卯
伤财劫	才食比	劫	劫

己	庚	辛	壬	癸	甲
酉	戌	亥	子	丑	寅

甲寅日元，年月皆卯，又透乙癸。未乃南方燥土，木之库根，非生金之土，故辛金之君，无能为矣。当存君之子，以癸水为用，运逢甲寅癸丑，遗绪丰盈；壬子辛亥，名利两优；一交庚戌，土金并旺，不能容臣，犯事落职，破耗克子而亡。

杀		比	比
甲	戊	戊	戊
寅	午	午	午
比卩杀		劫印	

甲	癸	壬	辛	庚	己
子	亥	戌	酉	申	未

此造三逢戊午，时杀虽坐禄支，局中无水，火土燥烈，臣盛君衰。且寅午拱会，木从火势，转生日主，君恩虽重，而日主之意向，反不以甲木为念，故运走西方金地，功名显赫，甚重私情，不以君恩为念也。运逢水旺，又不能存君之子，违误落职。

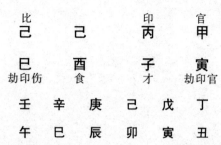

<table>
<tr><td>比</td><td></td><td>印</td><td>官</td></tr>
<tr><td>己</td><td>己</td><td>丙</td><td>甲</td></tr>
<tr><td>巳</td><td>酉</td><td>子</td><td>寅</td></tr>
<tr><td>劫印伤</td><td>食</td><td>才</td><td>劫印官</td></tr>
</table>

壬　辛　庚　己　戊　丁

午　巳　辰　卯　寅　丑

己酉日元，生于仲冬，甲寅官生坐禄，子水财星当令，财旺生官，时逢印绶，此谓君臣两盛。更妙月干丙火一透，寒土向阳，转生日主，君恩重矣。早登科甲，翰苑名高。缘坐下酉金，支得巳时之拱，火生之，金卫之，水养之，而日主之力量，足以克财，故其为官重财，而忘君恩矣。

母　象

知慈母恤孤之道，始有瓜瓞无疆之庆。

原注：日主为母，日之所生者为子。如甲乙日主，满柱皆木，中有一二火气，是母旺子孤。其势要多方以生子孙，成瓜瓞之绵绵，而后流发于千世之下。

任氏曰：母众子孤，不特子仗母势，而母之情亦依乎子，故子母二人，皆不宜损抑。只得助其子势，则母慈而子益昌矣。如日主甲乙木为母，内只有一二火气，其余皆木，是母多子病。一不可见水，见水子必伤；二不可见金，见金则触母性。母子不和，子势愈孤。惟行带火土之运，则母性必慈，其性向子。子方能顺母之意而生孙，以成瓜瓞，衍庆于千世之下。若行带水之土运，则母情有变，而反不容子矣。

<table>
<tr><td>才</td><td></td><td>劫</td><td>财</td></tr>
<tr><td>己</td><td>乙</td><td>甲</td><td>戊</td></tr>
<tr><td>卯</td><td>卯</td><td>寅</td><td>午</td></tr>
<tr><td>禄比</td><td>禄比</td><td>财伤劫</td><td>才食</td></tr>
</table>

庚　己　戊　丁　丙　乙

申　未　午　巳　辰　卯

乙卯日元，生于寅月卯时，满盘皆木，只有年支午火，母旺子孤。喜其会子，寅午半会，母之性慈而向子，子亦能顺母之意，而生戊土之孙。

更喜运中火土，所以少年早登虎榜，身入凤池，仕至侍郎。一交庚申，触母之性，不禄。

<pre>
    劫   食   印
乙   甲   丙   癸

亥   寅   辰   卯
比卩 才食禄比 印才劫 劫

庚 辛 壬 癸 甲 乙

戌 亥 子 丑 寅 卯
</pre>

甲寅日元，生于季春，支类东方，又生亥时一点丙火虚露，母众子孤。辰乃湿土，晦火养木，兼之癸水透干，时逢亥旺，母无慈爱恤孤之心，反有灭子之意。初运乙卯甲寅，尚有生扶爱子之情，其乐自如；一交癸丑，带水之土，母心必变，子不能安，破败异常；至壬子，克绝其子，家破人离，自缢而亡。

子　象

知孝子奉亲之方，始克谐成大顺之风。

原注：日主为子，生日者为母。如甲乙满局皆是木，中有一二水气，为子众母衰，其势要多方以安母。用金以生水，用土以生金，则成母子之情，为大顺矣。设或无金，则水之神依乎木，而行木火金盛地亦可。

任氏曰：子众母衰，母之性依乎子，须要安母之心，亦不可逆子之性。如甲乙日为主，满局皆木，中有一二水气，谓子众母孤，母之情依乎子，必要安母之心。一不可见土，见土则子恋妇而不顾母，母不安矣；二不可见金，见金则母势强而不容子，子必逆矣。惟行带水之金运，使金不克木而生水，则母情必依子，子情亦顺母矣，以成大顺之风。若行带土之金运，妇性必悍，母子皆不能安，人事莫不皆然也，此四章虽主木论，火土金水亦如之。

<pre>
    劫   劫   印
乙   甲   乙   癸

亥   寅   卯   亥
卩比 才食比 劫   比卩
</pre>

己　庚　辛　壬　癸　甲

酉　戌　亥　子　丑　寅

甲寅日元，生于仲春，卯亥寅亥拱合，满局皆木，则年干癸水无势。子旺母孤，其情依乎木，木之性亦依乎水，谓母子情协。初运甲寅癸丑，荫庇有余，早游泮水；壬子中乡榜，辛亥金水相生，由县宰迁省牧；庚戌土金并旺，母子不安，诖误落职而亡。

比　　　　　　　财　　　劫
甲　　甲　　己　　乙

子　　寅　　卯　　亥
印　　才食比　　劫　　比卩

癸　甲　乙　丙　丁　戊

酉　戌　亥　子　丑　寅

甲寅日元，生于仲春，满局皆木，亥卯又拱，时支子水衰极，其情更依乎木。日主恋己土之私情，而不顾母。丁丑运，火土齐来，反不容母；谚云"妇不贤则家不和"，刑伤破耗。丙子火不通根，平安无咎；甲戌又逢土旺，破耗异常；乙亥癸酉，生化不悖，续妻生子，重振家声；壬申晚景愈佳，金水相生之故也。

性　情

五气不戾，性情中和；浊乱偏枯，性情乖逆。

原注：五气在天，则为元亨利贞；赋在人，则仁、义、礼、智、信之性，恻隐，羞恶，辞让，是非诚实之情。五气不戾者，则其存之而为性，发之而为情，莫不中和矣。反此者乖戾。

任氏曰：五气者，先天《洛书》之气也。阳居四正，阴居四隅，土寄居于艮坤，此后天定位之应。东方属木，于时为春，于人为仁；南方属火，于时为夏，于人为礼；西方属金，于时为秋，于人为义；北方属水，于时为冬，于人为智。坤艮为土，坤居西南者，以火生土，以土生金也；艮居东北者，万物皆主于土，冬尽春来，非土不能止水，非土不能栽木，犹仁、义、礼、智之性，非信不能成。故圣人易艮于东北者，即信以成之之旨也。赋于人者，须要五行不戾，中和纯粹，则有恻隐、辞让、诚实之

· 228 ·

情；若偏枯混浊，太过不及，则有是非、乖逆、骄傲之性矣。

才		食	财
戊	甲	丙	己
辰	子	寅	丑
印才劫	印	才食比	财官印
庚	辛	壬	癸	甲	乙
申	酉	戌	亥	子	丑

甲子日元，生于孟春，木当令而不太过，火居相位不烈，土虽多而不燥，水虽少而不涸，金本无而暗蓄，则不受火之克，而得土之生，无争战之风，有相生之美。为人不苟，无骄谄刻薄之行，有谦恭仁厚之风。

杀		卩	比
乙	己	丁	己
丑	卯	卯	酉
比食才		杀	食
辛	壬	癸	甲	乙	丙
酉	戌	亥	子	丑	寅

己卯日元，生于仲春，土虚寡信，木多金缺，阴火不能生湿土，礼义皆虚。且八字纯阴，一味趋炎附势，其心存损人利己之事，萌幸灾乐祸之意。

卩		印	比
甲	丙	乙	丙
午	子	未	戌
伤劫	官	劫伤印	食劫财
辛	庚	己	戊	丁	丙
丑	子	亥	戌	酉	申

丙生季夏，火炎土燥，天干甲乙，枯木助火之烈。更嫌子水冲激之炎，偏枯混乱之象。性情乖张，处世多骄傲，且争躁如风火，顺其性千金不惜，逆其性一芥中分。因之家业破败无存。

　　火烈而性燥者，遇金水之激。

原注：火烈而能顺其性，必明顺，惟金水激之，其燥急不可御矣。

任氏曰：火燥而烈，其炎上之性，只可纯用湿土润之，则知礼而成慈爱之德；若遇金水激之，则火势愈烈而不知礼，灾祸必生也。湿土者，丑辰也，晦其光，敛其烈，则明矣。

伤		卩	比
己	丙	甲	丙
丑	午	午	戌
伤财官		伤劫	才劫财

庚	己	戊	丁	丙	乙
子	亥	戌	酉	申	未

丙午日元，生于午月，年月又逢甲丙，猛烈极矣。最喜丑时，干支皆湿土，能收丙之烈，能晦午之光，顺其性，悦其情，不陵下也。其人威而不猛，严而不恶，名利双辉。

卩		卩	财
甲	丙	甲	辛
午	子	午	巳
伤劫	官	伤劫	食比才

戊	己	庚	辛	壬	癸
子	丑	寅	卯	辰	巳

丙火生于午月午时，木从火势，烈之极矣。无土以顺其性，金无根，水无源，激其猛烈之性，所以幼失父母，依兄嫂居。好勇不安分，年十六七，身材雄伟，膂力过人，好习拳棒，乐与里党无赖交游，放宕无忌，兄嫂不能禁，后因搏虎，而被虎噬。

水奔而性柔者，全金木之神。

原注：水盛而奔，其性至刚至急，惟有金以行之，木以纳之，则柔矣。

任氏曰：水性本柔，其冲奔之势，刚急为最。若逢火冲之，土激之，则逆其性而更刚矣。奔者，旺极之势也，用金以顺其势，用木以疏其淤塞，所谓从其旺势，纳其狂神，其性反柔。刚中之德，易进难退之意也，虽智巧多能，而不失仁义之情矣。

<table>
<tr><td>卩</td><td></td><td>食</td><td>劫</td></tr>
<tr><td>庚</td><td>壬</td><td>甲</td><td>癸</td></tr>
<tr><td>子</td><td>申</td><td>子</td><td>亥</td></tr>
<tr><td>劫</td><td>杀比卩</td><td>劫</td><td>食比</td></tr>
</table>

戊　己　庚　辛　壬　癸

午　未　申　酉　戌　亥

　　壬申日元，生于子月，年时亥子，干透癸庚，其势冲奔，不可遏也。月干甲木凋枯，又被金伐之，不能纳水，反用庚金顺其气势。为人刚柔相济，仁德兼资，积学笃行，不求名誉。初运癸亥，从其旺神，荫庇大好；壬戌水不通根，戌土激之，刑丧破耗；辛酉庚申入泮补廪，又得四子，家业日增；一交己未，激其冲奔之势，连克三子，破耗异常，至戌运而亡。

<table>
<tr><td>比</td><td></td><td>比</td><td>比</td></tr>
<tr><td>壬</td><td>壬</td><td>壬</td><td>壬</td></tr>
<tr><td>寅</td><td>辰</td><td>子</td><td>寅</td></tr>
<tr><td></td><td>劫杀伤</td><td>劫</td><td>杀才食</td></tr>
</table>

戊　丁　丙　乙　甲　癸

午　巳　辰　卯　寅　丑

　　天干四壬，生于子月，冲奔之势。最喜寅时。疏其辰土之淤塞，纳其壬水之旺神，所以不骄不傲，赋性颖异，读书过目不忘，为文倚马万言。甲寅入泮，乙卯登科，奈数奇不能得遂所学，至丙辰，冲激旺水，群比争财，不禄。

<table>
<tr><td>杀</td><td></td><td>劫</td><td>劫</td></tr>
<tr><td>戊</td><td>壬</td><td>癸</td><td>癸</td></tr>
<tr><td>申</td><td>子</td><td>亥</td><td>未</td></tr>
<tr><td>杀比卩</td><td>劫</td><td>食比</td><td>财官伤</td></tr>
</table>

丁　戊　己　庚　辛　壬

巳　午　未　申　酉　戌

　　壬子日元，生于亥月申时，年月两透癸水，只可顺其势，不可逆其流。所嫌未戌两字，激水之性，故其为人是非倒置，作事不端，无所忌惮。初运壬戌，支逢土旺，父母皆亡；辛酉庚申，泄土生水，虽无赖邪僻之行，幸免凶咎；一交己未，助土激水，一家五口，回禄烧死。

木奔南而软怯。

原注：木之性见火为慈，奔南则仁之性行于礼，其性软怯。得其中者，为恻隐辞让，偏者为姑息，为繁缛矣。

任氏曰：木奔南，泄气太过，柱中有金，必得水以通之，则火不烈；如无金，必得辰土以收火气，得其中矣，为人恭而有礼，和而中节。如无水以济土，土以晦火，发泄太过，则聪明自恃，又多迁变不常，而成妇人之仁矣。

食　　　　　卩　　　杀

丙　　甲　　壬　　庚

寅　　午　　午　　辰

才食比　　财伤　　　　印才劫

戊　丁　丙　乙　甲　癸

子　亥　戌　酉　申　未

甲午日元，生于午月，木奔南方，虽时逢禄元，丙火逢生，寅午拱火，非日主有矣。最喜月透壬水以济火，然壬水无庚金之生，不能克丙为用，庚金无辰土，亦不能生水。此造所妙者辰也，晦火，养木，蓄水，生金，使火不烈，木不枯，金不熔，水不涸，全赖辰之一字，得中和之象。申运壬水逢生，及乙酉金旺水生，入泮补廪而举于乡；丙戌火土并旺，服制重重；丁亥壬水得地，出宰闽中，德教并行，改成民化。所谓刚柔相济，仁德兼资也。

食　　　　　比　　　食

丙　　甲　　甲　　丙

寅　　申　　午　　戌

才食比　　才卩杀　　财伤　　才伤官

庚　己　戊　丁　丙　乙

子　亥　戌　酉　申　未

甲申日元，生于午月，两透丙火，支会火局。木奔南方，燥土不能晦火生金，无水则申金克尽，柔软极矣。其为人昵私恩，不知大体，作事狐疑，少决断，所为心性多疑，贪小利，背大义，一事无成。

金见水以流通。

原注：金之性，最方正，有断制执毅，见水则义之性行而为智，智则

232

元神不滞，故流通。得气之正者，是非不苟，有斟酌，有变化；得气之偏者，必泛滥流荡。

任氏曰：金者，刚健中正之体也，能任大事，能决大谋，见水则流，通刚毅之性，能用智矣。得气之正者，金旺遇水也，其人内方外圆，能知权变，处世不伤廉惠，行藏自合中庸；得气之偏者，金衰水旺也，其人作事荒唐，口是心非，有挟术待人之意也。

财		伤	才
乙	庚	癸	甲
酉	子	酉	申
劫	伤	劫	ㄗ食比

己	戊	丁	丙	乙	甲
卯	寅	丑	子	亥	戌

庚生酉月，又年时申酉，秋金锐锐。喜其坐下子水，透出癸水元神，流通金性，泄其精华。为人任大事而布置有方，处烦杂而主张不靡，且慷慨好施，克己利人也。

杀		食	食
丙	庚	壬	壬
子	辰	子	申
伤	伤ㄗ财	伤	ㄗ食比

戊	丁	丙	乙	甲	癸
午	巳	辰	卯	寅	丑

庚生仲冬，天干两透壬水，支会水局。金衰水旺，本属偏象，更嫌时透丙火混局。金主义而方，水司智而圆。金多水少，智圆行方；水泛金衰，方正之气绝，圆智之心盛矣。中年运逢火土，冲激壬水之性，刑伤破耗，财散人离，半生奸诈，诱人财物，尽付东流。凡人穷达富贵，数已注定，君子乐得为君子，小人枉自为小人。

最拗者西水还南。

原注：西方之水，发源最长，其势最旺，无土以制之，木以纳之，如浩荡之势。不顺行，反行南方，则逆其性，非强拗而难制乎？

任氏曰：西方之水，发源昆仑，其势浩荡，不可遏也。亦可顺其性，用木以纳之，则智之性行于仁矣。如用土制之，若不得其情，有反冲奔之患，其性仍逆而强拗。至于还南，其冲激之势，尤难砥定，强拗异常，全无仁礼之性矣。

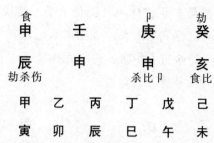

壬申日元，生于亥年申月，亥为天门，申为天关，即天河之口，正西方之水，发源最长。所喜者，时干甲木得辰土，通根养木，足以纳水，则智之性行而为仁，礼亦备矣。为人有惊奇之品汇，无巧利之才华。中年南方火运，得甲木生化，名利两全。

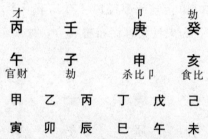

壬子日元，生于申月亥年，西方之水，浩荡之势，无归纳之处，时逢丙午，冲激以逆其性。为人强拗无礼，兼之运走南方火土，家业破败无存。至午运，强人妻，被人殴死。俗以丙火为用，运逢火土为佳，不知金水同心。可顺而不可逆。须逢木运，生化有情，可免凶灾，而人亦知礼矣。

至刚者东火转北。

原注：东方之火，其气焰欲炎上，局中无土以收之，水以制之，焉能安焚烈之势？若不顺行而反行北方，则逆其性矣，能不刚暴耶？

任氏曰：东方之火，火逞木势，其炎上之性，不可御也，只可顺其刚烈之性，用湿土以收之，则刚烈之性，化为慈爱之德矣。一转北方，焉制焚烈之势？必刚暴无礼。若无土以收之，仍行火木之运，顺其气势，亦不失慈让恻隐之心矣。

伤		卩	比
己	丙	甲	丙
丑	午	午	寅
伤财官		伤劫	食比卩

庚	己	戊	丁	丙	乙
子	亥	戌	酉	申	未

丙午日元，生于午月寅年，年月又透甲丙，其焚烈炎上之势，不可遏也。最妙丑时在支，湿土收其猛烈之性，为人有容有养，骄谄不施。运逢土金，仍得丑土之化。科甲连登，仕至郡守。

才		比	劫
庚	丙	丙	丁
寅	午	午	卯
食比卩	伤劫		印

庚	辛	壬	癸	甲	乙
子	丑	寅	卯	辰	巳

丙午日元，生于午月，年时寅卯，庚金无根，置之不用，格成炎上。局中无土吐秀，书香不利，行伍出身。至卯运得官，壬运失职；寅运得军功，骤升都司；辛丑运生化之机无气，一交庚子，冲激午刃，又逢甲子年双冲羊刃，死于军中。

顺生之机，遇击神而抗。

原注：如木生火，火生土，一路顺其性情次序，自相和平。中遇击神，而不得遂其顺生之性，则抗而勇猛。

任氏曰：顺则宜顺，逆则宜逆，则和平而性顺矣。如木旺得火以通之，顺也；土以行之，生也，不宜见金水之击也。木衰，得水以生之，反顺也；金以助水，逆中之生也，不宜见火土之击也。我生者为顺，生我者为逆；旺者宜顺，衰者宜逆，则性正情和。如遇击神，旺者勇急，衰者懦弱。如格局得顺逆之序，其性情本和平，至岁运遇击神，亦能变为强弱。宜细究之。

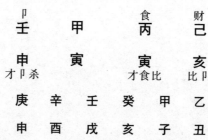

甲寅日元，生于寅月，木旺得丙火透出，顺生之机，通辉之象，读书过目成诵。所嫌者时遇金水之击，年干己土虚脱，不制其水；兼之初运北方水地，不但功名难遂，而且破耗刑伤；一交辛酉，助水之击，合去丙火而亡。

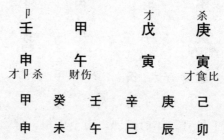

甲午日元，生于寅月，戊土透出，寅午拱火，顺生之机，德性慷慨，襟怀磊落。亦嫌时逢金水之击，读书未售，破耗多端；兼之中运不齐，有志未伸。还喜春金不旺，火土通根，体用不伤，后昆继起。

逆生之序，见闲神而狂。

原注：如木生亥，见戌酉申则气逆，非性之所安。一遇闲神，若巳酉丑逆之，则必发而为狂猛。

任氏曰：逆则宜逆，顺则宜顺，则性正情和矣，如木旺极，得水以生之，逆也；金以成之，助逆之生也，不宜见己丑之闲神也。如木衰极，得火以行之，反逆也；土以化之，逆中之顺也，不宜见辰未之闲神也。此旺极衰极，乃从旺从弱之理，非前辈旺衰得中之意。如旺极见闲神，必为狂猛；衰极见闲神，必为姑息。岁运见之亦然，火土金水如之。

比　　　甲　　　官　　　卩
甲　　　甲　　　辛　　　壬
子　　　寅　　　亥　　　子
印　　才食比　　比卩　　印

丁　丙　乙　甲　癸　壬

巳　辰　卯　寅　丑　子

　　甲寅日元，生于亥月，水旺木坚，旺之极矣。一点辛金，从水之势，不逆其性，安而且和，逆生之序，更妙无土，不逆水性。初运北方，入泮登科；甲寅乙卯，从其旺神，出宰名区；丙辰尚有拱合之情，虽落职而免凶咎；丁巳遇闲神冲击，逆其性序而卒。

财		官	卩
己	甲	辛	壬
巳	寅	亥	寅
财食杀	比卩		才食比

丁　丙　乙　甲　癸　壬

巳　辰　卯　寅　丑　子

　　甲寅日元，生于寅年亥月，辛金顺水，不逆木性，逆生之序。所嫌巳时为闲神，火土冲克逆其性，又不能制水。初交壬子，遗绪丰盈；癸丑地支闲神结党，刑耗多端；甲寅乙卯，丁财并益；一交丙辰，助起火土，妻子皆伤，又遭回禄，自患颠狂之症，投水而亡。

财		伤	才
己	甲	丁	戊
巳	寅	巳	戊
才食杀	才食比	才食杀	才伤官

癸　壬　辛　庚　己　戊

亥　戌　酉　申　未　午

　　甲寅日元，生于巳月，丙火司令，虽坐禄支，其精泄尽，火旺木焚，喜土以行之，此衰极从弱之理。初运戊午己未，顺其火土之性，祖业颇丰，又得一衿；庚申逆火之性，泄土之气；至癸亥年，冲激火势而亡。

　　阳明遇金，郁而多烦。

　　原注：寅午戌为阳明，有金气伏于内，则成其郁郁而多烦闷。

　　任氏曰：阳明之气，本多畅遂，如遇湿土藏金，则火不能克金，金又不能生水，而成忧郁。一生得意者少，而失意者多，则心郁志灰，而多烦闷矣。必要纯行阴浊之运，引通金水之性，方遂其所愿也。

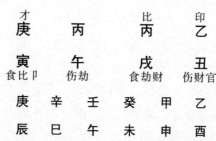

丙火日主，支全寅午戌，食神生旺，真神得用，格局最佳。初运乙酉甲申，引通丑内藏金，家业颇丰，又得一衿。所嫌者，支会火局，时上庚金临绝，又有比肩争夺，不能作用。丑中辛金伏郁于内，是以十走秋闱不第；且少年运走南方，三遭回禄，四伤其妻，五克其子，至晚年孤贫一身。

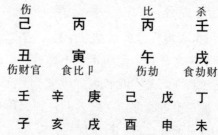

丙寅日元，生于午月，支全火局，阳明之象，此缘劫刃当权，壬水无根，置之不用，不及前造多矣。丑中辛金伏郁，所喜者，运走西北阴浊之地。出身吏部，发财十余万；异路出仕，升州牧，名利两全，而多畅遂也。

阳浊藏火，包而多滞。

原注：酉、丑、亥为阴浊，有火气藏于内，则不发辉而多滞。

任氏曰：阴晦之气，本难奋发，如遇湿木藏火，阴气太盛，不能生无焰之火，而成湿滞之患。故心欲速而志未逮，临事而模棱少决，所为心性多疑。必须纯行阳明之运，引通木火之气，则豁然而通达矣。

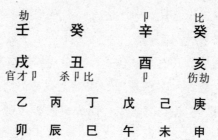

陈榜眼造，癸水生于仲秋，支全酉、亥、丑为阴浊，天干三水一辛。

逢戌时，阴浊藏火，亥中湿木，不能生无焰之火。喜其运走东南阳明之地，引通包藏之气，身居鼎甲，发挥素志也。

<pre>
   比   卩   才
癸   癸   辛   丁
亥   亥   亥   丑
          伤劫   杀卩比

乙 丙 丁 戊 己 庚
巳 午 未 申 酉 戌
</pre>

地支三亥一丑，天干二癸一丁，阴浊之至。年干丁火，虽不能包藏，虚而无焰，亥中甲木，无从引助。喜其运走南方阳明之地，又逢丙午丁未流年，科甲连登，仕至观察。

<pre>
   食   卩   比
癸   辛   己   辛
巳   酉   亥   丑
印官劫   比   财伤   卩比食

癸 甲 乙 丙 丁 戊
巳 午 未 申 酉 戌
</pre>

支全丑、亥、酉，月干湿土逢辛癸，阴浊之气。时支巳火，本可暖局，大象似比前造更美，不知巳酉丑全金局，则亥中甲木受伤，巳火丑土之财官，竟化枭而生劫矣。纵运火土，不能援引，出家为僧。

羊刃局，战则逞威，弱则怕事；伤官格，清则谦和，浊则刚猛。用神多者，情性不常；时支枯者，虎头蛇尾。

原注：羊刃局，凡羊刃，如是午火，干头透丙，支又会戌会寅，或得卯以生之，皆旺。透丁为露刃，子冲为战，未合为藏，再逢亥水之克，壬癸水之制，丑辰土之泄，则弱矣。伤官格，如支会伤局，干化伤象，不重出，无食混，身旺有财，身弱有印，谓之清，反是则浊。夏木之见水，冬金之得火，清而且秀，富贵非常。

任氏曰：羊刃局，旺则心高志傲，战则恃势逞威，弱则多疑怕事，合则矫情立异。如丙日主，以午为羊刃，干透丁火为露刃，支会寅戌，或逢卯生，干透甲乙，或逢丙助，皆谓之旺。支逢子为冲，遇亥申为制，得丑辰为泄，干透壬癸为克，逢己土为泄，皆谓之弱。支得未为合，遇巳为帮，则中和矣。伤官须分真假，真者身弱有印，不见财为清；假者身旺有财，不见印为贵。真者，月令伤官，或支无伤局，又透出天干者是也；假者，满局比劫，无官星以制之，虽有官星，气力不能敌。柱中不论食神伤官，皆可作用，纵无亦美，只不宜见印，见印破伤为凶。凡伤官格，清而得用，为人恭而有礼，和而中节，人才卓越，学问渊深，反此者傲而多骄，刚而无礼，以强欺弱，奉势趋利。用神多者，少恒一之志，多迁变之心；时支枯者，狐疑少决，始勤终怠。夏木之见水，必先有金，则水有源；冬金之遇火，须身旺有木，则火有焰。富贵无疑，若夏水无金，冬火无木，清枯之象，名利皆虚也。

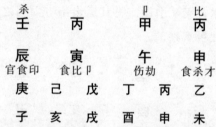

丙火生于午月，阳刃局逢寅申，生拱又逢比助，旺可知矣。最喜辰时，壬水透露更妙，申辰泄火生金而拱水，正得既济，所以早登科甲，仕版连登，掌兵刑重任，执生杀大权。

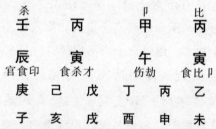

此与前八字皆同，前则坐下申金，生拱壬水有情，此则申在年支，远隔又被比劫所夺。至申运生杀，又甲子流年会成杀局，冲去羊刃，中乡榜，以后一阻云程，与前造天渊之隔者，申金不接壬水之气也。

食　　　丙　　　食　　　食
戊　　　丙　　　戊　　　戊

戌　　　辰　　　午　　　子
食劫财　官食印　伤劫　官
甲　　　癸　　　壬　　辛　　庚　　己
子　　　亥　　　戌　　酉　　申　　未

丙日午提，刃强当令，子冲之，辰泄之，弱可知矣。天干三戊，窃日主之精华；兼之运走西北金水之地，则羊刃更受其敌，不但功名蹭蹬，而且财源鲜聚。至甲寅年，会火局，疏厚土，恩科发榜。

<table>
<tr><td>食</td><td></td><td>财</td><td>比</td></tr>
<tr><td>壬</td><td>庚</td><td>乙</td><td>庚</td></tr>
<tr><td>午</td><td>午</td><td>酉</td><td>午</td></tr>
<tr><td></td><td></td><td>劫</td><td>印官</td></tr>
</table>

辛　庚　己　戊　丁　丙
卯　寅　丑　子　亥　戌

和中堂造，庚生仲秋，支中官星三见，则酉金阳刃受制，五行无土，弱可知矣。喜其时上壬水为辅，吐其秀气，所以聪明，权势为最。第月干乙木透露，恋财而争合，一生所爱者财，不知急流勇退。但财临刃地，日在官乡，官能制刃，财必生官，官为君象，故运走庚寅，金逢绝地，官得生拱，其财仍归官矣。由此观之，财乃害人之物，所谓欲不除，似蛾扑灯，焚身乃止；如猩嗜酒，鞭血方休。悔无及矣。

<table>
<tr><td>杀</td><td></td><td>才</td><td>官</td></tr>
<tr><td>戊</td><td>壬</td><td>丙</td><td>己</td></tr>
<tr><td>申</td><td>辰</td><td>子</td><td>丑</td></tr>
<tr><td>杀比卩</td><td>劫杀伤</td><td>劫</td><td>官印劫</td></tr>
</table>

庚　辛　壬　癸　甲　乙
午　未　申　酉　戌　亥

印提台造，壬水生于子月，官杀并透通根，全赖支会水局，助起羊刃，谓杀刃两旺。惜乎无木，秀气未吐，身出寒微。喜其丙火敌寒解冻，为人宽厚和平，行伍出身。癸酉运，助刃帮身，得官；壬申运，正谓一岁九迁，仕至极品；一交未运制刃，至丁丑年火土并旺，又克合子水，不禄。

<table>
<tr><td>杀</td><td></td><td>劫</td><td>官</td></tr>
<tr><td>庚</td><td>甲</td><td>乙</td><td>辛</td></tr>
<tr><td>午</td><td>子</td><td>未</td><td>卯</td></tr>
<tr><td>财伤</td><td>印</td><td>伤财劫</td><td>劫</td></tr>
</table>

己　庚　辛　壬　癸　甲
丑　寅　卯　辰　巳　午

稽中堂造，甲子日元，生于未月午时，谓夏木逢水，伤官佩印。所喜者卯木克住未土，则子水不受其伤，足以冲午有病得药，去浊留清。天干甲乙庚辛，各立门户，不作混论，乃滋印之喜神。更妙运走东北水木之地，体用合宜，一生宦途平顺。

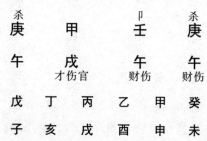

杀		卩	杀
庚	**甲**	**壬**	**庚**
午	**戌**	**午**	**午**
	才伤官	财伤	财伤
戊	丁	丙	乙	甲	癸
子	亥	戌	酉	申	未

甲木生于午月，支中三午一戌，火炎土燥，伤官肆逞，月干壬水无根，全赖庚金滋水，所以科甲联登。其仕路蹭蹬者，只因地支皆火，天干金水，木无托根之地，神有余而精不足之故也。

比		杀	才
庚	**庚**	**丙**	**甲**
辰	**辰**	**子**	**子**
	伤卩财	伤	伤
壬	辛	庚	己	戊	丁
午	巳	辰	卯	寅	丑

周侍郎造，庚金生于仲冬，金水寒冻，月干丙火，得年之甲木生扶，解其寒冻之气，谓冬金得火。但子辰双拱，日元必虚，用神不在丙火而在辰土，比肩佐之，所以运至庚辰辛巳，仕版连登。

杀		伤	杀
丁	**辛**	**壬**	**丁**
酉	**巳**	**子**	**巳**
比	印官劫	食	
丙	丁	戊	己	庚	辛
午	未	申	酉	戌	亥

熊中丞学鹏造，辛金生于仲冬，金寒水冷，过于泄气，全赖酉时扶身，巳酉拱而佐之。天干丁火，不过取其敌寒解冻，非用丁火也。用神必在酉金，故运至土金之地，仕路显赫，一交丁未败事矣。凡冬金喜火取其

暖局之意，非作用神也。

疾　病

五行和者，一世无灾。

原注：五行和者，不特全而不缺，生而不克。只是全者宜全，缺者宜缺，生者宜生，克者宜克，则和矣。主一世无灾。

任氏曰：五行在天为五气，青、赤、黄、白、黑也；在地为五行，木、火、土、金、水也；在人为五脏，肚、心、脾、肺、肾也。人为万物之灵，得五行之全，表于头面，象天之五气，裹于脏腑，象地之五行，故为一小天地也，是以脏腑各配五行之阴阳而属焉，凡一脏配一腑，腑皆属阳，故为甲、丙、戊、庚、壬；脏皆属阴，故为乙、丁、己、辛、癸。或不和，或太过，不及，则病有风、热、湿、燥、寒之症矣。必得五味调和，亦有可解者。五味者，酸、苦、甘、辛、咸也。酸者属木，多食伤筋；苦者属火，多食伤骨；甘者属土，多食伤肉；辛者属金，多食伤气；咸者属水，多食伤血，此五味之相克也。故曰"五行和者，一世无灾"。不特八字五行宜和，即脏腑五行，亦宜和也。八字五行之和，以岁运和之；脏腑五行之和，以五味和之。和者，解之意也。若五行和，五味调，而灾病无矣。故五行之和，非生而不克，全而不缺为和也，其要贵在泄其旺神，泻其有余。有余之旺神泻，不足之弱神受益矣，此之谓和也。若强制旺神，寡不敌众，触怒其性，旺神不能损，弱神反受伤矣。是以旺神太过者宜泄，不太过宜克；弱神有根者宜扶，无根者反宜伤之。凡八字须得一神有力，制化合宜，主一世无灾。非全而不缺为美，生而不克为和也。①

食		杀	财
庚	戊	申	癸
申	戌	寅	未
比才食	比印伤	比卩杀	印劫官

丙	丁	戊	己	庚	辛	壬	癸
午	未	申	酉	戌	亥	子	丑

---

① 珊按：读此，可知铁樵先生，既知命，又善医也。

戊生寅月，木旺土虚，喜其坐戌通根，足以用金制杀。况庚金亦坐禄支，力能伐木，所谓不太过者宜克也。虽年干癸水生杀，得未土制之，使其不能生木，喜者有扶，憎者得去，五行和矣。且一路运程与体用不背，寿至九旬，耳目聪明，行止自如。子旺孙多，名利福寿俱全，一世无灾无病。

杀　　　　　　食　　杀
甲　　戊　　庚　　甲

寅　　寅　　午　　寅
　　　　　　劫印　比㇒杀

丙　乙　甲　癸　壬　辛
子　亥　戌　酉　申　未

局中七杀五见，一庚临午无根，所谓弱神无根，宜去之，旺神太过，宜泄之也；用午火则和矣。喜其午火当令，全无水气，虽运逢金水，木能破局而无碍。运走木火，名利两全，此因神气足，精气自生，是以富贵福寿，一世无灾，子广孙多，后嗣济美。

食　　　　　　财　　伤
乙　　癸　　丙　　甲

卯　　亥　　子　　子
食　　伤劫　　　　比

壬　辛　庚　己　戊　丁
午　巳　辰　卯　寅　丑

癸亥日元，年月坐子，旺可知矣。最喜卯时泄其菁英，里发于表，木气有余，火虚得用，谓精足神旺。喜其无土金之杂，有土则火泄，不能止水，反与木不和，有金则木损，更助其汪洋。其一生无灾者，缘无土金之混也。年登耄耋。而饮啖愈壮，耳目聪明，步履康健，见者疑五十许人，名利两全，子孙众多。

血气乱者，生平多疾。

原注：血气乱者，不特火胜水、水克火之类。五气反逆，上下不通，往来不顺，谓之乱，主人多病。

任氏曰：血气乱者，五行背而不顺之谓也。五行论水为血，人身论脉即血也。心胞主血，故通手足厥阴经，心属丁火，心胞主血，膀胱属壬水。丁壬相合，故心能下交于肾，则丁壬化木，而神气自足，得既济相生，血脉流通而无疾病矣。故八字贵乎克处逢生，逆中得顺而为美也。若左右相战，上下相克，喜逆逢顺，喜顺逢逆，火旺水涸，火能焚木；水旺土荡，水能沉金；土旺木折，土能晦火；金旺火虚，金能伤土；木旺金缺，木能渗水。此五行颠倒相克之理，犯此者，必多灾病。

财		卩	劫
庚	丁	乙	丙
戌	未	未	申
伤比才		比食卩	伤官财

辛	庚	己	戊	丁	丙
丑	子	亥	戌	酉	申

丁生季夏，未戌燥土，不能晦火生金，丙火足以焚木克金，则土愈燥而不泄。申中壬水涸而精必枯，故初患痰火。亥运水不敌火，反能生木助火，正杯水车薪，火势愈烈，吐血而亡。

卩		劫	杀
甲	丙	丁	壬
午	申	未	寅
伤劫	食杀才	劫伤印	食比卩

癸	壬	辛	庚	己	戊
丑	子	亥	戌	酉	申

丙火生于未月午时，年干壬水无根，申金远隔，本不能生水，又被寅冲午劫，则肺气愈亏。兼之丁壬相合化木，从火则心火愈旺，肾水必枯，所以病犯遗泄，又有痰嗽。至戌运全会火局，肺愈绝，肾水燥，吐血而亡。

杀		比	卩
壬	丙	丙	甲
辰	寅	寅	辰
官食印		食比卩	

壬	辛	庚	己	戊	丁
申	未	午	巳	辰	卯

木当令，火逢生，辰本湿土，能蓄水，被丙寅所克，脾胃受伤，肺金自绝，木多渗水，而肾水亦枯。至庚运，木旺金缺，金水并见，木火金肆

逞矣，吐血而亡。此造木火同心，可顺而不可逆，反以壬水为忌，故初逢丁卯、戊辰、己巳等运，反无碍。

忌神入五脏而病凶。

原注：柱中所忌之神，不制不化，不冲不散，隐伏深固，相克五脏，则其病凶。忌木而入土则脾病，忌火而入金则肺病，忌土而入水则肾病，忌金而入木则肝病，忌水而入火则心病。又看虚实，如木入土，土旺者，则脾自有余之病，发于四季月；土衰者，则脾有不足之病，发于春冬月。余皆仿之。

任氏曰：忌神入五脏者，阴浊之气，埋藏于地支也。阴浊深伏，难制难化，为病最凶。如其为喜，一世无灾；如其为忌，生平多病。土为脾胃，脾喜缓，胃喜和，忌木而入土，则不和缓而病矣。金为大肠肺，肺宜收，大肠宜畅，忌火而入金，则肺气上逆，大肠不畅而病矣。水为膀胱肾，膀胱宜润，肾宜坚，忌土而入水，则肾枯膀胱燥而病矣。木为肝胆，肝宜条达胆宜平，忌金而入木，则肝急而生火，胆寒而病矣。火为小肠心，心宜宽，小肠宜收，忌水而入火，则心不宽，小肠缓而病矣。又要看有余不足，如土太旺，木不能入土，则脾胃自有余之病。脾本忌湿，胃本忌寒，若土湿而有余，其病发于春冬，反忌火以燥之；土燥而有余，其病发于夏秋，反忌水以润之。如土虚，弱木足以疏土，若土湿而不足，其病发于夏秋；土燥而不足，其病发于冬春。盖虚湿之土，遇夏秋之燥，虚湿之土，逢春冬之湿，使木托根而愈茂，土受其克而愈虚。若虚湿之土，再逢虚湿之时，虚湿之土，再逢虚燥之时，木必虚浮，不能盘根，土反不畏其克也。余仿此。

印		伤	才
乙	丙	己	庚
未	子	丑	寅
劫伤印	官	伤财官	食比卩

乙	甲	癸	壬	辛	庚
未	午	巳	辰	卯	寅

丙火生于季冬，坐下子水，火虚无焰，用神在木。木本凋枯，虽处两阳，萌芽未动，庚透临绝，为病甚浅，所嫌者月支丑土，使庚金通根，丑内藏辛，正忌神深入五脏，又己土乃庚金嫡母，晦火生金，足以破寅。子

水为肾，丑合之不能生木，化土反能助金，丑土之为病，不但生金，抑且移累于水，是以病患肝肾两亏。至卯运，能破丑土，名列宫墙；乙运庚合，巳丑拱金，虚损之症，不治而亡。

```
      伤        比   杀
      壬    辛   辛   丁

      辰    未   亥   亥
      食印才 杀卩才     财伤

      乙 丙 丁 戊 己 庚
      巳 午 未 申 酉 戌
```

辛金生于孟冬，丁火克去比肩，日主孤立无助，伤官透而当令，窃去命主元神，用神在土不在火也。未为木之库根，辰乃木之余气，皆藏乙木之忌；年月两亥，又是木之生地，亥未拱木，此忌神入五脏归六腑。由此论之，谓脾虚肾泄，其病患头眩遗泄，又更盛于胃脘痛，无十日之安。至己酉运，日主逢禄，采芹得子，戊运克去壬水补廪；申运壬水逢生，病势愈重，丁运日主受伤而卒。

观上两造，其病症与八字五行之理，显然应验。果能深心细究，其寿夭穷通，岂不能预定乎？

客神游六经而灾小

原注：客神比忌神为轻，不能埋没，游行六道，则必有灾。如木游于土之地而胃灾，火游于金之地而大肠灾，土行水地膀胱灾，金行木地胆灾，水行火地小肠灾。

任氏曰：客神游六经者，阳虚之气，浮于天干也。阳而虚露，易制易化，为灾必小。犹病之在表，外感易于发散，不至大患，故灾小也。究其病源，仍从五行阴阳，以分脏腑，而五脏论法，亦勿以天干为客神论虚，地支为忌神论实。必须究其虚中有实，实处反虚之理，其灾祥了然有验矣。

```
      杀        才   食
      丙    庚   甲   壬

      戌    午   辰   辰
      卩官劫 印官     伤卩财

      辛 庚 己 戊 丁 丙 乙
      亥 戌 酉 申 未 午 巳
```

庚午日元，生于辰月戌时，春金杀旺，用神在土。月干甲木，本是客神，得两辰蓄水藏木，不但游六经，而且入五脏，且年干壬申相生，不克丙火，初运南方生土，所以脾胃无病，然熬水炼金，而患弱症。至戊申运，土金并旺，局中以木为病，木主风，金能克木；接连己酉庚戌三十载，发财十余万，辛亥运，金不通根，木得长生，忽患风疾而卒。

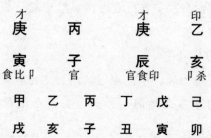

卩 庚	壬	杀 戊	劫 癸
戊	寅	午	丑
杀财印	杀才食	官财	官印劫

壬	癸	甲	乙	丙	丁
子	丑	寅	卯	辰	巳

壬寅日元，生于五月戌时，杀旺又逢财局，杀愈肆逞，所以客神不在午火，反在寅木，助其火势；客神又化忌神，戊癸化火，则金水相伤。运至乙卯，金水临绝，得肺肾两亏之症，声哑而嗽，于甲戌年正月木火并旺而卒。

才 庚	丙	才 庚	印 乙
寅	子	辰	亥
食比卩	官	官食印	卩杀

甲	乙	丙	丁	戊	己
戌	亥	子	丑	寅	卯

丙子日元，生于季春，湿土司令，蓄水养木，用神在木，得亥之生，辰之余，寅之助。乙木虽与庚金合而不化，庚金浮露天干为客神，不能深入脏腑，而游六经也。水为精，亥子两见，辰又拱而蓄之；木为气，春令有余，寅亥生合火为神。时在五阳进气，通根年月，气贯生时，精气神三者俱足，则邪气无从而入。行运又不背，一生无疾，名利裕如。惟土虚湿，又金以泄之，所以脾胃虚寒，不免泄泻之病耳。

木不受水者血病。

原注：水东流而木逢冲，或虚脱，皆不受水也，必主血病。盖肝属木，纳血，而不纳则病。

任氏曰：春木不受水者，喜火之发荣也；冬木不受水者，喜火之解冻也。夏木之有根而受水者，去火之烈，润地之燥也；秋木得地而受水者，泄金之锐，化杀之顽也。春冬生旺之木，要其衰而受水；夏秋休囚之木，要其旺而受水。反此则不受，不受则血不流行，故致血病矣。

	才		食	食
	己	乙	丁	丁
	卯	亥	未	亥
	禄比	劫印	食才比	劫印

辛	壬	癸	甲	乙	丙
丑	寅	卯	辰	巳	午

乙木生于未月，休囚之位，年月两透丁火，泄气太过。最喜时禄通根，则受亥水之生，润其燥烈之土；更妙会局帮身，通辉之象。至甲辰运，虎榜居首，科甲联登，格取食神用印也。

	食		比	伤
	丁	乙	乙	丙
	亥	巳	未	戌
	劫印	财伤官	食才比	财食杀

辛	庚	己	戊	丁	丙
丑	子	亥	戌	酉	申

乙木生于未月，干透丙丁，通根巳戌，发泄太过，不受水生，反以亥水为病，格成顺局从儿。初交丙申丁酉，得丙丁盖头，平顺之境；戊戌运克尽亥水，名利两得；至己亥水地，病患臌胀。只因四柱火旺又逢燥土，水无所归，故得此病而亡。

土不受火者气伤。

原注：土逢冲而虚脱，则不受火，必主气病。盖脾属土而容火，不容则病矣。

任氏曰：燥实之土不受火者，喜水之润也；虚湿之土不受火者，忌水之克也；冬土有根而受火者，解天之冻，去地之湿也；秋土得地而受火者，制金之有余，补土之泄气也。过燥则地不润，过湿则天不和，是以火不受，木不容。过燥必气亏，过湿必脾虚，不受则病矣。

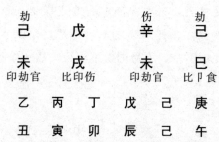

戊土生于未月，重叠厚土。喜其天干无火，辛金透出，谓里发于表，其精华皆在辛金。运走己巳戊辰，生金有情，名利裕如。丁卯运辛金受伤，地支火土并旺，不能疏土，反从火势，则土愈旺。辛属肺，肺受伤，血脉不能流通，病患气血两亏而亡。

<table>
<tr><td>财</td><td></td><td>比</td><td>伤</td></tr>
<tr><td>壬</td><td>己</td><td>己</td><td>庚</td></tr>
<tr><td>申</td><td>亥</td><td>丑</td><td>辰</td></tr>
<tr><td>劫财伤</td><td>官财</td><td>比食才</td><td>才劫杀</td></tr>
</table>

乙 甲 癸 壬 辛 寅
未 午 巳 辰 卯 庚

己亥日元，生于丑月虚湿之地，辰丑蓄水藏金，庚壬透而通根，只得任其虚湿之气，反以水为用而从财也。初运庚寅辛卯，天干逢金生水，地支遇水克土，荫庇有余；壬辰癸巳，不但财业日增，抑且名列宫墙；巳运克妻破财。此造四柱无火，得申时壬水逢生，格成假从财，故遗业丰厚，读书入学，妻子两全。若一见火，为财多身弱，一事无成。至甲午运，木无根而从火，己巳年火土并旺，气血必伤，病患肠胃血症而亡。

金水伤官，寒则冷嗽，热则痰火；火土印绶，热则风痰，燥则皮痒。论痰多木火，生毒郁火金，金水枯伤而肾经虚，水木相胜而脾胃泄。

原注：凡此皆五行不和之病，而知其病，知其人，则可以断其吉凶。如木之病何如，又看木是日主之何神，若木是财而能发土病，则断其财之衰旺。妻之美恶，父之兴衰，亦必显验。然有可应而六亲与事体又不相符者，殆以病而免其咎者也。

任氏曰：金水伤官，过于寒者，其气辛凉，真气有亏，必主冷嗽；过于热者，水不胜火，火必克金。水不胜火者，心肾不交也；火能克金者，肺家受伤也。冬令虚火上炎，故主痰火。

火土印绶，过于热者，木从火旺也。火旺焚木，木属风，故主风痰；过于燥者，火炎土焦也。土润则血脉流行，而营卫调和。皮属土，土喜暖，暖即润也，所以过燥则皮痒，过湿则生疮。夏土宜湿，冬土宜燥，在人则无病，在物则发生。总之火多主痰，水多主嗽。

木火多痰者，火旺逢木，木从火势，则金不能克木，水不能胜火，火必克金而伤肺，不能下生肾水，木又泄水气，肾水必燥，阴虚火炎，痰则生矣。

生毒郁火金者，火烈水涸，火必焚木；木被火焚，土必焦燥；燥土能脆金，金郁于内，脆金逢火，肺气上逆；肺气逆财肝肾两亏，肝肾亏则血脉不行，加以七情忧郁而生毒矣。

土燥不能生金，火烈自能暵水，肾经必虚；土虚不能制水，木旺自能克土，脾胃必伤。凡此五行不和之病，细究之必验也。然与人事可相通也，不可专执而论。如病不相符，可究其六亲之吉凶，事体之否泰，必有应验者。如日主是金，木是财星，局中火旺，日主不能任其财，必生火而助杀，反为日主之忌神，即或有水，水仍生木，则金气愈虚；金为大肠肺，肺伤而大肠不畅，不能下生肾水，木泄水而生火，必主肾肺两伤之病。然亦有无此病者，必财多破耗，衣食不敷，是其咎也。然亦有无病而财源旺者，其妻必陋恶，子必不肖也。断断必有一验，其中亦有妻贤子肖而无病，且财源旺者，岁运一路土金之妙也。然亦有局中金水，与木火停匀，而得肺肾之病者，或财多破耗，或妻陋子劣者，亦因岁运一路木火，而金水受伤之故也。宜仔细推详，不可执一而论也。

		伤	伤
己	辛	壬	壬
丑	酉	子	辰
卩比食	比	食	食印才

戊 丁 丙 乙 甲 癸
午 巳 辰 卯 寅 丑

辛金生于仲冬，金水伤官，局中全无火气，金寒水冷，土湿而冻，初患冷嗽。然伤官佩印，格局纯清，读书过目成诵，早年入泮。甲寅乙卯，泄水之气，家业大增；至丙辰运，水火相克而得疾，丙寅年火金旺，水愈激，竟成弱症而亡。

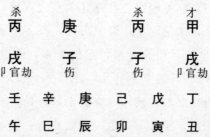

```
    伤              官        卩
    壬      辛      丙        己
    辰      酉      子        丑
  食印才    比      食      卩比食
    庚  辛  壬  癸  甲  乙
    午  未  申  酉  戌  亥
```

金水伤官，丙火透露，去其寒凝，故无冷嗽之病。癸酉入学补廪，而举于乡，问曰：金水伤官喜官星，何以癸酉金水之运而得功名？余曰：金水伤官喜火，不过要其暖局，非取以为用也。取火为用者，十无一二，取水为用者，十有八九；取火者必要木火齐来，又要日元旺相，此造日元虽旺，局中少木，虚火无根，必以水为用神也。壬申运由教习得知县，辛未运丁丑年，火土并旺，合取壬水，子水亦伤，得疾而亡。

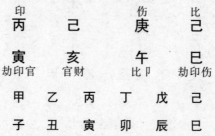

```
    杀              杀        才
    丙      庚      丙        甲
    戌      子      子        戌
  卩官劫    伤      伤      卩官劫
    壬  辛  庚  己  戊  丁
    午  巳  辰  卯  寅  丑
```

庚金生于子月，丙火并透，地支两戌燥土，乃丙之库根，又得甲木生丙，过于热也。运至戊寅己卯，而患痰火之症；庚辰比肩帮身，支逢湿土，其病勿药而愈，加捐出仕，辛巳长生之地，名利两全。其不用火者，身衰之故也。凡金水伤官用火，必要身旺逢财，中和用水，衰弱用土也。

```
    印              伤        比
    丙      己      庚        己
    寅      亥      午        巳
  劫印官   官财    比卩     劫印伤
    甲  乙  丙  丁  戊  己
    子  丑  寅  卯  辰  巳
```

己土生于仲夏，火土印绶。己本湿土，又坐下亥水，丙火透而逢生，年月又逢禄旺，此之谓热，非燥也。寅亥化木生火，夏日可畏；兼之运走东南木地，风属木，故患风疾。且巳亥体阴，用阳也得午助，心与小肠愈旺，亥逢寅泄，庚金不能下生，肾气愈亏，又患遗泄之症，幸善调养，而病势无增。至乙丑运转北方，前病皆愈，甲子癸亥水地，老而益壮，又纳妾生子，发财数万。

<table>
<tr><td>印</td><td></td><td>比</td><td>伤</td></tr>
<tr><td>丁</td><td>戊</td><td>戊</td><td>辛</td></tr>
<tr><td>巳</td><td>戌</td><td>戌</td><td>未</td></tr>
<tr><td>比卩食</td><td></td><td>比印伤</td><td>印劫官</td></tr>
</table>

壬　癸　甲　乙　丙　丙

辰　巳　午　未　申　酉

戊土生于戌月，未戌皆带火燥土。时逢丁巳，火土印绶，戌本燥土，又助其印，时在季秋，此之谓燥，非热也。年干辛金，丁火劫之，辛属肺，燥土不能生金。初患痰症，肺家受伤之故也。其不致大害者，运走丙申丁酉，西方金地。至乙未甲午，木火相生，土愈燥，竟得蛇皮疯，所谓皮痒也。癸巳运水无根，不能克火及激其焰，其疾卒以亡身。此火土逼干癸水，肾家绝也。

<table>
<tr><td>杀</td><td></td><td>卩</td><td>比</td></tr>
<tr><td>乙</td><td>己</td><td>丁</td><td>己</td></tr>
<tr><td>丑</td><td>亥</td><td>丑</td><td>丑</td></tr>
<tr><td></td><td>官财</td><td></td><td>比食才</td></tr>
</table>

辛　壬　癸　甲　乙　丙

未　申　酉　戌　亥　子

己土生于季冬，支逢三丑，日主本旺，过于寒湿，丁火无根，不能去其寒湿之气。乙木凋枯，置之不用，书香难就；己土属脾，寒而且湿，故幼多疮毒。癸酉壬申运，财虽大旺，两脚寒湿疮。数十年不愈，又中气大亏，亦乙木凋枯之意也。

<table>
<tr><td>杀</td><td></td><td>财</td><td>食</td></tr>
<tr><td>庚</td><td>甲</td><td>己</td><td>丙</td></tr>
<tr><td>午</td><td>戌</td><td>亥</td><td>戌</td></tr>
<tr><td>财伤</td><td></td><td>比卩</td><td>才伤官</td></tr>
</table>

乙　甲　癸　壬　辛　庚

巳　辰　卯　寅　丑　子

甲木生于亥月，印虽当令，四柱土多克水，天干庚金无根，又与亥水远隔，戌中辛金郁而受克。午丙引出戌中丁火，亥水被戌土制定，不能克火，所谓郁火金也。庚为大肠，丙火克之；辛为肺，午火攻之；壬为膀胱，戌土伤之，谓火毒攻内。甲辰运木又生火，冲出戌中辛金，被午克之，生肺疽而亡。

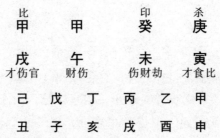

比		印	杀
甲	甲	癸	庚
戌	午	未	寅
才伤官	财伤	伤财劫	才食比

己	戊	丁	丙	乙	甲
丑	子	亥	戌	酉	申

木火伤官用印，得庚金贴身，生癸水之印，纯粹可观，读书过目不忘。惜庚癸两字，地支不载，更嫌戌时会起火局，不但金水枯伤，而且火能焚木，命主元神泄尽。幼成弱症，肺肾两亏，至丙戌运，逼水克金而夭。

卩		财	伤
戊	庚	乙	癸
寅	戌	卯	酉
卩杀才	卩官劫	财	劫

己	庚	辛	壬	癸	甲
酉	戌	亥	子	丑	寅

春木当权，卯酉虽冲，木旺金缺，土亦受伤。更嫌卯戌寅戌拱合化杀，木主脾虚肺伤疾，然竟一生无病。但酉弱卯强，妻虽不克，而中菁难言。生二子，皆不肖，为匪类，故免其病，财亦旺也。

出 身

巍巍科第迈等伦，一个元机暗里存。

原注：凡看命看人之出身最难，如状元出身，格局清奇迥异，若隐若露，奇而难决者，必有元机，须搜寻之。

任氏曰：命论人之出身最难，故有元机存焉。元机者，不特格局清奇迥异，用神真假之分，须究支中藏神司命，包罗用神喜神，使闲神忌神不

能争战，反有生拱之情。又有格局本无出色处，而名冠群英者，必先究其世德之美恶，次论山川之灵秀，所以钟灵毓秀。从世德而来者，不论命也。故世德心田居一，山川居二，命格居三。然看命之要，非杀印相生为贵，官印双清为美也。如显然杀印财官，动人心目者，必非佳造；若用神轻微，喜神暗伏，秀气深藏者，初看并无好处，越看越有精神，其中必有元机，宜仔细搜寻。

劫		财	财
戊	己	壬	壬
辰	未	寅	辰
才劫杀	卩比杀	劫印官	才劫杀
戊	丁	丙	乙	甲	癸
申	未	午	巳	辰	卯

己土生于孟春，官当令，天干覆以财星，生官有情，然春初己土湿而且寒，年月壬水，通根身库，喜其寅中丙火司令为用，伏而逢生，所谓"元机暗里存"也。至丙运，元神发露，戊辰年比助时干，克去壬水，则丙火不受克，大魁天下。以俗论之，官星不透，财轻劫重，谓平常命也。

食		比	卩
丙	甲	甲	壬
寅	戌	辰	戌
才食比	才伤官	印才劫	才伤官
庚	己	戊	丁	丙	乙
戌	酉	申	未	午	巳

甲木生于季春，木有余气，又得比禄之助，时干丙火独透，通辉纯粹。年干壬水，坐下燥土之制，又逢比肩之泄，辗转相生，则丙火更得其势。至戊运，戊之元神透出制壬，两冠群英，三元及第。其仕路未能显秩者，运走西方金地，泄土生水之故也。

财		比	印
庚	丁	丁	甲
戌	卯	丑	寅
伤比才	卩	食才杀	伤劫印
癸	壬	辛	庚	己	戊
未	午	巳	辰	卯	寅

丁火生于季冬，局中印绶叠叠，弱中变旺，足以用财。庚金虚露，本无出色，喜其丑内藏辛为用，亦是元机暗里存也。丑乃日元之秀气，能引比肩来生，又得卯戌合，而丑土不伤，所以身居鼎右，探花及第。

劫		食	官
辛	庚	壬	丁
巳	子	子	亥
卩杀比	伤	伤	才食

丙	丁	戊	己	庚	辛
午	未	申	酉	戌	亥

庚金生于仲冬，伤官太旺，过于泄气，用神在土，不在火也。柱中之火，不过取其暖局耳。四柱无土，取巳中藏戊，水旺克火，火能生土，亦是"元机暗里存"也。至戊运丙辰年，火土相生，巳中元神并发，亦居鼎右。

清得尽时黄榜客，虽存浊气亦中式。

原注：天下之命，未有不清而发科甲者。清得尽者，非必一一成象，虽五行尽出，而能安放得所，生化有情，不混闲神忌客，决发科甲。即有一二浊气，而清气或成一个体段，亦可发达。

任氏曰：清得尽者，非一行成象，两气双清也。虽五行尽出。而清气独逢生旺，或真神得用，或清气深藏者，黄榜标名也。若清气当权，闲神忌客，不司令，不深藏，得岁运制化者，亦发科甲也。清气当权，虽有浊气，安放得所，不犯喜用者，虽不能发甲，亦发科。清气虽不当令，得闲神忌客不党浊气，匡扶清气，或岁运安顿者，亦可中式也。

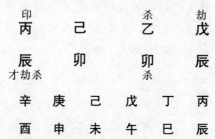

印		杀	劫
丙	己	乙	戊
辰	卯	卯	辰
才劫杀		杀	

辛	庚	己	戊	丁	丙
酉	申	未	午	巳	辰

平传胪造，己土生于卯月，杀旺提纲，乙木元神透露，支类东方。时干丙火生旺，局中不杂金水，清得尽者也。若一见金，不但不能克木，而金自伤，触其旺神，徒与不和，为不尽也。

才　　　　　印　　伤
甲　　庚　　己　　癸
申　　子　　未　　未
卩食比　　伤　　官印财

癸　甲　乙　丙　丁　戊
丑　寅　卯　辰　巳　午

　　庚金生于未月，燥土本难生金，喜其坐下子水，年透元神，谓三伏生寒，润土养金。虽然土旺水衰，妙在申时拱子，有泄土生水扶身之美。更妙火不显露，清得尽也。初交戊午丁巳丙运，生土逼水，功名蹭蹬，家业破耗；辰运支全水局，举于乡；交乙卯制去己未之土，登黄甲，入词林，又掌文柄，仕路显赫。

伤　　　　　印　　印
丁　　甲　　癸　　癸
卯　　午　　亥　　未
劫　　财伤　　比卩　　伤财劫

丁　戊　己　庚　辛　壬
巳　午　未　申　酉　戌

　　甲木生于亥月，癸水并透，其势泛滥。冬木喜火，最喜卯时，不特丁火通根，抑且日主临旺，又会木局，泄水生火扶身；更妙无金，清得尽矣。至己未运，制其癸水，丙辰流年，捷南宫，入翰苑，官居清要。

食　　　　　杀　　劫
乙　　癸　　己　　壬
卯　　卯　　酉　　辰
食　　食　　卩　　比官食

乙　甲　癸　壬　辛　庚
卯　寅　丑　子　亥　戌

　　癸卯日元，食神太重，不但日元泄气，而且制杀太过。喜其秋水通源，独印得用，更妙辰酉合而化金，金气愈坚，局中全无火气，清得尽矣。所以早登云路，名高翰苑。惜中运逢木，仕路恐不能显秩也。

杀		才	印
丙	庚	甲	己
子	子	戌	亥
伤		卩官劫	才食

戊	己	庚	辛	壬	癸
辰	巳	午	未	申	酉

庚金生于戌月，地支两子一亥，干透丙火，克泄交加。喜其印旺月提，虽嫌甲木生火克土，得甲己合而化土，清得尽也。至己巳流年，印星有助，冲去亥水，甲木长生，名题雁塔。

劫		杀	印
辛	庚	丙	己
巳	子	子	亥
卩杀比	伤	伤	才食

庚	辛	壬	癸	甲	乙
午	未	申	酉	戌	亥

庚金生于仲冬，地支两子一亥，干透丙火，克泄并见。喜其己土透露，泄火生金，五行无木，清得尽也。至己巳年，印星得助，名高翰苑，所不足者，印不当令，又己土遥列而虚，故降任知县。

杀		杀	比
壬	丙	壬	丙
辰	子	辰	申
官食印	官		食杀才

戊	丁	丙	乙	甲	癸
戌	酉	申	未	午	巳

丙火生于季春，两杀并透，支会杀局，喜其辰土当令制杀，辰中木有余气而生身，病在申金，无此尽美，所以天资过人。丁卯年合杀，而印星得地，中乡榜，辛未年去其子水，木火皆得余气，春闱亦捷。究竟申金为嫌，不得大用归班；更嫉运走西方，以酒色为事也。[1]

---

① 此似王衍梅造。

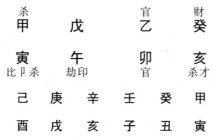

伤		比	杀
乙	壬	壬	戊
巳	子	戌	午
杀才卩	劫	杀财印	官财

戊	丁	丙	乙	甲	癸
辰	卯	寅	丑	子	亥

壬水生于戌月，水进气，而得坐下阳刃帮身。年干之杀，比肩挡之，谓身杀两停。其病在午，子水冲之，又嫌在巳，子水隔之，使其不能生杀。且戌中辛金暗藏为用，同胞双生，皆中进士。

财		杀	官
戊	乙	辛	庚
寅	卯	巳	戌
财伤劫	禄比	财伤官	财食杀

丁	丙	乙	甲	癸	壬
亥	戌	酉	申	未	午

乙木生于巳月，伤官当令，足以制官伏杀。坐下禄支扶身，寅时又藤萝系甲，至庚辰年，支类东方，中乡榜，不发甲，只因四柱无印，戌土泄火生金之故也。同胞双生，其弟生卯时，虽亦得禄，不及寅中甲木有力，而藏之为美，故迟至己亥年，印星生拱，始中乡榜也。

杀		官	财
甲	戊	乙	癸
寅	午	卯	亥
比卩杀	劫印	官	杀才

己	庚	辛	壬	癸	甲
酉	戌	亥	子	丑	寅

戊土生于仲春，官杀并旺临禄。又财星得地生扶，虽坐下午火印绶，虚土不能纳火，格成弃命从杀官杀一类既从，不作混论，至子运冲去午火，庚子年金生水旺，冲尽午火，中乡榜。

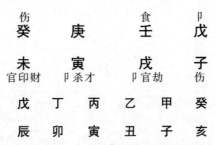

伤		食	㇆
癸	庚	壬	戊
未	寅	戌	子
官印财	㇆杀才	㇆官劫	伤

戊 丁 丙 乙 甲 癸

辰 卯 寅 丑 子 亥

庚金生于戌月，印星当令，金亦有气，用神在水，不在火也。至庚申流年，壬水逢生，又泄土气，北闱奏捷。所嫌者，戊土元神透露，不利春闱，兼之中运木火，则多破耗。

	㇆	印	
戊	辛	己	戊
子	亥	未	子
食	财伤	杀㇆才	食

乙 甲 癸 壬 辛 庚

丑 子 亥 戌 酉 申

辛金生于季夏，局中虽多燥土，妙在坐下亥水，年时逢子润土养金，能邀其未拱木为用。至丁卯年，全会木局，有病得药，棘闱奏捷。

秀才不是尘凡子，清气还嫌官不起。

原注：秀才之命，与异路人、贫人、富人之命，无甚大别，然终有一种清气处，但官星不起，故无爵禄。

任氏曰：秀才之命，与异路贫富人无甚分别。细究之，必有清气存焉。官星不起者，非官星不透之谓也，如官星太旺，日主不能用其官；如官星太弱，官星不能克日主。如官旺用印见财者，如官衰用财遇劫者，如印多泄官星之气者，如官多无印者。如官透无根，地支不载；如官坐伤位，伤坐官位；如忌官逢财，喜官遇伤者，皆谓之官星不起也。纵有清气，不过一衿终身，有富而秀者，身旺财旺，与官星不通也，或伤官顾财不顾官也。有贫而秀者，身旺官轻，财星受劫也。或财官太旺，印星不现，或伤官用印，见财不见官也；有学问过人，竟不能得一衿，老于儒童者，此亦有清气存焉，格局原可发秀，只因运途不齐，破其清气，以致终身不能稍舒眉曲也。亦有格局本可登科发甲者，亦因运途不齐，屡困场屋，终身一衿，不能得路于青云也。有格局本无出色，竟能科甲连登，此因一路运途合宜，助其清气官星，去其浊气忌客之故也。

　　财　　　　　印　卩
　戊　　乙　　壬　癸

　寅　　卯　　戌　巳
比伤劫　禄比　财食杀　财伤官

丙　丁　戊　己　庚　辛
辰　巳　午　未　申　酉

　　乙卯日元，生于季秋，得寅时之助。日主不弱，足以用巳火之秀气，戊土火库收之，壬癸当头克之。格局本无出色，且辛金司令，壬水进气通源，幸得时透戊土，去浊留清，故文望若高山北斗，品行似良玉精金，中运逢火，丙子年优贡。惜子水得地，难得登云。

　　劫　　　　　杀　印
　乙　　甲　　庚　癸

　亥　　申　　申　未
比卩　才卩杀　　伤财劫

甲　乙　丙　丁　戊　己
寅　卯　辰　巳　午　未

　　甲申日元，生于孟秋，庚金两坐禄旺。喜亥时绝处逢生，化杀有情，癸水元神透出，清可知矣。但嫌杀势太旺，日主虚弱，不能假杀为权，所以起而不起也。廪贡终身。

　　食　　　　　印　官
　己　　丁　　甲　壬

　酉　　巳　　辰　午
才　伤劫财　杀伤卩　食比

庚　己　戊　丁　丙　乙
戌　酉　申　未　午　巳

　　丁火生于季春，官星虽起，坐下无根，其气归木。日主临旺，时财拱会有情，却与官星不通。且中年运走土金，财星洋溢，官星有损，功名不过一衿，家业数十万。若换酉年午时，名利双辉矣。

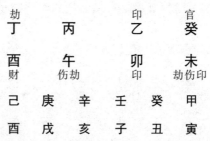

丙午日元，生于卯月，局中木火两旺，官坐伤位，一点财星劫尽，谓财劫官伤。壬运虽得一衿，贫乏不堪；子运回冲，又逢未破，克妻；辛运丁火回劫，克子；亥运会木生火而亡。

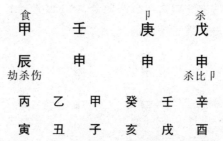

此造大象观之，杀生印，印生身，食神清透，连珠相生，清而纯粹，学问过人，品行端方。惜乎无火，清而少神，用土则金多气泄，用木则金锐木凋；兼之运走西北金水之地，读书六十年，不克博一衿。家贫出就外傅四十载，受业者登科发甲，自己不获一衿，莫非命也。

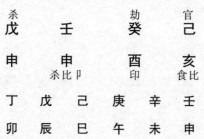

此造官杀并透无根，金水大旺，太不及前造之纯粹也。喜其运走南方火土，精足神旺。至未运，早游泮水，午运科甲连登，己巳戊辰，仕路光亨，与前造天渊之隔者，非命也，实运美也。

异路功名莫说轻，日干得气遇财星。

原注：刀笔得成名者，与不成名者自异，必是财星得个门户，通得官星，中有一种清皦之气，所以得出身。其老于刀笔而不能出身者，终是财

星与官不相通也。

任氏曰：异路功名，有刀笔成名者，有捐纳出身者，虽有分别，总不外日干有气，财官相通也。或财星得用，暗成官局；或官伏财乡，两意情通；或官衰逢财，两神和协；或印旺官衰，财星破印；或身旺无官，食伤生财；或身衰官旺，食神制官，必有一种清纯之气，方可出身。其仕路之高卑，须究格局之气势，运途之损益可知矣。不能出身者，日干太旺，财轻无食伤，喜官而官星不通，或无官也。如日干太弱，财星官星并旺者，有财官虽通，伤官劫占者；有财星得用，暗成劫局者；有喜印逢财，忌印逢官者，皆不能出身也。

　　才　　　甲　　　卩　　　财
　　戊　　　甲　　　壬　　　己
　　辰　　　寅　　　申　　　巳
　印才劫　才食比　才卩杀　才食杀

　丙　丁　戊　己　庚　辛
　寅　卯　辰　巳　午　未

甲木生于孟秋，七杀当令。巳火食神贪生己土，忘克申金，兼之戊己并透，破印生杀，以致祖业难登，书香不继。喜其秋水通源，日坐禄旺，明虽冲克，暗却相生。由部书出身，至丁卯丙寅运，扶身制杀，仕至观察。

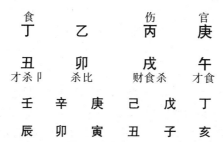

　　食　　　乙　　　伤　　　官
　　丁　　　乙　　　丙　　　庚
　　丑　　　卯　　　戌　　　午
　才杀卩　杀比　财食杀　才食

　壬　辛　庚　己　戊　丁
　辰　卯　寅　丑　子　亥

乙卯日元，生于季秋。丙丁并透通根。五行无水，庚金置之不论，最喜财神归库，木火通辉。性孝友，尤笃行谊，由部书出身，仕至州牧。其不利于书香者，庚金通根在丑也。

　　财　　　戊　　　食　　　劫
　　癸　　　戊　　　庚　　　己
　　亥　　　申　　　午　　　丑
　杀才　比才食　劫印　劫伤财

甲	乙	丙	丁	戊	己
子	丑	寅	卯	辰	巳

戊土生于午月，印星秉令，时逢癸亥，正日元得气遇财星也，但金气太旺，又年支湿土，晦火生金，日元反弱，则印绶暗伤，书香难遂。捐纳出身，至丁卯丙寅运，木从火势，生化不悖，仕至黄堂。喜其午火真神得用，为人忠厚和平，后运乙丑，晦水生金，不禄。

卩		杀	才
丙	戊	甲	壬
辰	戌	辰	子
比印伤	财比官	财

庚	己	戊	丁	丙	乙
戌	酉	申	未	午	巳

戊戌日元，生于季春，时逢火土，日元得气，虽春时虚土，而杀透通根，兼之壬水得地，贴身相生，此谓身杀两停，非身强煞浅也。天干壬水克丙，所以书香不利，喜其初运南方，捐纳出身。仕名区，宰大邑。但财露生煞为病，恐将来运走西方，水生火绝，缘其人好奢少俭，若不急流勇退，难免不测风波。

才		卩	官
庚	丙	甲	癸
寅	戌	寅	巳
食劫财		食比卩	食比才

戊	己	庚	辛	壬	癸
申	酉	戌	亥	子	丑

丙火生于孟春，官透为用，清而纯粹。惜乎金水遥隔，无相生之意；且木火并旺，金水无根，书香不继。游幕捐纳县令，究竟财官不通门户，丁丑年大运在戌，火土当权，得疾而亡。

官		财	伤
丁	辛	甲	壬
酉	酉	辰	辰
比		食印才

庚	己	戊	丁	丙	乙
戌	酉	申	未	午	巳

辛金生于季春，支逢辰酉，干透壬丁，似乎佳美。不知地支湿土逢金，丁火虚脱无根，甲木虽能生火，地支辰酉化金，亦自顾不暇，捐纳部属，不但财多破耗，而且不能得缺。虽壬水生甲，遗业数十万，但运走土金，未免家业退，而子息艰也。

地 位

台阁勋劳百世传，天然清气发机权。

原注：能知人之出身，至于地位之大小，亦不易推。若夫为公为卿，清中又有一种权势出入矣，不专在一端而论。

任氏曰：台阁宰辅，以及封疆之任，清气发乎天然，秀气出乎纯粹。四柱之内，皆与喜神有情，格局之中并无可嫌之物。所用者皆真神，所喜者皆真气，此谓"清气显机权"也。度量宽宏能容物，施为纯正不贪私，有润泽生民之德，怀任重致远之才也。

印 己	杀 壬	官 甲	食 庚
亥 才食	申 食杀才	子 才	申 比才食
官 丁	壬	印 丙	庚
卯 财	寅 食比卩	寅 劫印官	辰 财比官
庚	丙	己	戊
申 卩食比	子 官	丑 比食才	辰
比 庚	印 乙	官 甲	比 戊
辰 伤卩财	寅 劫伤印	子 才	午 劫印

此董中堂造，天然清气在庚金也。

此刘中堂造，天然清气在丙火也。

此铁尚书造，天然清气在乙木也。

此秦侍郎造，天然清气在丁火也。

兵权獬豸弁冠客，刃煞神清气势特。

原注：掌生杀之权，其风纪气势，必然超特，清中精神自异，又或刃杀两显也。

任氏曰：掌生杀大权，兵刑重任者，其精神清气，自然超特，必以刃旺敌杀，气势出入也。局中杀旺无财，印绶用刃者，或无印而有羊刃者，此谓杀刃神清也。气势转者，刃旺当权也，必文官而掌生杀之任。刃旺者，如春之甲用卯刃，乙用寅刃；夏之丙用午刃，丁用巳刃；秋之庚用酉刃，辛用申刃；冬之壬用子刃，癸用亥刃是也。若刃旺敌杀，局中无食神印绶，而有财官者，气势虽特，神气不清，乃武将之命也。如刃不当权，虽能敌杀，不但不能掌兵权，亦不能贵显也。其人疾恶太严，如刃旺杀弱亦然，必傲物而骄慢也。

	杀		印	食
	丙	庚	己	壬
	戌	午	酉	寅
	劫卩官	印官	劫	卩杀才

乙	甲	癸	壬	辛	庚
卯	寅	丑	子	亥	戌

庚日丙时，支逢生旺，寅纳壬水，不能制杀。全赖酉金羊刃当权为用，隔住寅木，使其不能会局，此正"刃杀神清气势特"也。早登科甲，屡掌兵刑生杀之任，仕至刑部尚书。

	杀		杀	才
	壬	丙	壬	庚
	辰	子	午	戌
	官食印	官	伤劫	食劫财

戊	丁	丙	乙	甲	癸
子	亥	戌	酉	申	未

丙子日元，月时两透壬水，日主三面受敌，柱中无木泄水生火，反有

庚金生水泄土，全赖午火旺刃当权为用，更喜戌之燥土，制水会火。乡榜出身，丙戌丁亥运，仕至按察。

杀		杀	伤
戊	**壬**	**戊**	**乙**
申	**辰**	**子**	**卯**
杀比卩	劫杀伤	劫	伤

壬	癸	甲	乙	丙	丁
午	未	申	酉	戌	亥

壬辰日元，天干两煞，通根辰支，年干乙木凋枯，能泄水而不能制土，正克泄交加，最喜子水当权会局，杀刃神清。至酉运生水克木，又能化杀，科甲连登；甲申登运，仕路光亨，至按察；未运羊刃受制，不禄。

杀		官	食
庚	**甲**	**辛**	**丙**
午	**申**	**卯**	**辰**
财伤	才卩杀	劫	印才劫

丁	丙	乙	甲	癸	壬
酉	申	未	午	巳	辰

甲申日元，生于仲春，官杀并透通根，日时临于死绝，必用卯之羊刃。喜其丙火合辛，不但无混杀之嫌，抑且卯木不受其制，刃杀神清，且运走南方火地。科甲出身，仕臬宪。

分藩司牧财官和，清纯格局神气多。

原注：方面之官，财官为重，必清奇纯粹，格正局全，又有一段精神。

任氏曰：方面之任以及州县之官，虽以财官为重，必须格局清纯，更须日元生旺，神贯气足，然后财官情协，则精气神三者足矣。又加官旺有印，官衰有财，财旺无官，印旺有财，左右相通，上下不悖，根通年月，气贯日时，身杀两停，杀重逢印，杀轻遇财者，皆是也，必有利民济物之心；反此者，非所宜也。

劫		食	才
壬	**癸**	**乙**	**丁**
子	**酉**	**巳**	**丑**
比	卩	官财印	杀卩比

己　庚　辛　壬　癸　甲

亥　子　丑　寅　卯　辰

　　癸水生于巳月，火土虽旺，妙在支全金局，财官印三者皆得生助。更喜子时劫比帮身，精神旺足；尤喜中年运走北方。异路出身，仕至郡守，名利两全，生七子皆出仕。

　　　卩　　　　　　　　伤　　　　劫
　　乙　　丁　　　戊　　　丙

　　巳　　酉　　　戌　　　寅
伤劫财　　才　　伤比才　　伤劫印

甲　癸　壬　辛　庚　己

辰　卯　寅　丑　子　亥

　　丁火生于戌月，局中木火重重，伤官用财，格局本佳，部书出身，仕至县令。惜柱中无水，戌乃燥土，不能生金晦火，木生火旺，巳酉无拱合之情，所以妻妾生十子皆克。

　　　印　　　　　　　劫　　　　　官
　　戊　　辛　　　庚　　　丙

　　子　　巳　　　寅　　　子
　食　　印官劫　　印官财　　食

丙　乙　甲　癸　壬　辛

申　未　午　巳　辰　卯

　　辛金生于寅月，财旺逢食，官透遇财，又逢劫印相扶，中和纯粹，精神两足。初看似乎身弱，细究之，木嫩火虚，印透通根，日元足以用官。中年南方火运，异路出身，仕至黄堂。

　　　杀　　　　　　　卩　　　　　印
　　甲　　戊　　　丙　　　丁

　　寅　　寅　　　午　　　亥
比卩杀　　　　　　劫印　　杀才

庚　辛　壬　癸　甲　乙

子　丑　寅　卯　辰　巳

　　戊土生于午月，局中偏官虽旺，印星太重，木从火势，火必焚木，一点亥水，不能生木克火。交癸运，克丁生甲，北籍连登科甲，出宰名区；

辛运合丙，仕路顺遂；交丑运，克水告病致仕。

<table>
<tr><td>官</td><td></td><td>才</td><td>财</td></tr>
<tr><td>辛</td><td>甲</td><td>戊</td><td>己</td></tr>
<tr><td>未</td><td>子</td><td>辰</td><td>巳</td></tr>
<tr><td>伤财劫</td><td>印</td><td>印才劫</td><td>才食杀</td></tr>
</table>

壬 癸 甲 乙 丙 丁
戌 亥 子 丑 寅 卯

甲子日元，生于季春，木有余气。坐下印绶，官星清透，且子辰拱印有情。更妙运走东北水木之地，功名登甲榜。只嫌子未破印，仕路未免有阻，老于教职。

便是诸司并首领，也从清浊分形影。

原注：至贵者莫如天也。得一以清，而位乎上，故膺一命之荣，莫不得清气。所以杂职或佐贰首领等官，岂无一段清气？而与浊气者自别。然清浊之形影难解，不专是财官印绶内有清浊，凡格局、气象、用神、合神，日主化气、从气、神气、精气，以序收藏，发生意向，节度性情，理势源流，主从之间皆有之。先于皮面，寻其形影，得其形而遂可以寻其精髓，乃论大小尊卑。

任氏曰：命者，天地阴阳五行之所钟也，清者贵也，浊者贱也。所以杂职佐贰等官，亦膺一命之荣，虽非格正局清，真神得用，而气象格局之中，冲合理气之内，必有一点清气，虽清气浊气之形影难辨，总不外乎天清地浊之理。天干象天，地支象地。地支上升于天干者，轻清之气也；天干下降于地支者，重浊之气也。天干之气本清，不忌浊也；地支之气本浊，必要清也，此命理之贵乎变通也。天干浊，地支清者贵；地支浊，天干清者贱也。地支之气上升者影也，天干之气下降者形也。于升降形影，冲合制化中，分其清浊，究其轻重，论其尊卑可也。

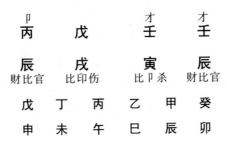

<table>
<tr><td>卩</td><td></td><td>才</td><td>才</td></tr>
<tr><td>丙</td><td>戊</td><td>壬</td><td>壬</td></tr>
<tr><td>辰</td><td>戌</td><td>寅</td><td>辰</td></tr>
<tr><td>财比官</td><td>比印伤</td><td>比卩杀</td><td>财比官</td></tr>
</table>

戊 丁 丙 乙 甲 癸
申 未 午 巳 辰 卯

戊土生于寅月，木旺土虚。天干两壬克丙生寅，此天干之气浊，财星坏印，所以书香不继。喜寅能纳水生火，日主坐戌之燥土，使壬水不致冲奔，其清处在寅也。异路出身，丙运升县令。

<table>
<tr><td>伤</td><td></td><td>印</td><td>卩</td></tr>
<tr><td>丁</td><td>甲</td><td>癸</td><td>壬</td></tr>
<tr><td>卯</td><td>寅</td><td>丑</td><td>午</td></tr>
<tr><td>劫</td><td>才食比</td><td>财官印</td><td>财伤</td></tr>
</table>

己　戊　丁　丙　乙　甲

未　午　巳　辰　卯　寅

甲木生于丑月，水土寒凝。本喜火以敌寒，更妙日时寅卯气旺，丁火吐秀，其清在火也。所嫌壬癸透干，丁火必伤，难遂书香之志。然地支无水，干虽浊，支从午火留清。异路出身，至戊午运，合癸制壬，有病得药，升知县。

<table>
<tr><td>伤</td><td></td><td>印</td><td>杀</td></tr>
<tr><td>己</td><td>丙</td><td>乙</td><td>壬</td></tr>
<tr><td>丑</td><td>子</td><td>巳</td><td>辰</td></tr>
<tr><td>伤财官</td><td>官</td><td>食比才</td><td>官食印</td></tr>
</table>

辛　庚　己　戊　丁　丙

亥　戌　酉　申　未　午

丙火生于巳月，天地煞印留清。所嫌者，丑时合去子水，则壬水失势，化助伤官，则日元泄气，一点乙木，不能疏土。异路出身，虽获盗有功，而上意不合，竟不能升。

<table>
<tr><td>才</td><td></td><td>财</td><td>食</td></tr>
<tr><td>丁</td><td>癸</td><td>丙</td><td>乙</td></tr>
<tr><td>巳</td><td>酉</td><td>戌</td><td>酉</td></tr>
<tr><td>官财印</td><td>卩</td><td>官才卩</td><td>卩</td></tr>
</table>

庚　辛　壬　癸　甲　乙

辰　巳　午　未　申　酉

癸酉日元，生于戌月，地支官印相生，清可知矣。所嫌者，天干丙财得地，兼之乙木助火克金，所以书香难遂。喜秋金有气，异路出身，至巳运逢财坏印，丁艰回籍。

比		比	杀
戊	**戊**	**戊**	**甲**
午	**子**	**辰**	**申**
劫印	财	财比官	比才食

甲	癸	壬	辛	庚	己
戊	酉	申	未	午	巳

戊子日元，生于辰月午时，天干三戊，旺可知矣。甲木退气临绝，不但无用，反为混论。其精气在地支之申，泄其精英，惜春金不旺，幸子水冲午，润土养金，虽捐纳佐贰，仕途顺遂。

卩		食	劫
庚	**壬**	**甲**	**癸**
戌	**子**	**子**	**巳**
杀财印	劫	劫	杀财卩

戊	己	庚	辛	壬	癸
午	未	申	酉	戌	亥

壬子日元，生于仲冬，天干又透庚癸，其势泛滥。甲木无根，不能纳水；巳火被众水所克，亦难作用。故屡次加捐，耗财不能得缺。虽时支戌，砥定汪洋，又有庚金之泄，兼之中运辛酉庚申，泄土生水，劫刃肆逞，以致有志难伸。

岁　运

休囚系乎运，尤系乎岁，战冲视其孰降，和好视其孰切。

原注：日主譬如吾身，局中之神，譬之舟马引从之人，大运譬所苍之地，故重地支，未尝无天干。太岁譬所遇之人，故重天干，未偿无地支。必先明一日主，配合七字，权其轻重，看喜行何运，忌行何运。如甲日以气机看春，以人心看仁，以物理看木，大率看气机而余在其中。遇庚辛申酉字面，如春而行之于秋，新伐其生生之机，又看喜与不喜，而行运生甲伐甲之地，可断其休咎也。太岁一至，休咎即显，于是详论战冲和好之势，而得胜负适从之机，则休咎了然在目。

任氏曰：富贵虽定乎格局，穷通实系乎运途，所谓命好不如运好也。

日主如我之身，局中喜神用神是我所用之人，运途乃我所临之地，故以地支为重。要天干不背，相生相扶为美，故一运看十年，切勿上下截看，不可使盖头截脚。如上下截看，不论盖头截脚，则吉凶不验矣。

如喜行木运，必要甲寅乙卯，次则甲辰、乙亥、壬寅、癸卯；喜行火运，必要丙午丁未，次则丙寅、丁卯、丙戌、丁巳；喜行土运，必要戊午、己未戊戌、己巳，次则戊辰己丑；喜行金运，必要庚申辛酉，次则戊申、己酉、庚辰、辛巳；喜行水运，必要壬子癸亥，次则壬申、癸酉、辛亥、庚子。宁使天干生地支，弗使地支生天干；天干生地支而荫厚，地支生天干而气泄。

何谓盖头？如喜木运而遇庚寅辛卯，喜火运而遇壬午癸巳，喜土运而遇甲戌、甲辰、乙丑、乙未，喜金运而遇丙申丁酉，喜水运而遇戊子己亥。何谓截脚？如喜木运而遇甲申、乙酉、乙丑、乙巳，喜火运而遇丙子、丁丑、丙申、丁酉、丁亥，喜土运而遇戊寅、己卯、戊子、己酉、戊申，喜金运而遇庚午、辛亥、庚寅、辛卯、庚子，喜水运而遇壬寅、癸卯、壬午、癸未、壬戌、癸巳是也。

盖干头喜支，运以重支，则吉凶减半；截脚喜干，支不载干，则十年皆否。假如喜行木运，而遇庚寅辛卯，庚辛本为凶运，而金绝寅卯，谓之无根，虽有十分之凶，而减其半。如原局天干有丙丁透露，得回制之能，又减其半，或再遇太岁逢丙丁，制其庚辛，则无凶矣。寅卯本为吉运，因盖头有庚辛之克，虽有十分之吉，亦减其半。如原局地支有申酉之冲，不但无吉，而反凶矣。

又如喜木运，遇甲申乙酉，木绝于申酉，谓之不载，故甲乙之运不吉。如原局天干又透庚辛，或太岁干头遇庚辛，必凶无疑。所以十年皆凶。如原局天干透壬癸，或太岁干头逢壬癸，能泄金生木，则和平无凶矣。故运逢吉不见其吉，运逢凶不见其凶者，缘盖头截脚之故也。

太岁管一年否泰，如所遇之人，故以天干为重，然地支不可不究，虽有与神之生克，不可与日主运途之冲战。最凶者天克地冲，岁运冲克，日主旺相，虽凶无碍，日主休囚，必罹凶咎。日犯岁君，日主旺相无咎，日主休囚必凶；岁君犯日，亦同此论。故太岁宜和，不可与大运一端论也。如运逢木吉，岁逢木反凶者，皆战冲不和之故也。依此而推，则吉凶无不验矣。

官		官	比
丁	庚	丁	庚
丑	辰	亥	辰
印劫伤	伤卩财	才食	伤卩财

癸 壬 辛 庚 己 戊
巳 辰 卯 寅 丑 子

　　庚辰日元，生于亥月，天干丁火并透，辰亥皆藏甲乙，足以用火。初运戊子己丑，晦火生金，未遂所愿。庚运丙午年，庚坐寅支截脚，天干两丁，足可敌一庚，又逢丙午年，克尽庚金，是年进而中丁，丁未又连捷，榜下知县，寅运官资颇丰；辛卯截脚，局中丁火回克，仕至郡守；壬辰水生库根，至壬申年，两丁皆伤，不禄。

官		卩	财
丁	庚	戊	乙
丑	辰	子	未
印劫伤	伤卩财	伤	官印财

壬 癸 甲 乙 丙 丁
午 未 申 酉 戌 亥

　　庚辰日元，生于子月，未土穿破子水，天干木火，皆得辰未之余气，足以用木生火。丙运入泮。癸酉年行乙运，癸合戊化火，酉是丁火长生，均以此年必中。殊不知乙酉截脚之木，非木也，实金也。癸酉年水逢金生，又在冬令，焉能合戊化火？必克丁火无疑。酉中纯金，乃火之死地，阴火长生之说，俗传之谬也；恐今八月又建辛酉，局中木火皆伤，防生不测之灾。竟卒于省中。

劫		印	食
丁	丙	乙	戊
酉	寅	卯	子
财	食比卩	印	官

辛 庚 己 戊 丁 丙
酉 申 未 午 巳 辰

　　丙寅日元，生于卯月，木火并旺，土金皆伤，水亦休囚。幼运丙辰丁巳，遗业消磨；戊午己未，燥土不能生金泄火，经营亏空万金，逃出外方；交庚申辛酉二十年，竟获居奇之利，发财十余万。

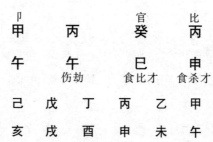

卩		官	比
甲	丙	癸	丙
午	午	巳	申
	伤劫	食比才	食杀才

己　戊　丁　丙　乙　甲

亥　戌　酉　申　未　午

丙午日元，生于巳月午时，群比争财，逼干癸水。初运甲午刃劫猖狂，父母早亡；乙未助刃，家业败尽；交丙申丁酉火盖头，且局中巳午回克金，贫乏不堪，交戊戌稍能立脚。

何为战？

原注：如丙运庚年，谓之运伐岁。日主喜庚，要丙降，得戊得丙者吉；日主喜丙，则岁不降运，得戊巳以和为妙。如庚坐寅午，丙之力量大，则岁亦不得不降，降之亦保无祸。庚运丙年，谓之岁伐运，日主喜庚，得戊巳以和丙者吉；日主喜丙，则运不降岁，又不可用戊己泄丙助庚。若庚坐寅午，丙之力量大，则运自降岁，亦保无患。

任氏曰：战者克也。如丙运庚年，谓之运克岁，日主喜庚，要丙坐子辰，庚坐申辰，又局中得戊己泄丙，得壬癸克丙则吉：如丙坐午寅，局中又无水土制化，必凶，如庚运丙年，谓之岁克运。日主喜庚则凶，喜丙则吉；喜庚者要庚坐申辰，丙坐子辰；又局中逢水土制化者吉，反此必凶。喜丙者依此而推。

才		卩	财
庚	丙	甲	辛
寅	辰	午	卯
食比卩	官食印	伤劫	印

戊　己　庚　辛　壬　癸

子　丑　寅　卯　辰　巳

丙火生于午月，旺刃当权，支全寅、卯、辰、土从木类，庚辛两不通根，初交癸巳壬辰，金逢生助，家业饶裕，其乐自如：辛卯金截脚，刑丧破耗，家业十败八九。庚运丙寅年克妻，庚坐寅支截脚，丙寅岁克运，又庚绝丙生，局中无制化之神，于甲午月木从火势，凶祸连绵，得疾而亡。

比		劫	杀
乙	乙	甲	辛
酉	卯	午	卯
杀		才食	比

戊	己	庚	辛	壬	癸
子	丑	寅	卯	辰	巳

乙木生于午月，卯酉紧冲日禄，月干甲木临绝，五行无水，夏火当权泄气，伤官用劫，所忌者金。初运壬辰癸巳，印透生扶，平顺之境；辛卯运，惟辛酉年冲去卯木，刑丧克破；至庚运丙寅年，所忌者金，而丙火克去之，局中无土水泄制丙火，又火逢生，金坐绝，入泮，得舒眉曲也。

何为冲？

原注：如子运午年，谓之运冲岁，日主喜子，则要助子，又得年之干头，遇制午之神，或午之党多，干头遇戊甲字者必凶。如午运子年，谓之岁冲运，日主喜午，而子之党多，干头助子者必凶；日主喜子，而午之党少，干头助子者必吉，若午重子轻，则岁不降，亦无咎。

任氏曰：冲者破也。如子运午年，谓之运冲岁。日主喜子，要干头逢庚壬，午之干头逢甲丙，亦无咎；如子之干头遇丙戊，午之干头遇庚壬，亦有咎；日主喜午，子之干头逢甲戊，午之干头遇甲丙，则吉；如子之干头遇庚壬，午之干头遇甲丙，则凶。如午运子年，谓之岁冲运，日主喜午，要午之干头逢丙戊，子之干头遇甲丙，则吉；如午之干头遇丙戊，子之干头遇庚壬，必凶。余可类推。

何为和？

原注：如乙运庚年、庚运乙年，则和。日主喜金则吉，日主喜木则不吉。子运丑年，丑运子年，日主喜土则吉，喜水则不吉。

任氏曰：和者，合也。如乙运庚年，庚运乙年，合而能化，喜金则吉；合而不化，反为羁绊，不顾日主之喜我，则不吉矣。喜庚亦然，所以喜庚者必要木金得地，乙木无根，则合化为美矣。若子丑之合，不化亦是克水，喜水者必不吉也。

何为好？

原注：如庚运辛年，辛运庚年，申运酉年，酉运申年，则好。日主喜阳，则庚与申为好；喜阴，则辛与酉为好。凡此皆宜例推。

任氏曰：好者，类相同也。如庚运申年，辛运酉年，是为真好，乃支之禄旺，自我本气归垣，如家室之可住。如庚运辛年，辛运庚年，乃天干之助，如朋友之帮扶，究竟不甚关切，必先要旺运通根，自然依附为好；如运无根气，其见势衰而无依附之情，非为好也。

贞 元

造化起于元，亦止于贞。再肇贞元之会，胚胎嗣续之机。

原注：三元皆有贞元。如以八字看，以年为元，月为亨，日为利，时为贞。年月吉者，前半世吉；日时吉者，后半世吉。以大运看，以初十五年为元，次十五年为亨，中十五年为利，后十五年为贞。元亨运吉者，前半世吉；利贞运吉者，后半世吉，皆贞元之道。然有贞元之妙存焉，非特绝处逢生、北尽东来之意也。至于人之寿终矣，而既终之后，运之所行，果所喜者欤？则其家必兴；果所忌者欤？则其家必替。盖以父为贞，子为元也。贞下起元之妙，生生不息之机。予著此论，非欲人知考之年，而示天下万世，实所以验奕世之兆，而知数之不可逃也。学者勉之！

任氏曰：贞元之理，河洛图书之旨也；河洛图书之旨，既先后天卦位之易也。先天之卦，乾南坤北，故西北多山，昆仑为山之祖；东南多水，大海为水之归。是以水从山出，山见水止。夫九河泻地，极汪洋澎湃之势，溯其源，皆星宿也；夫五岳插天，极崇隆峻险之形，穷其本，皆昆仑也。惟人有祖父亦然，虽支分派衍，莫不皆出于一脉。故一阴生于坤之初，一阳生于乾之始，所以离为日体，坎为月体。而贞元之理，原于纳甲，纳甲之象，出于八卦。故父乾而母坤，震为长男，继乾父之体，因坤母之兆。故太阴自每月廿八至初二，尽魄纯黑而为坤象。坤者，犹贞之意也。初三光明三分，一阳初生，震之象也。震者，元之兆也。初八上弦，光明六分，兑之象也，兑者，犹亨之理也。十八日，月盈而亏缺三分，巽之象也，犹利之义也。是以贞元之道，循环之理，盛极而衰，否极而泰，亦此意也。观此章之旨，不特人生在世，运吉者昌，运凶者败，至于寿终之后，而行运仍在，观其运之吉凶，而可知其子孙之兴替。故其人既终之后，而其家兴旺者，身后运必吉也；其家衰败者，身后运必凶也。此论虽造化有定，而数之不可逃，为人子者不可不知考之年，而善继述之。若考之身后运吉，自可承先启后；如考之身后运凶，亦可安分经营，挽回造化。若祖宗富贵，自诗书中来，子孙享富贵，即弃诗书者；若祖宗家业，自勤俭中来，子孙享家业，即忘勤俭者，是割扶桑之干而接于文梓，未有不稿者，决渭河之水，而入于泾川，鲜有不浊者。何也？其本源各自不相附耳，学者当深思之。

周易书斋精品书目

书　　名	作　者	定　价	版别
影印涵芬楼本正统道藏 [再造善本；全512函1120册]	[明]张宇初编	280000.00	九州
术藏[全6箱，精装100册]	谢路军主编	58000.00	燕山
道藏[全6箱，精装60册]	谢路军主编	48000.00	九州
焦循文集[全精装18册]	[清]焦循撰	9800.00	九州
邵子全书[全精装15册]	[宋]邵雍撰	9600.00	九州
阳宅三要[宣纸线装一函三册]	[清]赵九峰撰	298.00	华龄
绘图全本鲁班经匠家镜[宣纸线装一函四册]	[周]鲁班著	680.00	华龄
青囊海角经[宣纸线装一函四册]	[晋]郭璞著	680.00	华龄
地理点穴撼龙经[宣纸线装一函三册]	[清]寇宗注	680.00	华龄
秘藏疑龙经大全[宣纸线装一函一册]	[清]寇宗注	280.00	华龄
杨公秘本山法备收[宣纸线装一函一册]	[清]寇宗注	280.00	华龄
校正全本地学答问[宣纸线装一函三册]	[清]魏清江撰	680.00	华龄
赖仙原本催官经[宣纸线装一函一册]	[宋]赖布衣撰	280.00	华龄
赖仙催官篇注[宣纸线装一函一册]	[宋]赖布衣撰	280.00	华龄
尹注赖仙催官篇[宣纸线装一函一册]	[宋]赖布衣撰	280.00	华龄
赖仙心印[宣纸线装一函一册]	[宋]赖布衣撰	280.00	华龄
新刻赖太素天星催官解[宣纸线装一函二册]	[宋]赖布衣撰	480.00	华龄
天机秘传青囊内传[宣纸线装一函一册]	[清]焦循撰	280.00	华龄
阳宅斗首连篇秘授[宣纸线装一函一册]	[明]卢清廉撰	280.00	华龄
精刻编集阳宅真传秘诀[宣纸线装一函二册]	[明]李邦祥撰	480.00	华龄
秘传全本六壬玉连环[宣纸线装一函二册]	[宋]徐次宾撰	480.00	华龄
秘传仙授奇门[宣纸线装一函二册]	[清]湖海居士辑	480.00	华龄
祝由科诸符秘卷祝由科诸符秘旨合刊 [宣纸线装一函二册]	[清]郭相经辑	480.00	华龄
校正古本入地眼图说[宣纸线装一函二册]	[宋]辜托长老撰	480.00	华龄
校正全本钻地眼图说[宣纸线装一函二册]	[宋]辜托长老撰	480.00	华龄
赖公七十二葬法[宣纸线装一函二册]	[宋]赖布衣撰	480.00	华龄
新刻杨筠松秘传开门放水阴阳捷径 [宣纸线装一函二册]	[唐]杨筠松撰	480.00	华龄
校正古本地理五诀[宣纸线装一函二册]	[清]赵九峰撰	480.00	华龄
重校古本地理雪心赋[宣纸线装一函二册]	[唐]卜应天撰	480.00	华龄
宋国师吴景鸾先天后天理气心印补注 [宣纸线装一函一册]	[宋]吴景鸾撰	280.00	华龄
新刊宋国师吴景鸾秘传夹竹梅花院纂 [宣纸线装一函二册]	[宋]吴景鸾撰	480.00	华龄
连山[宣纸线装一函一册]	[清]马国翰辑	280.00	华龄

书　名	作　者	定　价	版别
归藏[宣纸线装一函一册]	[清]马国翰辑	280.00	华龄
周易虞氏义笺订[宣纸线装一函六册]	[清]李翊灼订	1180.00	华龄
周易参同契通真义[宣纸线装一函二册]	[后蜀]彭晓撰	480.00	华龄
御制周易[宣纸线装一函三册]	武英殿影宋本	680.00	华龄
宋刻周易本义[宣纸线装一函四册]	[宋]朱熹撰	980.00	华龄
易学启蒙[宣纸线装一函二册]	[宋]朱熹撰	480.00	华龄
易余[宣纸线装一函二册]	[明]方以智撰	480.00	九州
明抄真本梅花易数[宣纸线装一函三册]	[宋]邵雍撰	480.00	九州
古本皇极经世书[宣纸线装一函三册]	[宋]邵雍撰	980.00	九州
奇门鸣法[宣纸线装一函二册]	[清]龙伏山人撰	680.00	华龄
奇门衍象[宣纸线装一函二册]	[清]龙伏山人撰	480.00	华龄
奇门枢要[宣纸线装一函二册]	[清]龙伏山人撰	480.00	华龄
奇门仙机[宣纸线装一函三册]	王力军校订	298.00	华龄
奇门心法秘纂[宣纸线装一函三册]	王力军校订	298.00	华龄
御定奇门秘诀[宣纸线装一函三册]	[清]湖海居士辑	680.00	华龄
龙伏山人存世文稿[宣纸线装五函十册]	[清]矫子阳撰	2800.00	九州
奇门遁甲鸣法[宣纸线装一函二册]	[清]矫子阳撰	680.00	九州
奇门遁甲衍象[宣纸线装一函二册]	[清]矫子阳撰	480.00	九州
奇门遁甲枢要[宣纸线装一函二册]	[清]矫子阳撰	480.00	九州
遁甲括囊集[宣纸线装一函三册]	[清]矫子阳撰	980.00	九州
增注蒋公古镜歌[宣纸线装一函一册]	[清]矫子阳撰	180.00	九州
宫藏奇门大全[线装五函二十五册]	[清]湖海居士辑	6800.00	星易
遁甲奇门秘传要旨大全[线装二函十册]	[清]范阳耐寒子辑	6200.00	星易
增广神相全编[线装一函四册]	[明]袁珙订正	980.00	星易
遁甲奇门捷要[宣纸线装一函一册]	[清]杨景南编	380.00	故宫
奇门遁甲备览[宣纸线装一函二册]	清顺治抄本	760.00	故宫
六壬类聚[宣纸线装一函四册]	[清]纪大奎撰	1520.00	故宫
订正六壬金口诀[宣纸线装一函六册]	[清]巫国匡辑	1280.00	华龄
六壬神课金口诀[宣纸线装一函三册]	[明]适适子撰	298.00	华龄
改良三命通会[宣纸线装一函四册,第二版]	[明]万民英撰	980.00	华龄
增补选择通书玉匣记[宣纸线装一函二册]	[晋]许逊撰	480.00	华龄
增补四库青乌辑要[宣纸线装全18函59册]	郑同校	11680.00	九州
第1种:宅经[宣纸线装1册]	[署]黄帝撰	180.00	九州
第2种:葬书[宣纸线装1册]	[晋]郭璞撰	220.00	九州
第3种:青囊序青囊奥语天玉经[宣纸线装1册]	[唐]杨筠松撰	220.00	九州
第4种:黄囊经[宣纸线装1册]	[唐]杨筠松撰	220.00	九州
第5种:黑囊经[宣纸线装2册]	[唐]杨筠松撰	380.00	九州
第6种:锦囊经[宣纸线装1册]	[晋]郭璞撰	200.00	九州

书 名	作 者	定 价	版别
第 7 种: 天机贯旨红囊经[宣纸线装 2 册]	[清]李三素撰	380.00	九州
第 8 种: 玉函天机素书/至宝经[宣纸线装 1 册]	[明]董德彰撰	200.00	九州
第 9 种: 天机一贯[宣纸线装 2 册]	[清]李三素撰辑	380.00	九州
第 10 种: 撼龙经[宣纸线装 1 册]	[唐]杨筠松撰	200.00	九州
第 11 种: 疑龙经葬法倒杖[宣纸线装 1 册]	[唐]杨筠松撰	220.00	九州
第 12 种: 疑龙经辨正[宣纸线装 1 册]	[唐]杨筠松撰	200.00	九州
第 13 种: 寻龙记太华经[宣纸线装 1 册]	[唐]曾文迪撰	220.00	九州
第 14 种: 宅谱要典[宣纸线装 2 册]	[清]铣溪野人校	380.00	九州
第 15 种: 阳宅必用[宣纸线装 2 册]	心灯大师校订	380.00	九州
第 16 种: 阳宅撮要[宣纸线装 2 册]	[清]吴鼒撰	380.00	九州
第 17 种: 阳宅正宗[宣纸线装 1 册]	[清]姚承舆撰	200.00	九州
第 18 种: 阳宅指掌[宣纸线装 2 册]	[清]黄海山人撰	380.00	九州
第 19 种: 相宅新编[宣纸线装 1 册]	[清]焦循校刊	240.00	九州
第 20 种: 阳宅井明[宣纸线装 2 册]	[清]邓颖出撰	380.00	九州
第 21 种: 阴宅井明[宣纸线装 1 册]	[清]邓颖出撰	220.00	九州
第 22 种: 灵城精义[宣纸线装 2 册]	[南唐]何溥撰	380.00	九州
第 23 种: 龙穴砂水说[宣纸线装 1 册]	清抄秘本	180.00	九州
第 24 种: 三元水法秘诀[宣纸线装 2 册]	清抄秘本	380.00	九州
第 25 种: 罗经秘传[宣纸线装 2 册]	[清]傅禹辑	380.00	九州
第 26 种: 穿山透地真传[宣纸线装 2 册]	[清]张九仪撰	380.00	九州
第 27 种: 催官篇发微论[宣纸线装 2 册]	[宋]赖文俊撰	380.00	九州
第 28 种: 入地眼神断要诀[宣纸线装 2 册]	清抄秘本	380.00	九州
第 29 种: 玄空大卦秘断[宣纸线装 1 册]	清抄秘本	200.00	九州
第 30 种: 玄空大五行真传口诀[宣纸线装 1 册]	[明]蒋大鸿等撰	220.00	九州
第 31 种: 杨曾九宫颠倒打劫图说[宣纸线装 1 册]	[唐]杨筠松撰	200.00	九州
第 32 种: 乌兔经奇验经[宣纸线装 1 册]	[唐]杨筠松撰	180.00	九州
第 33 种: 挨星考注[宣纸线装 1 册]	[清]汪董缘订定	260.00	九州
第 34 种: 地理挨星说汇要[宣纸线装 1 册]	[明]蒋大鸿撰辑	220.00	九州
第 35 种: 地理捷诀[宣纸线装 1 册]	[清]傅禹辑	200.00	九州
第 36 种: 地理三仙秘旨[宣纸线装 1 册]	清抄秘本	200.00	九州
第 37 种: 地理三字经[宣纸线装 3 册]	[清]程思乐撰	580.00	九州
第 38 种: 地理雪心赋注解[宣纸线装 2 册]	[唐]卜则嵬撰	380.00	九州
第 39 种: 蒋公天元余义[宣纸线装 1 册]	[明]蒋大鸿等撰	220.00	九州
第 40 种: 地理真传秘旨[宣纸线装 3 册]	[唐]杨筠松撰	580.00	九州
增补四库未收方术汇刊第一辑(全 28 函)	线装影印本	11800.00	九州
第一辑 01 函: 火珠林·卜筮正宗	[宋]麻衣道者著	340.00	九州
第一辑 02 函: 全本增删卜易·增删卜易真诠	[清]野鹤老人撰	720.00	九州
第一辑 03 函: 渊海子平音义评注·子平真诠·命理易知	[明]杨淙增校	360.00	九州

书　名	作　者	定　价	版别
第一辑 04 函:滴天髓:附滴天秘诀·穷通宝鉴:附月谈赋	[宋]京图撰	360.00	九州
第一辑 05 函:参星秘要诹吉便览·玉函斗首三台通书·精校三元总录	[清]俞荣宽撰	460.00	九州
第一辑 06 函:陈子性藏书	[清]陈应选撰	580.00	九州
第一辑 07 函:崇正辟谬永吉通书·选择求真	[清]李奉来辑	500.00	九州
第一辑 08 函:增补选择通书玉匣记·永宁通书	[晋]许逊撰	400.00	九州
第一辑 09 函:新增阳宅爱众篇	[清]张觉正撰	480.00	九州
第一辑 10 函:地理四弹子·地理铅弹子砂水要诀	[清]张九仪注	320.00	九州
第一辑 11 函:地理五诀	[清]赵九峰著	200.00	九州
第一辑 12 函:地理直指原真	[清]释如玉撰	280.00	九州
第一辑 13 函:宫藏真本入地眼全书	[宋]释静道著	680.00	九州
第一辑 14 函:罗经顶门针·罗经解定·罗经透解	[明]徐之镇撰	360.00	九州
第一辑 15 函:校正详图青囊经·平砂玉尺经·地理辨正疏	[清]王宗臣著	300.00	九州
第一辑 16 函:一贯堪舆	[明]唐世友辑	240.00	九州
第一辑 17 函:阳宅大全·阳宅十书	[明]一壑居士集	600.00	九州
第一辑 18 函:阳宅大成五种	[清]魏青江撰	600.00	九州
第一辑 19 函:奇门五总龟·奇门遁甲统宗大全·奇门遁甲元灵经	[明]池纪撰	500.00	九州
第一辑 20 函:奇门遁甲秘笈全书	[明]刘伯温辑	280.00	九州
第一辑 21 函:奇门庐中阐秘	[汉]诸葛武侯撰	600.00	九州
第一辑 22 函:奇门遁甲元机·太乙秘书·六壬大占	[宋]岳珂纂辑	360.00	九州
第一辑 23 函:性命圭旨	[明]尹真人撰	480.00	九州
第一辑 24 函:紫微斗数全书	[宋]陈抟撰	200.00	九州
第一辑 25 函:千镇百镇桃花镇	[清]云石道人校	220.00	九州
第一辑 26 函:清抄真本祝由科秘诀全书·轩辕碑记医学祝由十三科	[上古]黄帝传	800.00	九州
第一辑 27 函:增补秘传万法归宗	[唐]李淳风撰	160.00	九州
第一辑 28 函:神机灵数一掌经金钱课·牙牌神数七种·珍本演禽三世相法	[清]诚文信校	440.00	九州
增补四库未收方术汇刊第二辑(全36函)	线装影印本	13800.00	九州
第二辑第 1 函:六爻断易一撮金·卜易秘诀海底眼	[宋]邵雍撰	200.00	九州
第二辑第 2 函:秘传子平渊源	燕山郑同校辑	280.00	九州
第二辑第 3 函:命理探原	[清]袁树珊撰	280.00	九州
第二辑第 4 函:命理正宗	[明]张楠撰集	180.00	九州
第二辑第 5 函:造化玄钥	庄圆校补	220.00	九州
第二辑第 6 函:命理寻源·子平管见	[清]徐乐吾撰	280.00	九州
第二辑第 7 函:京本风鉴相法	[明]回阳子校辑	380.00	九州
第二辑第 8-9 函:钦定协纪辨方书8册	[清]允禄编	780.00	九州

书　名	作　者	定　价	版别
第二辑第 10－11 函:鳌头通书 10 册	[明]熊宗立撰辑	880.00	九州
第二辑第 12－13 函:象吉通书	[清]魏明远撰辑	1080.00	九州
第二辑第 14 函:选择宗镜·选择纪要	[朝鲜]南秉吉撰	360.00	九州
第二辑第 15 函:选择正宗	[清]顾宗秀撰辑	480.00	九州
第二辑第 16 函:仪度六壬选日要诀	[清]张九仪撰	680.00	九州
第二辑第 17 函:葬事择日法	郑同校辑	280.00	九州
第二辑第 18 函:地理不求人	[清]吴明初撰辑	240.00	九州
第二辑第 19 函:地理大成一:山法全书	[清]叶九升撰	680.00	九州
第二辑第 20 函:地理大成二:平阳全书	[清]叶九升撰	360.00	九州
第二辑第 21 函:地理大成三:地理六经注·地理大成四:罗经指南拔雾集·地理大成五:理气四诀	[清]叶九升撰	300.00	九州
第二辑第 22 函:地理录要	[明]蒋大鸿撰	480.00	九州
第二辑第 23 函:地理人子须知	[明]徐善继撰	480.00	九州
第二辑第 24 函:地理四秘全书	[清]尹一勺撰	380.00	九州
第二辑第 25－26 函:地理天机会元	[明]顾陵冈辑	1080.00	九州
第二辑第 27 函:地理正宗	[清]蒋宗城校订	280.00	九州
第二辑第 28 函:全图鲁班经	[明]午荣编	280.00	九州
第二辑第 29 函:秘传水龙经	[明]蒋大鸿撰	480.00	九州
第二辑第 30 函:阳宅集成	[清]姚廷銮纂	480.00	九州
第二辑第 31 函:阴宅集要	[清]姚廷銮纂	240.00	九州
第二辑第 32 函:辰州符咒大全	[清]觉玄子辑	480.00	九州
第二辑第 33 函:三元镇宅灵符秘箓·太上洞玄祛病灵符全书	[明]张宇初编	240.00	九州
第二辑第 34 函:太上混元祈福解灾三部神符	[明]张宇初编	360.00	九州
第二辑第 35 函:测字秘牒·先天易数·冲天易数/马前课	[清]程省撰	360.00	九州
第二辑第 36 函:秘传紫微	古朝鲜抄本	240.00	九州
中国风水史	傅洪光撰	32.00	九州
古本催官篇集注	李佳明校注	48.00	九州
新刊地理玄珠	精装古本影印	380.00	华龄
参赞玄机地理仙婆集	精装古本影印	380.00	华龄
章仲山地理九种(上下)	精装古本影印	760.00	华龄
八门九星阴阳二遁全本奇门断	精装古本影印	760.00	华龄
六壬统宗大全	精装古本影印	380.00	华龄
太乙统宗宝鉴	精装古本影印	380.00	华龄
重刊星海词林(全五册)	精装古本影印	1900.00	华龄
万历初刻三命通会(上下)	精装古本影印	760.00	华龄
风水择吉第一书:辨方	李明清著	168.00	华龄
增广沈氏玄空学	郑同点校	68.00	华龄

书　名	作　者	定　价	版别
增补高岛易断(精装上下)	(清)王治本编译	198.00	华龄
地理点穴撼龙经	郑同点校	32.00	华龄
绘图地理人子须知(上下)	郑同点校	78.00	华龄
玉函通秘	郑同点校	48.00	华龄
绘图入地眼全书	郑同点校	28.00	华龄
绘图地理五诀	郑同点校	48.00	华龄
一本书弄懂风水	郑同著	48.00	华龄
风水罗盘全解	傅洪光著	58.00	华龄
堪舆精论	胡一鸣著	29.80	华龄
堪舆的秘密	宝通著	36.00	华龄
中国风水学初探	曾涌哲	58.00	华龄
全息太乙(修订版)	李德润著	68.00	华龄
时空太乙(修订版)	李德润著	68.00	华龄
故宫珍本六壬三书(上下)	张越点校	118.00	华龄
大六壬通解(全三册)	叶飘然著	168.00	华龄
壬占汇选(精抄历代六壬占验汇选)	肖岱宗点校	48.00	华龄
大六壬指南	郑同点校	28.00	华龄
六壬金口诀指玄	郑同点校	28.00	华龄
大六壬寻源编[全三册]	[清]周螭辑录	180.00	华龄
六壬辨疑　毕法案录	郑同点校	32.00	华龄
时空太乙(修订版)	李德润著	68.00	华龄
全息太乙(修订版)	李德润著	68.00	华龄
大六壬断案疏证	刘科乐著	58.00	华龄
六壬时空	刘科乐著	68.00	华龄
飞盘奇门:鸣法体系校释(精装上下)	刘金亮撰	198.00	九州
御定奇门宝鉴	郑同点校	58.00	华龄
御定奇门阳遁九局	郑同点校	78.00	华龄
御定奇门阴遁九局	郑同点校	78.00	华龄
奇门秘占合编:奇门庐中阐秘·四季开门	[汉]诸葛亮撰	68.00	华龄
奇门探索录	郑同编订	38.00	华龄
奇门遁甲秘笈大全	郑同点校	48.00	华龄
奇门旨归	郑同点校	48.00	华龄
奇门法窍	[清]锡孟樨撰	48.00	华龄
奇门精粹——奇门遁甲典籍大全	郑同点校	68.00	华龄
珞琭子三命消息赋古注通疏(精装上下)	明注　疏	188.00	华龄
御定子平	郑同点校	48.00	华龄
增补星平会海全书	郑同点校	68.00	华龄
五行精纪:命理通考五行渊微	郑同点校	38.00	华龄

书　名	作　者	定　价	版别
青囊汇刊1:青囊秘要	[晋]郭璞等撰	48.00	华龄
青囊汇刊2:青囊海角经	[晋]郭璞等撰	48.00	华龄
青囊汇刊3:阳宅十书	[明]王君荣撰	48.00	华龄
青囊汇刊4:秘传水龙经	[明]蒋大鸿撰	68.00	华龄
青囊汇刊5:管氏地理指蒙	[三国]管辂撰	48.00	华龄
子平汇刊1:渊海子平大全	[宋]徐子平撰	48.00	华龄
子平汇刊2:秘本子平真诠	[清]沈孝瞻撰	38.00	华龄
子平汇刊3:命理金鉴	[清]志于道撰	38.00	华龄
子平汇刊4:秘授滴天髓阐微	[清]任铁樵注	48.00	华龄
子平汇刊5:穷通宝鉴评注	[清]徐乐吾注	48.00	华龄
子平汇刊6:神峰通考命理正宗	[明]张楠撰	38.00	华龄
子平汇刊7:新校命理探原	[清]袁树珊撰	48.00	华龄
子平汇刊8:重校绘图袁氏命谱	[清]袁树珊撰	68.00	华龄
纳甲汇刊1:校正全本增删卜易	郑同点校	68.00	华龄
纳甲汇刊2:校正全本卜筮正宗	郑同点校	48.00	华龄
纳甲汇刊3:校正全本易隐	郑同点校	48.00	华龄
纳甲汇刊4:校正全本易冒	郑同点校	48.00	华龄
纳甲汇刊5:校正全本易林补遗	郑同点校	38.00	华龄
纳甲汇刊6:校正全本卜筮全书	郑同点校	68.00	华龄
古今图书集成术数丛刊:卜筮(全二册)	[清]陈梦雷辑	80.00	华龄
古今图书集成术数丛刊:堪舆(全二册)	[清]陈梦雷辑	120.00	华龄
古今图书集成术数丛刊:相术(全一册)	[清]陈梦雷辑	60.00	华龄
古今图书集成术数丛刊:选择(全一册)	[清]陈梦雷辑	50.00	华龄
古今图书集成术数丛刊:星命(全三册)	[清]陈梦雷辑	180.00	华龄
古今图书集成术数丛刊:术数(全三册)	[清]陈梦雷辑	200.00	华龄
四库全书术数初集(全四册)	郑同点校	200.00	华龄
四库全书术数二集(全三册)	郑同点校	150.00	华龄
四库全书术数三集:钦定协纪书(全二册)	郑同点校	98.00	华龄
增补鳌头通书大全(全三册)	[明]熊宗立撰辑	180.00	华龄
增补象吉备要通书大全(全三册)	[清]魏明远撰辑	180.00	华龄
绘图三元总录	郑同编校	48.00	华龄
绘图全本玉匣记	郑同编校	32.00	华龄
周易正解:小成图预测学讲义	霍斐然著	68.00	华龄
周易初步:易学基础知识36讲	张绍金著	32.00	华龄
周易与中医养生:医易心法	成铁智著	32.00	华龄
增补校正邵康节先生梅花周易数全集	[宋]邵雍撰	58.00	华龄
梅花心易阐微	[清]杨体仁撰	48.00	华龄
梅花易数讲义	郑同著	58.00	华龄

书 名	作 者	定 价	版别
白话梅花易数	郑同编著	30.00	华龄
梅花周易数全集	郑同点校	58.00	华龄
一本书读懂易经	郑同著	38.00	华龄
白话易经	郑同编著	38.00	华龄
周易象数学(精装)	冯昭仁著	98.00	华龄
知易术数学:开启术数之门	赵知易著	48.00	华龄
术数入门——奇门遁甲与京氏易学	王居恭著	48.00	华龄
壬奇要略(全5册;大六壬集应钤3册,大六壬口诀纂1册,御定奇门秘纂1册)	肖岱宗郑同点校	300.00	九州
白话高岛易断(上下)	[日]高岛嘉右卫门	128.00	九州
周易虞氏义笺订(上下)	[清]李翊灼校订	78.00	九州
周易明义	邸勇强著	73.00	九州
论语明义	邸勇强著	37.00	九州
统天易数(精装)	秦宗臻著	68.00	城市
统天易解(精装)	秦宗臻著	88.00	城市
润德堂丛书六种:新命理探原	袁树珊著	30.00	燕山
润德堂丛书六种:命谱	袁树珊著	60.00	燕山
润德堂丛书六种:大六壬探原	袁树珊著	30.00	燕山
润德堂丛书六种:选吉探原	袁树珊著	30.00	燕山
润德堂丛书六种:中西相人探原	袁树珊著	30.00	燕山
润德堂丛书六种:述卜筮星相学	袁树珊著	30.00	燕山
天星姓名学	侯景波著	38.00	燕山
解梦书	郑同、傅洪光著	58.00	燕山